I0754826

ÉTUDES DE PHILOSOPHIE MÉDIÉVALE

Collection fondée par Étienne Gilson

L'ESSENTIALISME DE GUILLAUME D'OCKHAM

DANS LA MÊME COLLECTION

TREGO K., *La liberté en acte. Éthique et métaphysique d'Alexandre d'Aphrodise à Jean Duns Scot*, 384 pages, 2015.

FIELD S. L., LERNER R. E., PIRON S. (dir), *Marguerite Porete et le* Miroir des simples âmes, 368 pages, 2014.

KALUZA Z., *Études doctrinales sur le XIVe siècle. Théologie, Logique, Philosophie*, 392 pages, 2013.

JOLIVET J., *Medievalia et arabica*, 364 pages, 2012.

BIARD J., *Science et nature. La théorie buridanienne du savoir*, 404 pages, 2012.

STANCATO G., *Le concept de désir dans l'œuvre de Thomas d'Aquin. Analyse lexicographique et conceptuelle du « desiderium »*, 176 pages, 2011.

TREGO K., *L'essence de la liberté. La refondation de l'éthique dans l'œuvre de saint Anselme de Cantorbéry*, 304 pages, 2010.

DI MARTINO C., Ratio particularis. *Doctrines des sens internes d'Avicenne à Thomas d'Aquin*, 192 pages, 2008.

BERMON P., *L'assentiment et son objet chez Grégoire de Rimini*, 432 pages, 2007.

RICKLIN Th. (éd.), Exempla docent. *Les exemples des philosophes de l'Antiquité à la Renaissance*, 432 pages, 2007.

CASTEIGT J., *Connaissance et vérité chez Maître Eckhart. Seul le juste connaît la justice*, 480 pages, 2006.

JOLIVET J., *Perspectives médiévales et arabes*, 320 pages, 2006.

VIAL M., *Jean Gerson, théoricien de la théologie mystique*, 256 pages, 2006.

GRELLARD C., *Croire et savoir. Les principes de la connaissance selon Nicolas d'Autrécourt*, 340 pages, 2005.

KÖNIG-PRALONG C., *Avènement de l'aristotélisme en terre chrétienne*, 288 pages, 2005.

CAIAZZO I., *Lectures médiévales de Macrobe. Les* Glosae colonienses super Macrobium, 352 pages, 2003.

SIRAT C., KLEIN-BRASLAVY S., WEIJERS O. (éds.), *Les méthodes de travail de Gersonide et le maniement du savoir chez les scolastiques*, 392 pages, 2003.

SUAREZ-NANI T., *Connaissance et langage des anges selon Thomas d'Aquin et Gilles de Rome*, 272 pages, 2003.

CÔTÉ A., *L'infinité divine dans la théologie médiévale (1220-1255)*, 272 pages, 2002.

SUAREZ-NANI T., *Les anges et la philosophie. Subjectivité et fonction cosmologique des substances séparées à la fin du XIIIe siècle*, 208 pages, 2002.

FALQUE E., *Saint Bonaventure et l'entrée de Dieu en théologie*, 224 pages, 2001.

COUNET J.-M., *Mathématique et dialectique chez Nicolas de Cues*, 456 pages, 2000.

ÉTUDES DE PHILOSOPHIE MÉDIÉVALE

CIV

L'ESSENTIALISME DE GUILLAUME D'OCKHAM

Par

Magali ROQUES

Ouvrage publié avec l'aide de l'École doctorale 240, Sciences de l'Homme et de la Société, Université François-Rabelais, Tours

PARIS

LIBRAIRIE PHILOSOPHIQUE J. VRIN

6 place de la Sorbonne, V^e^

2016

Imprimé en France

ISSN 0249-7921
ISBN 978-2-7116-2670-0

www.vrin.fr

LISTE DES ABRÉVIATIONS

Abréviations utilisées pour les textes de Guillaume d'Ockham

SL, OPh I	*Summa Logicae*, éd. P. Boehner, G. Gàl et S. Brown, *Opera Theologica* I, St. Bonaventure (N.Y.), St. Bonaventure University, 1974.
ExpPorph, OPh II	*Expositio in librum Porphyrii de Praedicabilibus*, éd. E. A. Moody, *Opera Philosophica II*, St. Bonaventure (N.Y.), St. Bonaventure University, 1978.
ExpPraed, OPh II	*Expositio in librum Praedicamentorum Aristotelis*, éd. G. Gàl, *Opera Philosophica II*, St. Bonaventure (N.Y.), St. Bonaventure University, 1978.
ExpPH, OPh II	*Expositio in librum Perihermeneias Aristotelis*, éd. A. Gambatese et S. Brown, *Opera Philosophica* II, St. Bonaventure (N.Y.), St. Bonaventure University, 1978.
ExpElench, OPh III	*Expositio super libros Elenchorum Aristotelis*, éd. F. del Punta, *Opera Philosophica* III, St. Bonaventure (N.Y.), St. Bonaventure University, 1979.
ExpPhys, OPh IV-V	*Expositio in libros Physicorum Aristotelis*, éd. V. Richter, G. Leibold, R. Wood, R. Green, G. Gàl, J. Giermek, F. E. Kelley, G. J. Etzkorn, *Opera Philosophica* IV-V, St. Bonaventure (N.Y.), St. Bonaventure University, 1985.
BS, OPh VI	*Brevis summa libri Physicorum*, éd. S. Brown, *Opera Philosophica* VI, St. Bonaventure (N.Y.), St. Bonaventure University, 1984.
Summula, OPh VI	*Summula philosophiae naturalis*, éd. S. Brown, *Opera Philosophica* VI, St. Bonaventure (N.Y.), St. Bonaventure University, 1984.

QP, OPh VI	*Quaestiones in libros Physicorum Aristotelis*, éd. S. Brown, *Opera Philosophica* VI, St. Bonaventure (N.Y.), St. Bonaventure University, 1984.
Ord., OTh I	*Scriptum in librum primum Sententiarum* (*Ordinatio*), éd. G. Gàl, S. Brown, G. I. Etzkorn, *Opera Theologica* I-IV, St. Bonaventure (N.Y.), St. Bonaventure University, 1967-1979.
Rep. II, OTh V	*Quaestiones in librum secundum Sententiarum* (*Reportatio*), éd. G. Gàl et R. Wood, *Opera Theologica* V, St. Bonaventure (N.Y.), St. Bonaventure University, 1981.
Rep. III, OTh VI	*Quaestiones in librum tertium Sententiarum* (*Reportatio*), éd. F. E. Kelley et G. I. Etzkorn, *Opera Theologica* VI, St. Bonaventure (N.Y.), St. Bonaventure University, 1982.
Rep. IV, OTh VII	*Quaestiones in librum quartum Sententiarum* (*Reportatio*), éd. R. Wood et G. Gàl adlaborante R. Green, *Opera Theologica* VII, St. Bonaventure (N.Y.), St. Bonaventure University, 1984.
Quaest Var, OTh VIII	*Quaestiones Variae*, éd. G. I. Etzkorn, F. E. Kelley, J. C. Wey, *Opera Theologica* VIII, St. Bonaventure (N.Y.), St. Bonaventure University, 1984.
Quodl, OTh IX	*Quodlibeta septem*, éd. J. C. Wey, *Opera Theologica* IX, St. Bonaventure (N.Y.), St. Bonaventure University, 1980.
TQ, OTh X	*Tractatus de Quantitate*, éd. C. A. Grassi, *Opera Theologica* X, St. Bonaventure (N.Y.), St. Bonaventure University, 1986.
TCC, OTh X	*Tractatus de Corpore Christi*, éd. C. A. Grassi, *Opera Theologica* X, St. Bonaventure (N.Y.), St. Bonaventure University, 1986.

INTRODUCTION

UNE « HISTOIRE D'ANTIQUAIRE » ?

En 1954, R. Robinson concluait, dans l'unique ouvrage consacré à ce jour à l'histoire de la notion philosophique de définition, que le terme de définition réelle était employé dans un usage équivoque et qu'il était préférable de cesser d'y recourir en philosophie [1]. Il reconnaissait, certes, l'importance de ce terme dans l'histoire de la philosophie depuis Platon et Aristote. Mais il estimait que ce monument de la pensée grecque devait être laissé aux historiens. Ce faisant, il illustrait le désintérêt des philosophes analytiques de la deuxième partie du XXe siècle pour les définitions réelles et les essences.

Les définitions les plus célèbres de la philosophie du XXe siècle, celle de la vérité d'A. Tarski et celle du nombre de G. Frege, ne sont en effet pas des définitions réelles. On oppose souvent la définition réelle aristotélicienne, qui exprime une essence et qui se construit par genre et différence [2], à une forme de définition qui s'exprime sous la forme d'un conditionnel vérifonctionnel, c'est-à-dire sous la forme de conditions nécessaires et suffisantes. Cette dernière forme de définition provient des efforts faits par les logiciens pour réguler leur pratique de la définition, pratique qui a occupé une place centrale dans la question des fondements de l'arithmétique [3]. Il s'agit d'éliminer et de conserver, et non d'expliquer un mot par un autre, ou de décrire une chose de façon adéquate [4].

1. R. Robinson, *Definition*, Oxford, Clarendon Press, 1954, p. 189-192.

2. Aristote, *Topiques* VI, 5, 143a15, trad. fr. J. Brunschwig, vol. 2, Paris, Les Belles Lettres, 2007, p. 55.

3. Pour une présentation des enjeux logiques soulevés par la notion de définition, voir A. Gupta, « Definition », *Stanford Encyclopedia of Philosophy Online*, 2012, http://plato.stanford.edu/entries/definitions/.

4. Pour l'émergence, chez Frege, de ces deux propriétés centrales reconnues à la définition, voir J. Horty, *Frege on Definitions. A Case Study of Semantic Content*, Oxford, Oxford University Press, 2007, p. 32-36. Cet ouvrage représente à ce jour l'unique monographie consacrée à la théorie de la définition d'un philosophe, Aristote excepté (pour Aristote, voir M. Deslaurier, *Aristotle on Definition*, Leiden/Boston, Brill, 2007).

Ce désintérêt pour les définitions réelles s'explique en partie par le développement de la philosophie analytique, comprise comme analyse logique des termes philosophiques. D'après A. J. Ayer, le philosophe a pour tâche unique de procéder à des analyses des termes et d'en proposer une définition contextuelle. Ce type de définition a pour fonction de donner une méthode visant à réduire les énoncés contenant le terme défini à des énoncés appartenant au langage de base d'une théorie donnée [1]. L'accent mis sur le rapport entre analyse et neutralisation des faux problèmes philosophiques montre clairement qu'il n'est plus question de recourir à des définitions de chose en philosophie.

Pourtant, il semble bien que le conseil de R. Robinson soit difficile à suivre. Ainsi, récemment, K. Fine a fait appel à Aristote pour mettre en place une notion de définition à partir de laquelle distinguer l'essentiel du nécessaire et fonder la légitimité d'un nouveau type d'essentialisme. La notion de définition réelle a, semble-t-il, un intérêt philosophique intrinsèque qui explique que sa longue histoire ne soit pas qu'une succession d'aléas contingents qui pourrait faire l'objet d'une « histoire d'antiquaire », pour reprendre un mot célèbre de Nietzsche [2].

Dès son ouvrage *Les mots, les concepts et les choses*, C. Panaccio soulignait l'importance des définitions réelles et des essences dans le nominalisme de Guillaume d'Ockham [3]. C. Panaccio s'y fixait trois tâches. La première consistait à montrer que, pour Ockham, une représentation mentale n'est pas quelque chose de purement interne au sujet, comme le pense J. Fodor. La deuxième, qui porte sur la structure syntaxique du langage de la pensée, consistait à montrer, contre D. Davidson, que la sémantique empiriste du langage naturel peut être atomiste, au sens où les unités signifiantes le sont en elles-mêmes et non pas de façon contextuelle, au sein d'une proposition.

La troisième thèse, qui nous importe ici, est celle selon laquelle il est possible, sans verser dans le réalisme ontologique des natures communes, de fonder dans la réalité extra-linguistique le fait qu'un terme général soit applicable à telles choses et non à d'autres. C. Panaccio précisait alors qu'il fallait incorporer des éléments de métaphysique à l'ockhamisme reconstruit afin d'avancer des arguments en

1. A. J. Ayer, *Language, Truth and Logic*, London, Gollancz, 1946 (2e éd.), p. 75-77 : « In other words, the propositions of philosophy are not factual, but linguistic in character – that is, they do not describe the behaviour of physical, or even mental objects ; they express definitions, or the formal consequences of definitions. Accordingly, we may say that philosophy is a department of logic. For we shall see that the characteristic mark of a purely logical inquiry is that it is concerned with the formal consequences of our definitions and not with questions of empirical facts. »

2. F. Nietzsche, *Considérations inactuelles* III, *Schopenhauer éducateur* (1874), in *Œuvres philosophiques complètes* II, trad. fr. Baatsch, David, Heim, Lacoue-Labarthe, Nancy, Paris, NRF/Gallimard, 1988, p. 86.

3. C. Panaccio, *Les mots, les concepts et les choses. La sémantique de Guillaume d'Occam et le nominalisme d'aujourd'hui*, Paris-Montréal, Bellarmin-Vrin, 1992.

faveur de cette thèse. C'est ce à quoi il s'attachait dans le dernier chapitre de son ouvrage [1].

Depuis la parution de cet ouvrage en 1991, les philosophes ont remis les définitions réelles au goût du jour et leurs recherches ne peuvent qu'être utiles pour compléter le travail commencé par C. Panaccio. C'est pourquoi nous proposons d'examiner si la théorie ockhamiste du concept repose sur des fondements essentialistes en nous appuyant sur ces nouveaux développements. Qu'entendre par « essentialisme » ? Nous suggérons de mettre provisoirement entre parenthèses le rapport établi communément, dans les études sur la logique modale médiévale, entre essentialisme et modalités.

Les études menées sur la logique modale d'Ockham ne semblent en effet pas concluantes. Certes, l'on souligne souvent qu'Ockham est le premier auteur du Moyen Âge latin à donner une explication systématique de la syllogistique modale aristotélicienne [2]. Mais certains interprètes, comme P. Thom [3], affirment que, pour Ockham, les modalités *de re* ne sont pas réductibles aux modalités *de dicto* [4], tandis que d'autres, comme P. Spade [5] et E. Perini-Santos [6], affirment que les modalités *de dicto* sont les plus fondamentales.

Autrement dit, une proposition comme « Socrate est nécessairement un homme » peut, pour certains interprètes, être reformulée de telle façon que la modalité portera sur la proposition entière, tandis que d'autres pensent que cela n'est pas possible. Pour ces derniers, la logique modale d'Ockham a des implications essentialistes au sens où, depuis Quine, on admet que toute sémantique

1. Pour un résumé et une critique du programme de recherche exposé par C. Panaccio au début de son ouvrage, voir E. Karger, « Sémantique et nominalisme », *Philosophiques* 21, 1994, p. 563-576.

2. P. Thom, *Medieval Modal Systems : Problems and Concepts*, Aldershot, Ashgate, 2003, p. 144-155.

3. P. Thom (*Medieval Modal Systems*, *op. cit.*) estime que les exemples qu'Ockham donne, en SL III-1, 32, OPh I, p. 132-137, de propositions vraies *de necessario* au sens divisé montrent qu'il admet que les individus ont des essences.

4. Parler en termes de modalités *de re* et *de dicto* est discutable mais nous adopterons cette distinction par souci de simplicité. Une proposition est modale si la modalité est véridiquement prédiquée de la proposition tout entière, appelée un *dictum* (SL II, 1, OPh I, p. 242-243). Une proposition modale est ambiguë, on peut la comprendre au sens composé ou au sens divisé (SL II, 9, OPh I, p. 273). *Grosso modo* les modalités *de dicto* correspondent aux propositions modales au sens composé et les modalités *de re* correspondent aux propositions modales au sens divisé. À ce sujet, voir notamment C. Normore, « Some Aspects of Ockham's Logic », *in* P. Spade (ed.), *The Cambridge Companion to Ockham*, Cambridge, Cambridge University Press, 1999, p. 49-50.

5. P. Spade, « Les modalités aléthiques selon Ockham », *Histoire Epistémologie Langage* 3, 1981, p. 29-34.

6. E. Perini-Santos, « L'Extension de la liste des modalités dans les commentaires du *Perihermeneias* et des *Sophistici Elenchi* de Guillaume d'Ockham », *Vivarium* 40, 2002, p. 174-188 et « La structure de la proposition modale ockhamienne », *in* A. Maierù et L. Valente (eds.), *Medieval Theories on Assertive and Non-Assertive Language*, Firenze, Leo S. Olschki, 2004, p. 355-375. Voir notamment SL II, 10, OPh I, p. 276 pour l'explication des propositions modales *de re* en termes de propositions modales *de dicto*.

des modalités qui accepte que des modalités *de re* soient irréductibles aux modalités *de dicto* a des implications essentialistes. Cela signifie *grosso modo* que certaines formes de nécessité sont indépendantes de la manière dont on les exprime ou dont on les conçoit.

Par ailleurs, la question de savoir si Ockham admet des *possibilia* [1] dans son ontologie a fait l'objet d'un débat interprétatif qui n'est pas clos [2]. M. McCord Adams suggère ainsi qu'il n'y a pas de preuve textuelle suffisamment forte pour affirmer qu'Ockham souhaitait exclure les possibles inactualisés de son ontologie [3]. P. Thom souligne au contraire que, même si la logique modale ockhamiste a des implications essentialistes, elle peut être qualifiée d'actualiste, au sens où les propositions modales ont pour objet les choses actuelles [4].

H. Lagerlund, pour sa part, refuse de se prononcer. Selon lui, Ockham ne défend pas une interprétation très claire des propositions *de possibili* au sens divisé. L'on ne sait pas si le terme sujet est soumis à une ampliation qui lui fait tenir lieu d'êtres possibles comme d'être actuels, même s'il est indéniable qu'Ockham, n'acceptant pas l'ampliation pour les propositions *de necessario* au sens divisé, pense que seuls des êtres actuels sont les référents des propositions nécessaires [5].

En définitive, la logique modale d'Ockham paraît illustrer la remarque de S. Uckelman, selon laquelle la syllogistique modale du Moyen Âge, à la différence de la logique modale contemporaine, n'est pas centrée sur la définition des modalités ni sur les conditions de vérité des propositions modales. La syllogistique modale du Moyen Âge aurait plutôt pour point focal les relations inférentielles entre propositions modales [6].

1. Les *possibilia*, ou purs possibles, sont des possibles qui peuvent ne jamais se réaliser.

2. À ce sujet, voir les articles classiques de E. Karger, « Would Ockham Have Shared Wyman's Beard ? », *Franciscan Studies* 40, 1980, p. 244-264 et A. S. McGrade, « Plenty of Nothing. Ockham's Commitment to Real Possibles », *Franciscan Studies* 45, 1985, p. 145-156. Le débat n'est pas terminé puisque C. Normore, en 2012, écrit dans « Ockham on Being », *in* L. Haaparanta et H. Koskinen (eds.), *Categories of Being. Essays on Metaphysics and Logic*, Cambridge, Cambridge University Press, p. 78-98, qu'Ockham est actualiste et présentiste. Pour la définition du possible, voir ExpPraed II, 7, OPh II, p. 483.

3. M. McCord Adams, *William Ockham*, Notre Dame, Notre Dame University Press, 1987, vol. 2, p. 744 et p. 754-758. Voir aussi, sur le même sujet, M. McCord Adams, « Ockham's Nominalism And Unreal Entities », *Philosophical Review* 86, 1977, p. 144-176.

4. P. Thom, *Medieval Modal Systems*, *op. cit.*, p. IX. L'actualisme s'oppose au possibilisme.

5. H. Lagerlund, *Modal Syllogistic in the Middle Ages*, Leiden, Brill, 2000, p. 106-113.

6. S. Uckelman, *Modalities in Medieval Logic*, PhD Thesis, Amsterdam, 2009, p. 80-81 : « In modern modal logic, emphasis is placed on the truth conditions of the modal propositions considered in and of themselves [...]. This is in contrast to the three texts that we have seen, where emphasis is placed on the inferential relations between modal propositions, e.g. the relations which form the square of opposition, conversions of modal propositions, and classes of valid syllogisms. Speaking anachronistically, we could say that the medieval logicians were more interested in proof theory than in model theory. »

Nous suggérons, par conséquent, de tirer parti des travaux récents de K. Fine sur les rapports entre essentialisme et définition réelle pour tenter de donner une réponse à la question de savoir si la théorie ockhamiste du concept peut être qualifiée d'essentialiste, sans avoir à prendre parti dans les débats interprétatifs en cours sur la sémantique ockhamiste des modalités.

C'est pourquoi nous proposons, dans le corps de cet ouvrage, un argumentaire en trois parties, traitant d'abord de la sémantique des définitions réelles, ensuite de leur épistémologie, enfin, de la métaphysique des quiddités. Une conclusion générale reviendra sur la question de savoir si la théorie ockhamiste de la définition réelle peut autoriser l'interprète à lui accoler l'étiquette d'essentialiste.

Encore faut-il expliquer plus clairement le rapport que nous établissons entre définition réelle, essence et essentialisme. Pour cela, nous ferons précéder notre argumentaire d'un chapitre introductif, visant d'une part à exposer les raisons principales pour lesquelles, depuis Aristote, la notion de définition réelle est associée à celle d'essence, d'autre part à présenter les acceptions les plus importantes que le terme d'essentialisme a revêtues depuis les travaux de R. Carnap et de R. Barcan Marcus en logique modale. Ceci nous permettra de souligner que la catégorie historiographique d'essentialisme est employée dans les études de philosophie médiévale en un sens équivoque. Il faut donc commencer par expliciter les termes de la question à laquelle nous prétendons apporter une réponse positive. La théorie ockhamiste de la définition réelle repose-t-elle sur des fondements essentialistes [*] ?

* Pour l'élaboration de cet ouvrage, nous avons bénéficié du soutien financier de la Chaire de Recherche du Canada en Théorie de la Connaissance (Université du Québec à Montréal) et de la Dalhem Research School (Freie Universität Berlin). Nous les en remercions vivement.

CHAPITRE PREMIER

DÉFINITION ET ESSENTIALISME

Il n'existe pas, à ce jour, d'étude approfondie de la théorie ockhamiste de la définition réelle. Pourtant, la notion de définition réelle est récurrente dans les textes d'Ockham, en contexte théologique comme en contexte philosophique.

Ockham traite à trois reprises de la définition réelle dans la *Somme de Logique*, d'abord dans la première partie, consacrée aux termes de la proposition, ensuite dans la troisième sous-partie de la troisième partie, constituée d'un commentaire assez libre des *Topiques*. La définition réelle intervient également dans la deuxième sous-partie de la *Somme de Logique*, lorsqu'il est question de déterminer les rapports entre définition et démonstration. Enfin, Ockham revient sur le sujet dans deux *quodlibeta* [1].

Deux autres textes sont particulièrement importants. Dans la distinction 8 de l'*Ordinatio*, Ockham expose en détail la sémantique des prédicables quidditatifs [2] et, en particulier, celle de la définition réelle [3]. Ce texte est un développement approfondi des chapitres du commentaire d'Ockham aux *Prédicables* de Porphyre qui traitent du genre [4] et de la différence [5]. Comme chez Duns Scot, la distinction 8 de l'*Ordinatio* est un prolongement de la distinction 3, qui porte sur la possibilité d'un concept univoque commun à Dieu et aux créatures et, subsidiairement, à la substance et aux accidents [6].

1. SL I, 26-29, OPh I, p. 84-91 ; SL III-3, 24-26, OPh I, p. 683-691 ; Quodl V, q. 19, OTh IX, p. 553-557 (« Utrum definitio exprimens quid rei et quid nominis distinguantur ») ; Quodl. V, q. 20, OTh IX, p. 557-558 (« Utrum res extra animam definiatur »).

2. Ord. d. 8, q. 1-4, OTh III, p. 155-247.

3. Ord. d. 8, q. 5-6, OTh III, p. 248-257.

4. ExpPorph 1, OPh II, p. 8-15 et ExpPorph 7-9, OPh II, p. 96-115.

5. ExpPorph 3, OPh II, p. 55-79 et ExpPorph 11-12, OPh II, p. 116-123.

6. Pour les distinctions 3 et 8 de la première partie de l'*Ordinatio* de Duns Scot, nous renverrons au commentaire d'O. Boulnois dans Jean Duns Scot, *Sur la connaissance de Dieu et l'univocité de l'étant* (*Ord. I, d. 3, p. 1 et d. 8, p. 1*), Paris, P.U.F., 1988, p. 309-469.

D'après Ockham, une définition réelle est une formule linguistique complexe, bien que non propositionnelle [1]. Elle est d'abord un signe mental complexe [2] qui possède une signification naturelle. En l'occurrence, elle exprime la quiddité d'une chose [3] ou, en d'autres termes, ce qu'elle est [4]. Une définition réelle est l'une des réponses correctes à la question « qu'est-ce que c'est ? » [5]. Par conséquent, elle est un prédicable qui se prédique *in quid*, c'est-à-dire par soi sur le premier mode, de son défini, au même titre que le genre (la différence se prédiquant *in quale* du défini).

En d'autres termes, une définition réelle est une formule abrégée exprimant toute la nature de la chose définie et ne manifestant rien qui lui soit extrinsèque [6]. Une définition réelle est donc un discours qui indique la quiddité de la chose [7]. En cela, la définition réelle s'oppose à la définition « par addition ». La définition dite « par addition » contient une différence accidentelle par l'intermédiaire de laquelle on distingue, par exemple, une substance simple d'une substance composée. Cette différence peut être dite accidentelle au sens où elle exprime quelque chose d'extrinsèque au sujet dont elle se prédique véridiquement [8].

Par exemple, la définition célèbre de l'âme comme acte d'un corps vivant organisé, que l'on trouve dans le premier livre du *De anima*, est une définition par addition, du moins si l'on suppose une distinction réelle entre l'âme intellective et l'âme sensitive. Dans cette hypothèse, le terme « corps » signifie quelque chose d'extrinsèque à l'âme intellective, en l'occurrence l'âme sensitive [9].

Une définition réelle est ainsi un discours constitué d'un terme générique et d'un ou de plusieurs termes de différence. Toute définition, en particulier une définition réelle, est convertible avec le terme qu'elle définit : définition et défini

1. SL III-3, 22, OPh I, p. 681 : « [...] definitio, quamvis sit oratio, tamen non est propositio vel enuntiatio.»

2. SL III-3, 22, OPh I, p. 680 : « [...] oratio in mente, hoc est unum compositum ex multis naturaliter significativis. »

3. SL III-3, 22, OPh I, p. 680 : « [...] definitio exsistens in mente tantum est naturaliter definitio, sicut naturaliter importat quidditatem rei. »

4. Voir aussi, SL I, 26, OPh I, p. 84-89 et Quodl V, q. 19, OTh IX, p. 553-557.

5. SL III-2, OPh I, p. 686-687 : « [...] de ratione definitionis est quod per eam convenienter respondeatur ad quaestionem factam per quid de definito ; hoc autem non potest fieri convenienter sine genere, cum nulla differentia, nec aliquod tale abstractum, praedicetur in quid de aliquo tali definito. »

6. SL I, 26, OPh I, p. 85 : « Aliter accipitur hoc nomen "definitio" stricte, et sic est sermo compendiosus, exprimens totam naturam rei, nec aliquid extrinsecum rei definitae declarans. »

7. SL III-3, 22, OPh I, p. 680 : « Hoc patet per Aristotelem in diversis locis, scilicet in I Topicorum et in VII et in VIII Metaphysicae, et in II Posteriorum, qui ubique, definiens definitionem, dicit quod est oratio indicans quidditatem rei. »

8. SL III-3, 23, OPh I, p. 682 : « Alia est definitio data per additamentum, quae scilicet habet aliquam partem importantem aliquid extrinsecum illi quod importatur per definitum. »

9. SL III-3, 23, OPh I, p. 682 : « [...] sicut definitur anima, quod est "actus corporis" etc. Patet enim quod corpum importat aliquid extrinsecum animae. »

sont co-extensifs [1]. Rappelons que sont convertibles deux termes si tout ce qui se prédique de l'un se prédique de l'autre et inversement, s'ils sont en supposition personnelle [2]. Autrement dit, si la proposition « un homme est assis » est vraie, alors la proposition « un animal rationnel mortel est assis » est vraie et inversement. Un exemple typique de convertibilité entre deux termes est la relation sémantique qui existe entre un propre et ce dont il est le propre. Ainsi, « capable de rire » et « homme » sont deux termes convertibles mais non synonymes [3]. Ils ne sont pas substituables l'un à l'autre dans une même proposition *salva veritate*.

À la différence de la définition réelle, le propre, comme la définition réelle par addition, signifie quelque chose d'extrinsèque au sujet. On pourrait donc penser que la relation sémantique entre le *definiendum* et une définition réelle est plus forte que la seule convertibilité. On souhaiterait parler de synonymie entre le *definiendum* et la définition et, donc, soutenir que « homme » et « animal rationnel » sont substituables l'un à l'autre dans une proposition *salva veritate*.

Mais certains souhaits sont irréalisables. Par une définition réelle, définit-on une chose hors de l'âme ou bien un terme, le *definiendum* ? La question de savoir si le *definiendum* et la définition sont synonymes n'a de sens que si le *definiendum* est un mot ou un concept. Or la distinction qu'Ockham établit entre définition réelle et définition nominale pourrait inciter le lecteur à penser qu'elle correspond à la distinction, aujourd'hui courante, entre définition de chose et définition de nom. Cette distinction provient de la logique de J. S. Mill, qui affirme qu'une définition nominale est la définition d'un nom, tandis qu'une définition réelle est une définition nominale « plus quelque chose », le fait qu'il existe une chose qui correspond au nom défini [4]. En effet, Ockham semble parfois opposer les deux types de définition en fonction du critère signifier une chose – expliquer la signification d'un nom [5].

Cependant, en formulant le problème en ces termes, on oublie que la définition réelle est associée, dans la tradition aristotélicienne, à la notion d'essence. À ce jour, l'histoire de la notion philosophique de définition n'est pas

1. Ord. Prol., q. 5, OTh I, p. 171 : « Definitio et definitum convertuntur, ita quod semper consequentia formali contingit inferre ex definitione, et ex converso. »

2. Ord. d. 2, q. 4, OTh II, p. 128 : « [...] quia hoc est "aliqua esse convertibilia" quod de quocumque predicatur unum et reliquum et e converso, si supponant personaliter ».

3. SL I, 24, OPh I, p. 80 : « [...] proprium [...] est quaedam intentio praedicabilis de aliquo adaequate et convertibiliter in quale, connotans affirmative vel negative aliquid extrinsecum illi quod importatur per subiectum. » Voir aussi Ord. d. 2, q. 4, OTh II, p. 128 : « Verbi gratia, homo et risibile convertuntur [...] ».

4. J. S. Mill, *Système de logique ratiocinative et inductive*, Bruxelles, Mardaga, 1988, livre I, chap. VIII, § 1, p. 149-151 et § 5, p. 159-167. Voir notamment p. 162.

5. SL, III-3, 23, OPh I, p. 682 : « Definitio exprimens quid rei non potest competere nisi definito quod importat veras res, cuiusmodi sunt definitiones hominis et asini et sic de aliis. Definitio exprimens quod nominis est quando exprimitur significatum vocabuli, quid scilicet debemus per vocabulum intelligere. »

suffisamment connue pour que nous ayons la prétention de présenter les sources de la théorie ockhamiste de la définition réelle ou d'en évaluer la portée philosophique à l'aune des discussions philosophiques auxquelles la notion a donné lieu depuis son apparition dans les dialogues platoniciens.

Ainsi, en introduction à notre étude de la théorie ockhamiste de la définition réelle, nous nous contenterons de présenter dans un premier temps les problèmes philosophiques qui ont été soulevés par Aristote dans sa discussion du statut de la définition dans la dialectique platonicienne. Aristote répond à Platon que la logique doit être syllogistique et que la définition exprime l'essentiel de l'essence. Quelle est cette entité nommée *to ti ên einai* ? Faut-il qualifier cette thèse anti-platonicienne d'essentialiste ?

Pour répondre à cette deuxième question, nous présenterons, dans un deuxième temps, les différentes acceptions que le terme d'essentialisme a revêtues depuis son introduction en philosophie dans les années 1950, en philosophie contemporaine mais aussi dans les études d'histoire de la philosophie médiévale. Il appert que la catégorie historiographique d'essentialisme est employée en un sens équivoque par les médiévistes. Notre intention est de donner au lecteur les éléments contextuels qui rendent compte de cette équivocité et qui permettront, en conclusion générale, de répondre à la question de savoir si la théorie ockhamiste de la définition réelle peut être qualifiée d'essentialiste.

LA DÉFINITION D'APRÈS ARISTOTE ET SES ANTÉCÉDENTS PLATONICIENS

Définition et dialectique

Aristote attribue l'origine de l'usage philosophique de la notion de définition à Socrate. Socrate se serait détourné des questions de physique et de cosmologie qui auraient occupé ses prédécesseurs, les dénommés philosophes pré-socratiques, pour chercher l'universel dans les questions d'éthique [1]. Il aurait posé la question « Qu'est-ce que ? » à ces sujets et il aurait mis en place des critères pour reconnaître quel type de réponse peut être accepté. La réponse doit être une définition qui a deux caractéristiques principales. Si l'on se demande, comme dans le dialogue platonicien *Euthyphron*, ce qu'est la piété, il faut premièrement répondre en décrivant l'idée de piété qui rend les choses qui en participent pieuses et il faut deuxièmement donner un critère à partir duquel juger si une action peut être dite pieuse [2].

Cette première occurrence de la notion philosophique de définition est particulièrement instructive. D'abord, il est patent que ce qui est défini est une réalité (ou du moins le corrélat noétique d'un discours), à savoir une idée au sens

1. Aristote, *Métaphysique* (dorénavant : *Met.*), 987b1-4.
2. Platon, *Euthyphron*, 6d9-6e6.

platonicien, et non pas un mot. Ensuite, Socrate reconnaît à la définition une fonction normative : la définition expose les critères de l'usage correct du mot qui renvoie à la chose que l'on définit. Enfin, la définition a une valeur explicative : elle rend raison de l'usage d'un terme en explicitant un rapport causal ou participatif entre une idée, ses dérivés ontologiques et cet usage.

On trouve ici les fondements de la notion aristotélicienne de définition réelle. Cependant, la notion socratique de définition est encore étrangère à un facteur qui va marquer son histoire, en l'occurrence son association étroite, chez Platon, à la dialectique [1]. D'après Platon, la définition est à la fois le point de départ et le résultat de l'opération logique de division et de composition [2]. Cette opération intellectuelle forme le cœur de la dialectique, qui représente également l'activité philosophique par excellence. Cette opération logique a pour fonction, d'après Platon, de suivre au plus près les articulations naturelles des choses. La notion de définition est donc associée dès le départ à la logique et le procédé intellectuel dont elle est le résultat a pour objectif de contribuer à découvrir une classification objective des choses.

La notion platonicienne de division est reprise et modifiée par Aristote. Aristote estime que la division platonicienne ne donne pas de critères solides pour parvenir aux articulations naturelles des choses. C'est pourquoi Aristote, au livre VI des *Topiques* principalement, propose une étude détaillée de la formation des définitions [3]. L'art de définir, qui procède par division, doit parvenir à une définition, qui est un discours non assertorique complexe, comprenant pour partie un genre et une ou plusieurs différence(s). Ce discours signifie un *to ti en einai*, une quiddité pour reprendre la transcription latine [4], l'essentiel de l'essence pour reprendre la traduction de J. Brunschwicg [5]. Qu'entendre par ce néologisme d'Aristote ?

Dans un chapitre célèbre du premier livre des *Topiques*, le chapitre IX, Aristote distingue la question socratique « Qu'est-ce que ? » (*ti esti*) d'une autre question plus spécifique, qui a pour réponse *to ti ên einai*, l'essentiel de l'essence. La question socratique « Qu'est-ce que ? » trouve comme réponse un genre. Elle

1. Pour l'histoire de la définition dans l'antiquité grecque, voir D. Charles (ed.), *Definition in Greek Philosophy*, Oxford, Oxford University Press, 2010.

2. La division est abordée par Platon principalement en *Phèdre*, 265d-e ; *Philèbe*, 16a-17a ; *Sophiste* 253d et *Politique*, 285b. Pour un commentaire de ces textes, voir, entre autres, M. Dixsaut, *Les métamorphoses de la dialectique dans les dialogues de Platon*, Paris, Vrin, 2001 ; M. Deslauriers, *Aristotle on Definition*, Leiden-Boston, Brill, 2007, chap. I, p. 14-43 ; S. Minardi, « On Some Aspects of Platonic Division », *Mind* 92, 1983, p. 417-423.

3. Voir aussi *Analytiques Postérieurs* (dorénavant : *An. Post.*) II, 13, 96b15-97a6 et *Met.* VII, 12, 1037b27-30. « Définition » se dit en grec *horismos*. Le terme provient de *horos*, qui signifie « limite ».

4. Le terme de quiddité a été introduit dans les commentaires latins à la *Métaphysique* à la suite des traductions latines de la *Métaphysique* d'Avicenne.

5. Aristote définit ce qu'est une définition en *An. Post.* II, 10, 93b29, en *Topiques* (dorénavant : *Top.*) I, 5, 101b38 et en *Met.* VII, 5, 1031a12.

permet de classer une chose ou un terme, mais elle n'explique pas ce qu'est cette chose ou ce terme et, donc, elle n'en donne pas la définition. La question *ti esti* peut être posée sur n'importe quel sujet, substance ou accident, alors que la question qui a comme réponse une définition a une portée plus limitée. C'est pourquoi Aristote définit dans les *Topiques* la définition comme un discours qui signifie *to ti ên einai*, l'essentiel de l'essence [1].

Cette réflexion s'accompagne de deux thèses majeures. La première est que tout n'est pas définissable. La seconde est qu'il existe des rapports sémantiques et logiques d'un genre bien particulier entre la définition et le défini : définition et défini doivent être convertibles, c'est-à-dire de même extension sémantique. Ces deux thèses sont au cœur de la réflexion sur la définition qu'Aristote entreprend dans les livres centraux de la *Métaphysique*, afin de répondre à la question de savoir ce qu'est une substance. Cette réflexion, qui a fait l'objet d'une attention croissante depuis le commentaire devenu classique de M. Frede et G. Patzig [2], part du principe qu'une définition réelle exprime correctement un *to ti ên einai*. Ce faisant, Aristote souligne la valeur descriptive des définitions réelles et laisse à la postérité le soin de décider si une définition réelle peut être dite vraie ou fausse, même si ce type de discours n'est pas assertorique.

En *Métaphysique* VII, 4 et 5, Aristote se demande ce qu'est l'objet de la définition, sous couvert de l'hypothèse, énoncée en *Métaphysique* VII, 1, que seules les substances ont une essence et sont définissables [3]. Il introduit en même temps trois notions centrales, la définition, la quiddité et la prédication « par soi » ou *in quid* [4]. Il exprime la relation entre une substance et son essence en termes de

1. Pour la traduction de *to ti ên einai* par « l'essentiel de l'essence », on renverra au commentaire de J. Brunschwig dans son édition et sa traduction des *Topiques* (Aristote, *Topiques*, livres I-IV, éd. et trad. fr. J. Brunschwig, Paris, Les Belles Lettres, 1967), n. 3, p. 119-120 : « Lorsqu'on demande ce qu'est (*ti esti*) telle chose ou tel être, un homme par exemple, on peut d'abord répondre en nommant son genre, en l'occurrence animal. La réponse est bonne (*cf.* 102a32-36) ; mais elle a la propriété de convenir aussi bien à d'autres êtres qu'à celui dont il s'agit. S'il paraît souhaitable d'obtenir une réponse plus ajustée, il est nécessaire de serrer davantage la question, et c'est à ce besoin que répond la formulation *ti ên einai*. [...] Le redoublement du verbe être a pour fonction, dans cette formule, d'écarter, parmi toutes les réponses possibles à une question posée, tout ce qui pourrait convenir à d'autres êtres qu'à celui dont il s'agit. » Pour une mise au point sur les diverses interprétations du néologisme aristotélicien *to ti ên einai*, voir la notice de J.-F. Courtine et A. Rijksbaron, dans B. Cassin (dir.), *Vocabulaire européen des philosophies : dictionnaire des intraduisibles*, Paris, Seuil-Robert, 2004, p. 1298-1303.

2. M. Frede und G. Patzig, *Aristoteles, Metaphysik Z*, introd., trad. et comm. Ch. Beck, 2 vol., Munich, 1988.

3. Aristote, *Met.* VII, 1, 1030a2-17. Pour l'interprétation de Thomas d'Aquin, voir G. Galluzzo, « Il problema dell'oggeto della definizione nel commento di Tommaso d'Aquino a *Metafisica* Z 10-11 », *Documenti e studi* 12, 2001, p. 417-465.

4. Voir en particulier *Met.* VII, 4, 1029b13-16. La distinction entre la prédication par soi et par accident est également l'objet de *An. Post.* I, 4, 73a34-73b16.

prédication « par soi », ce qui implique qu'une essence consiste en la somme des propriétés prédicables « par soi » de la substance.

Comme Aristote reconnaît dans les *Analytiques Postérieurs* que les choses prédiquées par soi d'un sujet lui appartiennent nécessairement [1], l'on peut penser que les propriétés essentielles d'une substance sont également des propriétés nécessaires. Cependant, il n'est pas possible d'identifier l'essentiel au nécessaire car Aristote reconnaît dans les *Topiques* que le propre, qui n'est pas une partie d'une essence, se prédique également nécessairement de son sujet [2].

Enfin, Aristote laisse à ses interprètes le soin de décider si l'essence est un individu ou un universel et, par conséquent, si un individu est définissable. La tradition gardera l'idée que l'individu et le nom propre sont indéfinissables, comme en témoigne au XIXe siècle J. Stuart Mill selon lequel un nom propre est indéfinissable parce qu'il n'a pas de signification [3].

En *Métaphysique* VII, 12 et VIII, 6, Aristote pose la question de l'unité de la définition [4]. L'enjeu est de savoir si la matière, associée à l'inintelligible, doit entrer dans la quiddité des substances composées de matière et de forme. Il faut que l'unité de la définition rende compte de l'unité de la substance définie. C'est pourquoi il recourt à l'analogie, qui aura une fortune considérable au Moyen Âge, selon laquelle le genre est à l'espèce ce que la matière est à la forme. La question de l'unité de la définition révèle ainsi qu'il faut poser une forme d'isomorphie entre les parties de la définition et les parties de la substance. On peut donner une unique réponse à la question de l'unité de la définition et à celle de l'unité de la substance naturelle.

La réponse d'Aristote repose sur la distinction entre l'acte et la puissance. Essence et définition ont donc un double rôle dans les livres centraux de la *Métaphysique* : elles expliquent pourquoi et comment une substance appartient à une classe naturelle donnée et elles expliquent comment un composé peut former une unité et, par conséquent, être un individu.

1. Aristote, *An. Post.* 73b16-18.

2. Aristote, *Topiques* 102a20-25.

3. J. S. Mill, *Système de logique ratiocinative et inductive*, Bruxelles, Mardaga, 1988, livre I, chap. VIII, § 1, p. 149-151 et § 5, p. 159-167. Voir notamment p. 162. Voir aussi J. Locke, *Essai sur l'entendement humain*, III, § 7, trad. fr. J.-M. Vienne, Paris, Vrin, 2006, p. 72 : « [...] les *noms des idées simples* et eux seuls *ne sont pas susceptibles de définition*. En voici la raison : les différents termes d'une définition signifiant différentes idées, ils ne peuvent absolument pas représenter une idée qui n'a absolument aucune composition. »

4. Pour l'interprétation que Thomas d'Aquin donne de ce chapitre, voir G. Galluzzo, « Aristotele e Tommaso d'Aquino sul problema dell'unità della definizione », *Documenti e studi* 13, 2002, p. 137-191. Pour celle de Duns Scot, voir G. Galluzzo, « Scotus on the Essence and Definition of Sensible Substances », *Franciscan Studies* 66, 2008, p. 213-232.

Définition et démonstration

Dans les *Topiques*, Aristote entreprend également la tâche ambitieuse de limiter la portée de la dialectique, forme suprême de raisonnement d'après Platon, à un certain type d'argumentation et à en dévaluer l'importance dans l'acquisition du savoir. Avec cette dévaluation de la méthode platonicienne de division, c'est la fonction de la définition en logique et dans la théorie de la science qui est remise en question [1]. C'est donc sans surprise qu'Aristote s'interroge, dans plusieurs chapitres du deuxième livre des *Analytiques Postérieurs*, sur les rapports entre définition et démonstration [2]. À juger à partir des développements que cette question a connus au Moyen Âge tardif, il semble bien que l'étude aristotélicienne de la définition dans les *Seconds Analytiques* soit décisive dans l'histoire de la notion philosophique de définition.

En résumé, on pourrait dire qu'Aristote oscille entre deux attitudes antithétiques sur les rapports entre définition et démonstration, comme en témoigne la typologie de la définition, fort complexe, qu'il expose en *An. Post.* II, 10. Aristote propose quatre types de définition qui se distinguent en fonction du type d'objet qui est défini et en fonction de leur rôle dans une démonstration.

D'un côté, la définition doit être le point de départ du raisonnement scientifique. La définition a pour fonction de garantir qu'un raisonnement scientifique ne repose pas sur un usage équivoque des termes. En ce sens, la position d'Aristote rejoint la position d'Euclide, qui fait de la définition l'une des trois vérités premières, avec les axiomes (ou notions communes) et les postulats (demandes spécifiques à une théorie) [3].

D'un autre côté, Aristote reconnaît à la définition une fonction explicative et normative. C'est pourquoi il parle de définition causale [4]. Connaître la définition de quelque chose, c'est connaître la cause de cette chose. En ce sens, il est attendu qu'une définition puisse entrer comme prémisse dans la forme de démonstration la plus parfaite, qui exhibe la cause ou la raison du fait énoncé dans la conclusion. Il est également attendu qu'elle puisse être la conclusion d'une démonstration qui vise à dévoiler la cause gardée implicite dans cette définition.

La théorie aristotélicienne se complique du fait que la connaissance de l'essence d'une chose (*to ti ên einai*) suppose la connaissance de l'existence de cette chose [5]. Les interprètes ont vu dans cette idée le point de départ de la

1. Voir en particulier *Analytiques Premiers* (dorénavant : *A. Pr.*) I, 31, texte qui clôt les chapitres consacrés à l'*inventio medii* (*A. Pr.* I, 27-31).

2. La question du statut des définitions dans la théorie de la science occupe les chapitres I à X (voir XIII) du second livre des *Analytiques Postérieurs*.

3. À ce sujet, voir F. Wolff, « Les principes de la science chez Aristote et Euclide », *Revue de métaphysique et de morale* 3, 2000, p. 329-362.

4. Voir en particulier *An. Post.* II, 2 et *Met.* VII, 17, 1041a26-33.

5. Aristote, *An. Post.* II, 7, 92b4-8.

distinction classique entre définition réelle et définition nominale [1]. On trouverait donc dans les *Analytiques Postérieurs* l'ancêtre de la notion moderne de définition de mot ou définition nominale, souvent associée à une décision arbitraire visant à introduire ou à réguler l'usage de symboles dans les raisonnements.

La réflexion aristotélicienne sur les rapports entre définition et démonstration est à l'origine de la question de la démonstration la plus puissante qui se met en place à la fin du XIIIe siècle [2]. Cette question provient de la distinction faite par les commentateurs latins entre deux types de démonstration, la démonstration par la cause et la démonstration par le fait. Le texte aristotélicien invite en outre à distinguer, parmi les démonstrations par la cause, une démonstration qui l'est au plus haut point. Ce type de démonstration a pour caractéristique de contenir comme moyen terme une définition causale.

Toute la question est alors de savoir ce qui est défini par cette définition. Est-ce le sujet ou le prédicat de la conclusion ? Déduit-on par une définition de la lune qu'elle est éclipsable ou bien par une définition de l'éclipse que la lune l'est ? Il a été établi depuis les travaux de Randall qu'à la Renaissance cette question joue un rôle essentiel dans la montée en puissance du modèle de raisonnement de type mathématique dans les réflexions sur la méthode scientifique [3]. Jacopo Zabarella associe à la distinction entre démonstration par le fait et démonstration par la cause la distinction entre deux types de procédure logique, l'analyse et la synthèse [4].

En ce sens, Jacopo Zabarella retrouve – il faudrait mentionner les grandes étapes historiques que constituèrent les réflexions de Pappus, de Galien et d'Hippocrate – la préoccupation platonicienne pour la double procédure

1. On renverra en particulier à R. Bolton, « Essentialism and Semantic Theory in Aristotle, *Posterior Analytics* II, 7-10 », *The Philosophical Review* 85 (1976), p. 514-544 et B. Landor, « Definitions and Hypotheses in *Posterior Analytics* 72a19-25 and 76b35-77a4 », *Phronesis* 26, 1981, p. 308-318.

2. Voir en particulier, pour le Moyen Age tardif, les travaux de J. Longeway : « Aegidius Romanus and Albertus Magnus vs. Thomas Aquinas on the highest sort of demonstration (*demonstratio potissima*) », *Documenti e studi* 13, 2002, p. 373-434 ; *id.*, *Demonstration and Sicentific Knowledge in William of Ockham. A Translation of Summa Logicae III-II ; De Syllogismo Demonstrativo, and Selections from the Prologue to the Ordinatio*, Notre Dame (Indiana), University of Notre Dame Press, 2007. Voir aussi D. Demange, *Jean Duns Scot. La théorie du savoir*, Paris, Vrin, 2007, chap. II, p. 77-114 et J. Biard, « Quante tipologie di demonstrazione ? Origini incrociate nelle tradizione degli *Analitici Secondi* ». Schede Medievali 52, 2014, p. 71-78.

3. J. H. Randall, *The School of Padua and the Emergence of Modern Science*, Padua, Editrice Antenore, 1961.

4. Pour une étude récente de ce sujet, du point de vue d'un médiéviste, voir M. Pickavé, « La notion d'*a priori* chez Descartes et les philosophes médiévaux », *Les études philosophiques* 4, 2005, p. 433-454.

d'analyse et de synthèse, procédure qui est une méthode de construction des définitions [1].

Le fait le plus important pour notre propos est le suivant. Ockham a fort peu contribué au débat sur la démonstration la plus puissante. Le raisonnement mathématique n'est manifestement pas au centre de ses intérêts. Il se refuse à modifier sa théorie de la définition, qui comprend des définitions nominales et réelles, pour reconnaître des formes de définition causale comme le souhaite Aristote. Son intérêt se trouve ailleurs. D'après Ockham, le deuxième livre des *Seconds Analytiques* soulève une question redoutable, celle de savoir comment les essences, qui sont exprimées par les définitions réelles, peuvent être connues.

Ockham défend l'idée que les essences sont découvertes par expérience et non pas au terme d'une démonstration. Cette idée rejoint l'une des thèses caractéristiques de l'essentialisme défendu par Kripke dans les années 1970-1980. Autrement dit, Ockham est davantage intéressé par les implications épistémologiques et métaphysiques de la théorie aristotélicienne de la définition que par la philosophie des mathématiques et de la logique. Ceci dit, avant de qualifier la théorie ockhamiste d'essentialiste et de chercher à la comparer à l'essentialisme kripkeen, il faut savoir ce qu'entendre par « essence » et par « essentialisme ».

QU'EST-CE QUE L'ESSENTIALISME ?

L'essentialisme aristotélicien

L'essentialisme aristotélicien d'après Quine

Ockham cite souvent la *Métaphysique* d'Aristote. Ces citations ne renvoient, à quelques exceptions près, qu'au livre VII de la *Métaphysique*, livre où Aristote, d'après Ockham, réfute la cohérence de toute position réaliste sur le statut ontologique des universaux. L'intérêt de cette partie de la *Métaphysique* ne se limite pas à cette réfutation. Elle comprend, d'après Ockham, une partie constructive qui vise à établir en quoi consiste la quiddité des choses et comment les choses sont définissables. Autrement dit, elle comprend l'énoncé d'une doctrine qui a été nommée par Quine « l'essentialisme aristotélicien ». D'après Quine, cette doctrine repose sur la thèse selon laquelle certaines nécessités existent indépendamment de la manière dont elles sont nommées ou conçues par l'esprit. Cette

1. Pour la notion d'analyse dans la tradition médiévale latine, voir E. Sweeney, « Three Notions of *Resolutio* and the Structure of Reasoning in Aquinas », *The Thomist* 58, 1994, p. 197-243 et le supplément « Medieval and Renaissance Conceptions of Analysis » de M. Beaney, « Analysis », *Stanford Encyclopedia Online*, 2009, http ://plato.stanford.edu/entries/analysis/s3.html. Pour une présentation des méthodes compositive et résolutive de Zabarella, voir B. Copenhaver and C. Schmitt, *Renaissance Philosophy*, Oxford, Oxford University Press, 1992, p. 227-239.

thèse garantirait la substituabilité *salva veritate* des termes co-référentiels en contexte opaque [1].

La « jungle métaphysique de l'essentialisme aristotélicien » [2] devient, sous la plume de Quine, un cheval de bataille contre ses contemporains. Carnap, Barcan Marcus ou Kripke ont élaboré une sémantique et une métaphysique des modalités qu'ils estiment nécessaires pour justifier l'intérêt philosophique de la logique modale. Quine n'est pas de cet avis. Son opposition à la logique modale trouve sa source dans le scepticisme qu'il entretient envers les notions de signification et d'analycité. Cette opposition repose sur trois critiques principales. Ces critiques, retravaillées par Quine en fonction des réponses auxquelles elles ont donné lieu, trouvent leur forme la plus aboutie dans *Word and Object*.

D'abord, la logique modale trouve son origine dans une mécompréhension de la distinction entre usage et mention, notamment lorsque C. I. Lewis a essayé de mettre en place la notion d'implication stricte [3]. Ensuite, la quantification en contextes modaux implique de ne pas pouvoir distinguer les propriétés essentielles de celles qui ne le sont pas. Enfin, à supposer même que la sémantique des mondes possibles parvienne à rendre compte de la quantification en contextes modaux, que les modalités soient comprises comme *de re* ou *de dicto*, elle repose sur des définitions circulaires du possible et du nécessaire [4]. En somme, les

1. W. O. Quine, « Three Grade of Modal Involvement », in *The Way of Paradox*, New York, Random House, 1966, p. 173-174 : « [Aristotelian essentialism] is the doctrine that some of the attributes of a thing (quite independently of the language in which the thing is refered to, if at all) may be essential to the thing, and others accidental. » (*Les voies du paradoxe et autres essais*, trad. fr. S. Bozon et S. Plaud, Paris, Vrin, 2011, p. 307). Voir aussi « Reference and Modality », in *From a Logical Point of View*, New York, Harper and Row, 1963, p. 155 : « [Essentialism is the view that] an object, of itself and by whatever name or none, must be seen as having some of its traits necessarily and other contingently, despite the fact that the latter traits follow just as analytically from some ways of specifying the object as the former traits do from their ways of specifying it. » (*Du point de vue logique*, trad. fr. Ch. Alsaleh *et alii*, Paris, Vrin, 2003, p. 216-217). On renverra également à « Two Dogmas of Empiricism », in *From a Logical Point of View*, *op. cit.*, p. 22 ; *Du point de vue logique*, trad. citée, p. 49-83.

2. W. O. Quine, « Three Grade », *op. cit.*, p. 176.

3. W. O. Quine, « Reply to Professor Marcus », in *The Ways of Paradox*, *op. cit.*, p. 179 : « Confusion of use and mention engenders an irresistible case for modal logic. »

4. W. O. Quine, « Responding to Kripke », in *Theories and Things*, Cambridge (Mass.), Harvard University Press, 1981, p. 173-174 : « The notion of a possible world did indeed contribute to the semantics of modal logic, and it behoves us to recognize the nature of its contribution : it led to Kripke's precocious and significant theory of models of modal logic. Models afford consistency proofs. Also they have heuristic value ; but they do not constitute explication. Models, however clear they be in themselves, may leave us still at a loss for the primary, intended interpretation. When modal logic has been paraphrased in terms of such notions as possible world or rigid designator, where the displaced fog settles is on the question when to identify objects between worlds, or when to treat a designator as rigid, or where to attribute metaphysical necessity. »

modalités sont des notions peu claires et circulaires et, qui plus est, ontologiquement obscures [1].

Les deux thèses centrales de Quine sont les suivantes. Premièrement, la logique modale repose sur une extrapolation faite à partir de l'usage courant des termes de nécessaire et de possible. Deuxièmement, les modalités aléthiques ne sont pas des propriétés des objets mais dépendent de la manière dont les objets sont décrits. Le lien entre ces deux thèses se trouve dans l'idée directrice selon laquelle les théories scientifiques n'opèrent pas de rupture fondamentale avec le langage ordinaire mais en sont une élaboration plus ou moins poussée.

Dans son article célèbre « Three Grades of Modal Involvment » en particulier, Quine soutient que l'échec de la substituabilité *salva veritate* en contexte modal s'explique facilement en distinguant l'opérateur modal de l'emploi d'une modalité en mention et non pas en usage [2]. Il est certes nécessaire de reconnaître qu'en dernière analyse les problèmes syntaxiques rencontrés par les logiciens lorsque l'on quantifie en contexte modal peuvent être surmontés, mais au prix de l'acceptation d'une métaphysique essentialiste des modalités. Ceci est inacceptable aux yeux de Quine. Cependant, il n'est pas question de proscrire l'usage des modalités aléthiques du langage scientifique, encore moins du langage courant [3].

L'exemple du mathématicien qui est un bipède de façon contingente, alors qu'un homme l'est de façon nécessaire, est resté gravé, par sa cocasserie, dans l'esprit des philosophes qui ont remis les modalités dites *de re* au goût du jour [4]. D'autres exemples aussi amusants ont été avancés par le théoricien de l'engagement ontologique pour dénoncer l'absurdité des purs *possibilia*, ces individus possibles qui n'existent pas ou n'existeront jamais. Qui pourra dire si le gros

1. Pour une présentation de ces critiques, on renverra en particulier à D. Follesdal, « Quine on Modality », *in* D. Follesdal (ed.), *The Cambridge Companion to Quine*, Cambridge, Cambridge University Press, 2004, p. 200-212. Pour une introduction non technique aux enjeux de ces critiques, voir A. Orenstein, *Quine*, Princeton, NJ, Princeton University Press, 2002, chap. VII (« Intensional Contexts »), p. 149-172.

2. W. O. Quine, « Three Grades of Modal Involvment », *op. cit.*, p. 175.

3. W. O. Quine, « Intensions Revisited », *Midwest Studies in Philosophy* 2, 1997, p. 10 : « Relative to a particular inquiry, some predicates may play a more basic role than others, or may apply more fixedly ; and these may be treated as essential. »

4. W. O. Quine, *Word and Object*, *op. cit.*, p. 199 : « Mathematicians may conceivably be said to be necessarily rational and not necessarily two-legged ; and cyclists necessarily two-legged and not necessarily rational. But what of an individual who counts among his eccentricities both mathematics and cycling ? Is this concrete individual necessarily rational and contingently two-legged or vice-versa ? [...] There is no semblance of sense in rating some of his attributes as necessary and other as contingent. Some of his attributes count as important and others as unimportant, yes ; some as enduring and others as fleeting. But none as necessary or contingent. » R. Barcan Marcus a accusé Quine de confondre dans cet exemple les interprétations *de re* et *de dicto*. À la suite de cette critique, Quine a renoncé à l'exemple.

homme possible dans l'embrasure de la porte et l'homme chauve possible dans cette même embrasure sont le même homme [1] ?

Les sarcasmes de Quine ont sans doute contribué à décrédibiliser l'essentialisme aristotélicien. Si les spécialistes d'Aristote ne se sont pas sentis visés par une telle attaque, centrés qu'ils étaient alors sur leur intention de montrer que la dialectique aristotélicienne anticipait la philosophie du langage ordinaire, il n'en a pas été de même pour les thomistes [2]. Avec quelques décennies de retard, dans un article de 1984, D. Rasmussen cherche à montrer que la distinction entre essentiel et accidentel que l'on trouve chez Aristote ne tombe pas sous le coup de la critique de Quine, qui ne peut viser que la distinction dans sa version porphyrienne.

En ajoutant le terme d'espèce à la liste des prédicables aristotéliciens, Porphyre aurait en effet transformé radicalement la théorie aristotélicienne de la prédication. Il en résulterait qu'un individu pourrait être sujet dans une prédication et, par suite, qu'il existerait des essences individuelles. Seule cette dernière thèse tomberait sous les coups de la critique de Quine [3].

La défense de l'essentialisme aristotélicien par Rasmussen ne pouvait pas beaucoup aider les historiens de la philosophie médiévale. Thomas d'Aquin, Duns Scot ou Ockham sont tributaires de la lecture porphyrienne d'Aristote. Ils tombent donc sous les coups de la critique de Quine qui, comme il le reconnaît d'ailleurs, ne vise pas tant Aristote lui-même qu'une attitude et des choix philosophiques sur la sémantique des modalités.

Dans ces conditions, il est compréhensible que le terme d'essentialisme soit assez peu utilisé dans les études de philosophie médiévale et que l'on évite d'y recourir lorsque l'on commente les textes des nominalistes du XIVe siècle comme Ockham ou Buridan. Les historiens de la philosophie ont tendance à vouloir préserver leur réputation de bons logiciens pour compenser l'image historiographique tenace d'un XIVe siècle anti-métaphysicien. Ceci dit, il semble que le

1. W. O. Quine, « On what there is », in *From A Logical Point of View*, *op. cit.*, p. 4 : « Wyman's overpopulated universe is in many ways unlovely. It offends the aesthetic sense of us who have a taste for desert landscapes but this is not the worst of it. Wyman's slum of possible is a breeding ground for disorderly elements. Take for instance the possible fat man in that doorway, and again the possible bald man in that doorway. Are they the same possible man, or two possible ? How do we decide ? ». Pour une présentation du débat sur les *possibilia*, voir S. Roca-Royes, « Essentialism vis-à-vis *Possibilia*, Modal Logic and Necessitism », *Philosophy Compass* 6, 2011, p. 54-64.

2. Pour une histoire des interprétations de la *Métaphysique* depuis les années 1950, on renverra à l'article de M. L. Gill, « Aristotle's Metaphysics Reconsidered », *Journal of the History of Philosophy* 43, 2005, p. 223-241. On notera que C. Witt considère que certains interprètes comme D. Ross auraient souhaité prêter à Aristote un essentialisme de type kripkeen. Sa discussion des différences entre Kripke et Aristote est également utile pour le médiéviste (voir notamment *Substance and Essence in Aristotle. An Interpretation of Metaphysics VII-IX*, Ithaca-London, Cornell University Press, 1989, chap. VI).

3. D. Rasmussen, « Quine and Aristotelian Essentialism », *The New Scholasticism* 58, 1984, p. 318-335.

terme d'essentialisme, lorsqu'il est employé dans les études de philosophie médiévale, revête trois acceptions principales.

Ce qu'en disent les médiévistes

En une première acception, le terme d'essentialisme renvoie à la thèse métaphysique selon laquelle il existe des natures communes, indifférentes à l'existence, qui sont les quiddités ou les essences des choses. Il est utilisé principalement pour décrire les métaphysiques influencées par Avicenne, notamment celle d'Henri de Gand et celle de Duns Scot.

L'usage du terme d'essentialisme en ce sens semble avoir été conforté par les analyses d'É. Gilson, qui cherchait à montrer que la métaphysique thomiste, existentialiste car centrée sur le concept d'acte d'être, ne pouvait pas tomber sous la critique heideggerienne de l'oubli de l'être [1]. Le terme d'essentialisme est ainsi lié à la question des rapports entre essence et existence. La question surgit à la fin du XIIIe siècle, notamment après que Thomas d'Aquin, dans son opuscule *L'être et l'essence*, a affirmé, d'une part l'analogie de l'être entre Dieu et les créatures, d'autre part qu'excepté en Dieu, autre est l'être, autre est l'essence [2]. Les différentes positions adoptées à la fin du XIIIe siècle et au début du XIVe siècle sur les rapports entre essence et existence ont fait l'objet de nombreuses études [3].

Il faut noter que le concept d'essence, de nature principalement théologique, se distingue de la quiddité d'Aristote en ce qu'il fait référence à une dépendance causale de la créature envers son Créateur et, par conséquent, à sa contingence. Cette acception théologique du terme «essence» a donc pour caractéristique principale de mettre en rapport la notion d'essence et les modalités aléthiques. Dans cette perspective, il n'est pas surprenant que S. Knuuttila décèle, dans les réflexions théologiques scotistes sur le rapport entre l'essence, le possible et les idées divines, la naissance d'un nouveau paradigme pour penser les modalités, nommé «conception synchronique des modalités». Ce paradigme anticiperait la sémantique des mondes possibles développée en particulier par S. Kripke [4].

1. Voir en particulier É. Gilson, *L'être et l'essence*, Paris, Vrin, 1948. Pour une présentation et une critique de l'usage du terme «essentialisme» en ce sens, on renverra en particulier à N. El-Bizri, «Avicenna and Essentialism», *The Review of Metaphysics* 54, 2001, p. 753-778.

2. Thomas d'Aquin, *De ente et ess.* cap. I, éd. Léonine t. 43, p. 369 et cap. V, p. 378-379.

3. Pour une présentation du débat à la fin du XIIIe siècle et au début du XIVe siècle, on renverra en particulier à A. de Libera, C. Michon, *L'être et l'essence*, Paris, Seuil, 1996, p. 9-36.

4. S. Knuuttila, *Modalities in Medieval Philosophy*, London-New York, Routledge, 1993, p. 138-144. Dans cet ouvrage, S. Knuuttila défend la these selon laquelle c'est Scot, et non pas Leibniz, qui aurait inventé la sémantique des mondes possibles. S. Dumont, dans un article célèbre, a affirmé que l'origine de cette sémantique remonterait au XIIe siècle, à l'occasion de débats sur le libre arbitre. Voir S. Dumont, «The Origin of Scotus's Theory of Synchronic Contingency», *The Modern Schoolman* 72, 1995, p. 149-167.

En une seconde acception, le terme d'essentialisme renvoie à la reconnaissance de modalités *de re* [1], c'est-à-dire de modalités qui tombent dans la portée d'un quantificateur, notamment lorsqu'il est question de syllogistique modale et de métaphysique des modalités. En ce sens, on dira d'un logicien qui reconnaît qu'est vraie la proposition « Socrate est nécessairement un homme » qu'il défend une théorie essentialiste des modalités. C'est en ce sens, par exemple, que Paul Thom, spécialiste de la syllogistique modale du Moyen Âge tardif, emploie le terme d'essentialisme.

Par extension, le terme est parfois employé pour décrire les sémantiques et les épistémologies du Moyen Âge tardif qui reconnaissent l'existence de termes d'espèce naturelle [2]. La notion de terme d'espèce naturelle, dont l'origine est retracée jusqu'à Locke ou parfois jusqu'à Aristote [3], fait son entrée officielle dans le lexique philosophique à partir de la logique de J. Stuart Mill [4]. La notion, chez Locke, est étroitement associée à son empirisme. Les historiens de la philosophie médiévale ont relevé qu'elle était en rapport avec la question médiévale de la possibilité et des modalités de la connaissance des substances [5].

Enfin, on pourra noter l'usage récent et encore peu répandu parmi les médiévistes du terme d'essentialisme en un troisième sens, à la suite d'un renouveau d'intérêt pour les commentaires latins à la *Métaphysique* d'Aristote. Les études sur ce sujet soulignent que le terme d'essence ou de quiddité est employé par Thomas d'Aquin et par Jean Duns Scot au sens de ce qui fixe les conditions d'identité et d'unité d'une chose, en rendant compte de l'appartenance de la chose à une espèce naturelle, de l'unité de ses parties et de sa permanence dans le temps [6]. Le terme d'essentialisme semble alors être employé pour caractériser les

1. En ce qui concerne la distinction entre les modalités *de re* et les modalités *de dicto*, l'article fondateur est celui d'A. Plantinga, « *De re* and *de dicto* », *Nous* 3, 1969, notamment p. 235-236.

2. Voir notamment G. Klima, « John Buridan on the Acquisition of Simple Substantial Concepts », *in* S. Ebbesen, R. Friedman (eds.), *John Buridan and Beyond*, Copenhague, Reitzel, 2004, p. 17-32 ; H. Lagerlund, « The Changing Face of Aristotelian Empiricism in the Fourteenth Century », *Quaestio* 10, 2010, p. 315-327 ; G. Pini, « Scotus on Knowing and Naming Natural Kinds », *History of Philosophy Quartely* 26, 2009, p. 255-272.

3. Voir notamment l'article classique de M. Ayers, « Locke Versus Aristotle on Natural Kinds », *The Journal of Philosophy* 78, 1981, p. 247-272.

4. Pour une histoire de la notion de terme d'espèce naturelle (« natural kind term »), on renverra à l'article classique de I. Hacking, « A Tradition of Natural Kinds », *Philosophical Studies* 61, 1991, p. 109-126. À la différence du terme « sortal », dont l'usage est limité à la philosophie du langage, le terme « natural kind term » est associé dès son origine chez Locke à trois idées, celle de constitution intime des choses, celle d'induction et celle de loi de la nature. Pour une synthèse des divers emplois de ce terme depuis Locke, on renverra à l'article particulièrement utile de T. E. Wilkerson, « Recent Work on Natural Kinds », *Philosophical Books* 39, 1998, p. 225-233.

5. Sur Ockham, on renverra notamment à T. K. Scott, « Ockham on Evidence, Necessity and Intuition », *Journal of the History of Philosophy* 7, 1969, p. 27-49.

6. On renverra en particulier à D. Perler, « Essentialism and Direct Realism : Some Later Medieval Perspectives », *Topoi* 19, 2000, notamment p. 120 ; F. Amerini, « Aristotle, Averroes and

doctrines des commentateurs latins de la fin du XIIIe siècle qui recourent à la notion aristotélicienne de quiddité pour répondre à la question de savoir ce qu'est une substance.

Ces études récentes rejoignent un champ de recherche plus ancien, centré sur les innovations métaphysiques auxquelles les réflexions sur la théologie de l'Eucharistie ont donné lieu à la fin du XIIIe siècle. La possibilité d'accidents sans sujet a en effet conduit certains théologiens comme Duns Scot à accorder une autonomie métaphysique croissante à l'accident. Cela soulève la question de savoir si l'accident peut être qualifiable de «chose» au même titre que la substance et si, par conséquent, il est définissable par une définition réelle, contrairement à ce que pensait Aristote [1].

Les deux dernières acceptions du terme «essentialisme» correspondent aux deux acceptions les plus utilisées en métaphysique analytique contemporaine [2]. Le débat porte aujourd'hui sur la question de savoir si l'essentialité de certaines propriétés est définissable en termes modaux ou bien si l'essentialité est une notion primitive, de laquelle dépend la signification des notions modales [3].

Le premier type d'essentialisme peut être appelé un essentialisme de type kripkeen, parce que son représentant paradigmatique est Saul Kripke. Le second type d'essentialisme peut être appelé un essentialisme de type néo-aristotélicien ou finéen, parce que son représentant paradigmatique est Kit Fine.

Le premier type d'essentialisme reconnaît que toute propriété nécessaire est une propriété essentielle, sous condition d'écarter des propriétés nécessaires certaines propriétés triviales, car nécessairement vraies de tout objet. On rappelle souvent que les propres et les accidents inséparables d'Aristote et de Porphyre

Thomas Aquinas on the Nature of Essence», *Documenti e studi* 14, 2003, p. 79-112; G. Pini, «Scotus's Essentialism. A Critique of Thomas Aquinas's Doctrine of Essence in the *Questions on the Metaphysics*», *Documenti e studi* 14, 2003, p. 227-263.

1. À ce sujet, voir en particulier F. Amerini, «*Utrum inhaerentia sit de essentia accidentis*. Francis of Marchia and the Debate over the Nature of Accidents», *Vivarium* 44/1, 2006, p. 96-204; F. Amerini, «Il problema dell'essenza delle sostanze e degli accidenti nel *Commento alla Metafisica* di Tommaso d'Aquino», *Documenti e studi 12*, 2001, p. 367-425; G. Pini, «Substance, Accident, and Inherence: Scotus and the Paris Debate on the Metaphysics of the Eucharist», *in* O. Boulnois, E. Karger, J.-L. Solère, G. Sondag (éd.), *Duns Scot à Paris 1302-2002. Actes du colloque de Paris, 2-4 septembre 2002*, Turnhout, Brepols, 2004, p. 273-311.

2. Pour une comparaison entre ce que G. Klima nomme «l'essentialisme contemporain» («the thesis that some common terms are rigid designators») et «l'essentialisme aristotélicien» («the thesis that things have essences»), voir G. Klima, «Contemporary Essentialism vs. Aristotelian Essentialism», *in* J. Haldane (ed.), *Mind, Metaphysics and Value in the Thomistic and Analytic Traditions*, University of Notre Dame Press, South Bend, 2002, p. 197-226.

3. Pour une introduction à ce débat, voir B. Vetter, «Recent Work: Modality without Possible Worlds», *Analysis Reviews* 71, 2011, p. 742-754.

entrent difficilement dans ce cadre d'analyse de l'essentialité [1], puisqu'il s'agit de propriétés nécessaires qui, pourtant, ne peuvent pas être qualifiées d'essentielles.

Le second type d'essentialisme reconnaît que toute propriété essentielle est une propriété nécessaire mais refuse que toute propriété nécessaire soit considérée comme essentielle. Les propres et les accidents inséparables trouvent plus aisément une place dans ce cadre d'analyse de l'essentialité. On conçoit donc facilement que K. Fine y ait fait allusion dans ses articles. L'idée centrale est de dire qu'il existe plusieurs types de nécessité. Ainsi, dans son article « The Variety of Necessity », Fine affirme qu'il y a trois concepts de nécessité, irréductibles l'un à l'autre, en l'occurrence le concept de nécessité métaphysique, celui de nécessité naturelle et celui de nécessité normative [2].

L'enjeu est alors de parvenir à distinguer les propriétés essentielles primitives des propriétés essentielles dérivées. En particulier, il s'agit de donner une description adéquate de la notion de fondement à laquelle on fait appel pour dire que l'essence d'une chose est représentée par un ensemble de propositions nécessaires vraies en vertu de l'identité de cette chose. Cet ensemble de propositions nécessaires serait nommé définition réelle de la chose.

Le fait que K. Fine revendique un retour à Aristote ne doit pas nous abuser : Quine a raison de qualifier d'aristotélicienne toute forme d'essentialisme qui reconnaît l'existence de propriétés nécessaires ou essentielles indépendamment de la manière dont on les conçoit. Ainsi, du point de vue quinien, l'essentialisme kripkeen est autant un essentialisme aristotélicien que l'essentialisme finéen [3]. Il ne faudrait pas non plus surestimer la portée de l'appel de K. Fine à un essentialisme néo-aristotélicien. En effet, la signification à donner à l'adjectif « essentiel » ou « nécessaire » a fait l'objet de débats qui ont commencé bien avant que K. Fine n'ait présenté une critique considérée parfois comme dévastatrice de l'identification de l'essentiel au nécessaire [4].

1. On pourra rappeler que la philosophie grecque a légué à la postérité deux acceptions principales de la notion d'accident, celle de Porphyre et celle d'Aristote. Porphyre définit l'accident comme ce qui peut apparaître ou disparaître sans destruction du sujet. On distingue alors les accidents séparables et les accidents inséparables dont la permanence n'implique pas qu'on ne puisse les concevoir comme absents chez le sujet considéré (*Isagoge* V, 4a24). La définition aristotélicienne de l'accident, que l'on trouve en *Met.* IV, 30, est plus large que celle de Porphyre. Aristote distingue deux sens principaux : ce qui se dit de façon ni nécessaire ni constante de son sujet et ce qui, fondé en essence dans un objet, n'entre cependant pas dans sa substance, comme la propriété pour un triangle d'avoir ses angles égaux à deux droits.

2. K. Fine, « The Variety of Necessity », *in* T. Szabo-Gendler et J. Hawthorne (eds.), *Conceivability and Possibility*, Oxford, Oxford University Press, 2002, p. 253-281.

3. On rappelera cependant que les deux adversaires principaux de K. Fine sont W. O. Quine (pour lequel les formules modales *de re* sont inintelligibles) et D. Lewis (pour lequel il n'y a pas de différence significative entre l'actuel et le purement possible).

4. Pour une introduction et une mise au point récente sur la distinction entre essentiel et accidentel, voir l'article de T. Robertson, « Essential vs Accidental Properties », *Stanford Encyclopedia Online*, 2008, http ://plato.stanford.edu/entries/essential-accidental/ et la synthèse de

Nous verrons qu'il est même nécessaire de faire preuve de prudence avant de prêter à Ockham une forme quelconque d'essentialisme, si l'on entend par là, en suivant Quine, toute doctrine qui reconnaît qu'il existe des propriétés essentielles ou nécessaires indépendamment de la manière dont on les nomme ou dont on les conçoit. Avant d'approfondir la question, nous nous proposons de résumer les objets d'enquête privilégiés et les thèses principales des défenseurs des deux formes principales d'essentialisme que nous avons présentées. Le terme d'essentialisme, tel qu'il est employé par les médiévistes, trouve partiellement sa source dans les réflexions conduites, depuis les années 1950, sur les questions philosophiques soulevées par l'élaboration de la sémantique des modalités [1]. Résumer les tenants et aboutissants du débat contemporain nous permettra de savoir à quoi nous en tenir lorsque nous emploierons des termes comme « désignateur rigide », « essentialisme », « terme d'espèce naturelle », « proposition analytique », qui sont devenus d'usage courant chez les historiens de la philosophie médiévale.

L'essentialisme contemporain

L'essentialisme de Saul Kripke

L'essentialisme kripkeen a pour caractéristique de s'appuyer sur des analyses sémantiques et sur des intuitions modales censées être partagées par tous afin de justifier l'extension d'une théorie de la référence, mise en place pour les noms propres, à des termes généraux, les termes d'espèce naturelle comme « chat », « or » ou « eau » [2]. La notion centrale de cette théorie de la référence, qui a été qualifiée de causale ou de directe, est celle de désignateur rigide. Un terme est un désignateur rigide s'il désigne les mêmes individus dans tous les mondes possibles où il existe. Pour montrer que les termes d'espèce naturelle sont des désignateurs rigides au même titre que les noms propres, Kripke s'appuie sur un

S. Roca-Royes, « Essential Properties and Individual Essences », *Philosophy Compass* 6, 2011, p. 65-71. Voir également l'article de référence, par M. Gorman, « The Essential and the Accidental », *Ratio* 18, 2005, p. 276-289.

1. Le terme d'essentialisme au premier sens, que l'on trouve en particulier chez Gilson et Goichon, doit trouver son origine dans la phénoménologie et surtout dans sa reprise par le courant du personnalisme chrétien, représenté principalement par J. Maritain.

2. Voir S. Kripke, « Identity and Necessity », *in* M. K. Munitz (ed.), *Identity and Individuation*, New York, New York University Press, 1971, p. 134-164 et *Naming and Necessity*, Basil, Blackwell, 1980. Nous laissons de côté les développements d'H. Putnam sur ces mêmes questions, notamment dans l'article « The Meaning of Meaning », *Minnesota Studies in the Philosophy of Science* 7, 1975, p. 215-271. Sur Kripke, voir les deux commentaires de référence, C. Hughes, *Kripke : Names, Necessity and Identity*, Oxford, Clarendon, 2004 et S. Soames, *Beyond Rigidity : The Unfinished Semantic Agenda of Naming and Necessity*, New York, Oxford University Press, 2002. Pour une présentation des débats engendrés par les thèses de Kripke, voir M. Della Rocca, « Essentialism : Part 1 and 2 », *Philosophical Books* 37, 1996, p. 1-13 et p. 81-89.

argument qui part du principe de l'indiscernabilité des identiques et qui arrive à la conclusion que toute identité est nécessaire [1].

Kripke s'attache alors à montrer qu'il faut distinguer les notions de nécessité, d'apriorité et d'analycité. Certaines vérités, contingentes, peuvent être connues *a priori* et certaines vérités, nécessaires, ne peuvent être connues qu'*a posteriori*. Un exemple – fort contesté – de vérité contingente connue *a priori* est la proposition « le mètre de Paris mesure un mètre » [2]. Un exemple de vérité nécessaire connue *a posteriori* est la proposition « l'eau est H2O ». Il en résulte que l'essence des choses ne peut être que découverte. Elle n'est pas stipulée. Ce faisant, Kripke montre que les théories dites classiques de la référence, les théories dites « descriptives » représentées paradigmatiquement par J. Stuart Mill, ne sont pas à même de rendre compte du comportement sémantique des termes d'espèce naturelle en contexte opaque.

Kripke n'en reste pas là. Il pense pouvoir dériver de la thèse de la nécessité de l'identité la thèse selon laquelle les propriétés essentielles ou nécessaires d'un individu sont déterminées de façon suffisante par son origine. Plus encore, il pense pouvoir s'appuyer sur la thèse selon laquelle toute identité est nécessaire pour défendre des thèses dualistes sur la question du rapport entre le corps et l'esprit.

En effet, la thèse selon laquelle, si deux individus sont identiques, alors ils sont nécessairement identiques, implique la thèse selon laquelle, s'il est possible que deux individus soient distincts, alors ils sont nécessairement distincts. Ainsi, s'il est possible que l'esprit de Descartes ne soit pas son corps, alors nécessairement l'esprit de Descartes et son corps sont distincts. De telles thèses ne pouvaient que donner lieu à de nombreuses discussions en philosophie du langage, en métaphysique et en philosophie de l'esprit.

Deux prolongements de l'essentialisme kripkeen sont notables pour leur répercussion sur les études de philosophie médiévale. L'accent est mis aujourd'hui sur les conditions d'une épistémologie modale *a priori*. Les deux concepts les plus importants sont ceux de concevabilité et d'imaginabilité. L'appel méthodologique à la toute puissance divine, fréquent au XIVe siècle, ainsi que la distinction entre des possibilités imaginables, naturelles et logiques que l'on peut trouver chez Buridan et Oresme ne pouvaient qu'être convoqués dans l'enquête historique stimulée par les recherches en épistémologie modale [3]. De nombreux travaux restent sans doute à faire sur la question.

1. Il est admis depuis N. Salmon (*Reference and Essence*, Princeton, Princeton University Press, 1981) que l'essentialisme n'est pas dérivable directement de la théorie de la référence directe ou causale exposée dans les deux premières conférences de *Namning and Necessity*.

2. Kripke reprend l'exemple du mètre-étalon de Paris que l'on trouve d'abord dans le § 50 des *Recherches Philosophiques* de Wittgenstein.

3. S. Boulter, « The Medieval Origins of Conceivability Arguments », *Metaphilosophy* 42, 2011, p. 617-641.

De façon plus directe pour notre propos, les développements de Kripke et de Putnam sur les termes d'espèce naturelle ont stimulé les recherches sur l'essentialisme dit «des termes d'espèce naturelle», reposant sur l'hypothèse qu'il existe des espèces naturelles indépendamment de la manière dont elles sont conçues par l'esprit. Les recherches se concentrent alors sur la notion de loi de la nature, sur celle de disposition et sur les présupposés et conséquences d'une conception anti-humienne de la causalité [1]. On trouve un écho de cet intérêt nouveau pour la causalité et les dispositions dans les recherches récentes sur les conceptions médiévales des pouvoirs causaux [2].

L'essentialisme néo-aristotélicien de Kit Fine

Les voies alternatives à la voie kripkeenne qui ont été développées récemment nous intéressent cependant davantage. K. Fine fait partie de ceux qui estiment que les principes de base de l'essentialisme kripkeen sont mal fondés. K. Fine se distingue de ceux qui cherchent à remettre au goût du jour la métaphysique aristotélicienne, comme D. Oderberg [3] et J. Lowe [4], par sa préoccupation pour les enjeux logiques et sémantiques de la discussion.

Dans son article séminal de 1994, « Essence and Modality », K. Fine s'attache à réhabiliter la notion d'essence, notamment en avançant des contre-exemples à la conception dite parfois « modale » de l'essentialisme [5]. Ces contre-exemples ont eu un impact immédiat dans les débats sur la notion de propriété essentielle.

Les quatre contre-exemples de K. Fine sont les suivants. Le premier s'appuie sur les propriétés logiques d'un ensemble. Prenons un singleton, un ensemble qui ne comprend qu'un seul élément, par exemple l'ensemble formé par l'individu Socrate. Il est nécessaire à Socrate d'être l'unique élément de ce singleton. Par conséquent, si tout ce qui était nécessaire à Socrate lui était essentiel, alors l'appartenance à ce singleton ferait partie de l'essence de Socrate, ce qui semble contre-intuitif. Le second argument énonce que, si Socrate est distinct de la Tour Eiffel, alors il en est nécessairement distinct. Par conséquent, il est essentiel-

1. Voir notamment B. Ellis, *Scientific Essentialism*, Cambridge, Cambridge University Press, 2001 ; A. Bird, *Nature's Metaphysics*, Oxford, Oxford University Press, 2007.

2. On renverra notamment à J. T. Paasch, *Divine Production in Late Medieval Theology. Henry of Ghent, Scotus, Ockham*, Oxford, Oxford University Press, 2012.

3. Voir notamment D. S. Oderberg, *Real Essentialism*, New York, Routledge, 2007.

4. Voir notamment E. J. Lowe, « Two Notions of Being : Entity and Essence », *Philosophy* 83, 2008, p. 23-48.

5. K. Fine, « Essence and Modality », *Philosophical Perspectives* 8, 1994, p. 3 : « It is my aim in this paper to show that the contemporary assimilation of essence to modality is fundamentally misguided. [...] I shall also argue that the traditional assimilation of essence to definition is better suited to the task of explaining what essence is. It may not provide us with an analysis of the concept, but it does provide us with a good model of how the concept works. Thus my overall position is the reverse of the usual one. It sees real definition rather than *de re* modality as central to our understanding of the concept. »

lement tel qu'il est distinct de la Tour Eiffel, ce qui est contre-intuitif. Le troisième argument s'appuie sur les propriétés logiques des connecteurs propositionnels. Prenons la proposition nécessaire « il existe une infinité de nombres premiers ». Il en résulte que, si Socrate existe, il est essentiellement tel qu'il existe et il existe une infinité de nombres premiers, ce qui semble contre-intuitif. Enfin, le dernier argument énonce que, s'il est nécessaire que Socrate existe lorsqu'il existe, alors l'existence est une propriété essentielle de Socrate, ce qui est contre-intuitif.

Ces exemples invitent à inverser le rapport de priorité établi traditionnellement entre le nécessaire et l'essentiel. Une proposition est nécessaire si elle est vraie en vertu de la nature de ses objets [1]. La thèse principale de Kit Fine consiste ainsi à dire que la notion d'essence est irréductible à celle de nécessité [2].

Une essence est soit la classe de propriétés qu'une chose a essentiellement, soit la classe de propositions qui sont vraies en vertu de ce qu'est la chose [3]. Autrement dit, une essence s'identifie par l'intermédiaire d'une définition réelle, comprise comme une classe de propositions d'un type spécifique. Cette réflexion s'accompagne de l'élaboration d'une notion de dépendance ontologique [4] qui permet de formuler une logique et une sémantique formelle de l'essence [5].

D'après K. Fine, la notion d'essence à laquelle il fait appel permet d'expliquer pourquoi l'on peut affirmer qu'il est nécessaire que Socrate soit un membre de l'ensemble {Socrate}, ce que ne peut pas faire l'essentialisme kripkeen. Il est nécessaire que Socrate soit un membre de l'ensemble {Socrate}, parce qu'il appartient à l'essence de cet ensemble de contenir Socrate et non parce qu'il est de l'essence de Socrate d'être un membre de cet ensemble. Autrement dit, la notion finéenne d'essence rend compte de l'intuition, supposée partagée par tous, selon

1. K. Fine, « The Logic of Essence », *Journal of Philosophical Logic* 24, 1995, p. 241-273.

2. K. Fine, « Essence and Modality », art. cit., p. 9 : « Each class of objects, be they concepts or individuals or entities of some other kind will give rise to its own domain of necessary truths, the truths which flow from the nature of the objects in question. The metaphysically necessary truths can then be identified with the propositions which are true in virtue of the nature of all objects whatever. »

3. K. Fine, « Senses of Essence », *in* W. Sinnott-Armstrong (ed.), *Modality, Morality and Belief*, Cambridge, Cambridge University Press, 1995, p. 66 : « We have supposed that each object has a unique essence or definition where this is something that may be identified either with the class of properties that is essentially has or with the class of propositions that are true in virtue of what it is. »

4. K. Fine, « Ontological Dependence », *Proceedings of the Aristotelian Society* 43, 1995, p. 269-290, notamment p. 273 : « Although the form of words "it is true in virtue of the identity of x" might appear to suggest an analysis of the operator into the notions of the identity of an object and of a proposition being true in virtue of the identity of an object, I do not wish to suggest such an analysis. The notation should be taken to indicate an unanalyzed relation between an object and a proposition. Thus we should understand the identity or being of the object in terms of the propositions rendered true by its identity rather than the other way around. »

5. K. Fine, « The Logic of Essence », *Journal of Philosophical Logic* 24, 1995, p. 241-273 ; *id.*, « Semantics for the Logic of Essence », *Journal of Philosophical Logic* 29, 2000, p. 543-584.

laquelle il existe une asymétrie entre l'essence de quelque chose et les propriétés nécessaires de cette même chose.

Outre son caractère revendiqué comme intuitif, la notion finéenne d'essence a deux caractéristiques notables. Elle est d'extension universelle : tout objet, qu'il s'agisse d'un objet concret comme Socrate ou d'un objet abstrait comme le nombre deux, l'ensemble vide ou l'humanité, a une essence. De plus, la notion finéenne d'essence est associée à des objets et non à des propriétés : ce n'est pas la propriété d'être un cheval, la chevalinité, ou bien la propriété d'être un nombre pair, la parité, qui a une essence, mais un objet concret, Bucéphale, ou un objet abstrait, le cheval.

Par ailleurs, Kit Fine a mené, parallèlement à sa réflexion sur la notion d'essence, une réflexion sur la notion d'objet matériel et sur celle de composition, qui a son intérêt pour notre enquête, si on la met en relation avec sa réflexion sur la notion d'essence [1]. Son idée principale est de montrer que la méréologie extensionnelle classique, représentée de façon paradigmatique par les travaux de D. Lewis, ne permet pas de saisir de façon appropriée ce qu'est un objet matériel, doté de certaines propriétés physiques. D'après la méréologie extensionnelle classique, n'importe quel individu peut être fusionné avec n'importe quel autre individu pour former une somme méréologique, qui est elle-même un individu. Ainsi, la Tour Eiffel et un sandwich forment une somme méréologique. K. Fine estime que la relation de composition ne doit pas être restreinte à la fusion, opération logique qui produit une somme méréologique. Il faut reconnaître l'existence d'éléments formels qui expliquent pourquoi Socrate est un individu et pourquoi une statue n'est pas identique au bronze qui la constitue.

La réflexion de K. Fine a été poursuivie par des auteurs qui, comme K. Koslincki, ont affirmé défendre une position néo-aristotélicienne sur la question de la composition [2]. K. Kolsicki appuie son propos en consacrant deux chapitres de son ouvrage à la méréologie platonicienne, telle qu'elle est présentée dans la reconstruction donnée par V. Harte, et à la théorie aristotélicienne du tout et de la partie, telle qu'elle est développée dans les chapitres XXV et XXVI de *Métaphysique* V [3].

1. Voir notamment K. Fine, « Things and Their Parts », *in* P. A. French & K. H. Wettstein (eds.), *Midwest Studies in Philosophy* 23, 1999, p. 61-74.

2. K. Koslicki, *The Structure of Objects*, Oxford, Oxford University Press, 2008, p. IX : « To this end, I develop in what follows a more full-blooded neo-Aristotelian account of parthood and composition according to which objects are structured wholes. It is integral to the existence and identity of an object, on this conception that its parts exhibit a certain manner of arrangement. »

3. K. Koslicki, *The Structure of Objects*, *op. cit.*, p. 192 : « Like Plato and Aristotle, the present approach opposes the Eleatic-Lewisian Composition-As-Identity thesis and takes composition to be genuinely commiting ; whole are in no way to be identified with their parts ; rather, a commitment to whole is a commitment to entities numerically distinct from the proper parts. »

Les travaux de K. Koslicki ont eu un certain écho, notamment en raison de la thèse originale qu'elle soutient, thèse selon laquelle l'élément formel d'un objet matériel, en l'occurrence sa structure, est une partie de cet objet au même titre que ses éléments matériels. Nous reviendrons sur cette idée lorsque nous expliquerons pourquoi Ockham estime nécessaire de défendre l'idée qu'un objet matériel, comme une substance naturelle, n'est pas constitué par ses parties essentielles mais est ses parties essentielles, en l'occurrence sa matière et sa forme.

Conclusion

Ces quelques éléments de présentation doctrinaire n'ont pas la prétention de donner une vue à la fois précise et globale des positions essentialistes actuellement en discussion. Dans ce chapitre, notre ambition était beaucoup plus modeste.

Il s'agissait principalement d'introduire aux problématiques associées à la notion de définition réelle dans le corpus aristotélicien et de mentionner certains des prolongements les plus notables que ces problématiques ont pu connaître au Moyen Âge tardif. En l'absence de toute enquête historique sur la question, il est difficile de pouvoir dégager des lignes de force représentatives des réflexions conduites, à l'époque d'Ockham, sur la notion de définition réelle. Notre enquête a donc été orientée en fonction d'une finalité, celle d'introduire à la théorie ockhamiste de la définition réelle. En ce sens, il ne s'agit pas d'une enquête historique à valeur objective.

Il n'en reste pas moins que les textes aristotéliciens sur la définition invitent à distinguer trois lignes de force qui ne pouvaient qu'intéresser Ockham. La première, la mieux connue des médiévistes, concerne le statut de la définition réelle dans la réflexion conduite par Aristote, en *Métaphysique* VII et VIII, sur ce qu'est une substance. Nous y reviendrons dans le quatrième et dernier chapitre, lorsque nous nous demanderons si la théorie ockhamiste de la définition réelle repose sur des fondements essentialistes.

Il faut insister sur les deux autres lignes de force qui, nous semble-t-il, revêtent une importance significative si l'on souhaite insister sur l'originalité des réflexions philosophiques conduites, au Moyen Âge tardif, sur la définition. D'abord, la critique de la méthode platonicienne de division a conduit le Stagirite à des développements poussés sur la sémantique de la définition. Ces développements ne pouvaient qu'intéresser des logiciens comme Ockham. Nous allons voir dans le deuxième chapitre que la question de la complétude de la définition incite le logicien anglais à distinguer trois notions, la notion syntaxique de convertibilité, celle, sémantique, de synonymie, et celle, également sémantique, de complétude. Ainsi, il n'est pas tant question d'opposer les définitions de nom et les définitions de chose que de chercher les motivations qui conduisent des philosophes et logiciens comme Ockham à compléter les principes de base de leur sémantique, pour rendre compte des rapports entre le terme défini et ses diverses définitions réelles.

Ensuite, plus fondamentalement, il appert que la question posée par Aristote, dans les *Analytiques Postérieurs*, des rapports entre définition et démonstration a donné lieu, au Moyen Âge tardif et à la Renaissance, à des innovations théoriques centrales pour l'idée de méthode scientifique et pour celle de logique de la science. Comme nous le verrons dans le troisième chapitre, Ockham occupe une place à part. Pour lui, la question des rapports entre définition et démonstration n'est pas celle du statut des sciences mathématiques dans la méthode d'acquisition des savoirs mais celle, épistémologique, de la possibilité de connaître une définition réelle.

Nous avons souligné, en guise de transition vers la deuxième partie de ce chapitre introductif, la parenté entre cette question et celle, kripkeenne, de la possibilité de connaître des vérités nécesaires *a posteriori*. Notre intention n'était pas de montrer que l'épistémologie ockhamiste anticiperait l'épistémologie modale contemporaine. Il s'agissait de montrer que la catégorie historiographique d'essentialisme est employée en un sens équivoque par les historiens de la philosophie médiévale et que cette équivocité trouve sa source dans l'évolution des champs de recherche en lien avec les développements de la logique modale depuis les années 1950.

Nous avons vu en particulier que l'intérêt nouveau pour les commentaires latins à la *Métaphysique* d'Aristote s'est accompagné de l'emploi du terme « essentialisme » pour décrire l'appropriation, par Thomas d'Aquin et par Duns Scot, de la notion aristotélicienne de *to ti ên einai*. Celle-ci a pour fonction de rendre compte de l'appartenance d'une substance à un genre, de son individualité, de sa structure métaphysique et de son unité dans le temps. Nous verrons qu'il en va de même chez Ockham. Cela nous invite à reconnaître que l'emploi du terme « essentialisme » en ce sens est peu instructif pour notre enquête. Il est trivial, puisque l'on caractérise en ce sens toute doctrine qui admet la cohérence interne de la notion de *to ti ên einai* ou de quiddité, caractérisée comme étant ce qui est exprimé par une définition réelle.

C'est la raison pour laquelle, après avoir présenté deux autres acceptions de la catégorie historiographique d'essentialisme en usage chez les historiens de la philosophie médiévale, l'une associée traditionnellement à la thèse avicennienne de l'essence indifférente, l'autre à celle des termes d'espèce naturelle, nous avons abordé les diverses acceptions que revêt la notion d'essentialisme en philosophie contemporaine. Nous avons vu qu'il faut distinguer l'essentialisme kripkeen, qui est souvent à l'arrière-plan des enquêtes conduites par les historiens de la logique sur la syllogistique modale du Moyen Âge, de l'essentialisme finéen, décrit comme un néo-aristotélianisme. D'après K. Fine, S. Kripke est dans l'incapacité de rendre compte de la distinction entre l'essentiel et le nécessaire.

Il s'avère que cette critique avait déjà été formulée par W. O. Quine contre R. Carnap, R. Barcus Marcus, puis S. Kripke. Il s'avère également que la critique de Quine est beaucoup plus radicale que celle de Fine. Quine remet en question la cohérence même d'un discours non relativiste sur les modalités. Il cherche à montrer que toute sémantique qui admet ne serait-ce que des modalités *de dicto* repose sur des bases métaphysiques essentialistes qui, d'après lui, sont circulaires et obscures. Il nomme ces bases métaphysiques « essentialisme aristotélicien ». Du point de vue de Quine, il est indéniable que l'essentialisme de Kripke et celui de Fine sont des essentialismes aristotéliciens, c'est-à-dire des doctrines qui admettent l'existence de modalités indépendamment de la manière dont l'esprit les nomme ou les conçoit.

Nous pourrions d'ores et déjà suggérer que la thèse ockhamiste selon laquelle une définition réelle est un concept composé d'un concept générique et d'un ou plusieurs concepts de différence invite à faire preuve de prudence avant de prêter à Ockham un essentialisme aristotélicien, dans l'acception quinienne du terme. Les définitions réelles ne sont pas indépendantes, d'après Ockham, de la manière dont l'esprit nomme ou conçoit les choses. Reste à savoir si cette classification mentale, qui provient d'une succession de contacts épistémiques avec les choses, se fonde sur des régularités objectives auxquelles on peut accoler l'étiquette d'essentialisme aristotélicien au sens de Quine.

Il faut conclure de notre enquête que la question directrice que nous avons formulée dans l'introduction de cet ouvrage est la suivante : la théorie ockhamiste de la définition réelle repose-t-elle sur un essentialisme aristotélicien au sens de Quine ? Si oui, peut-on préciser si cet essentialisme se rapproche davantage de celui qui réduit l'essentiel au nécessaire ou bien de celui qui prétend que cette réduction est impossible ?

Enfin, il serait dommage de conclure notre enquête préliminaire sans mentionner l'intérêt que peut revêtir, pour l'histoire de la philosophie comme pour les recherches récentes en épistémologie modale, une étude de la théorie ockhamiste de la définition réelle. Kant décrit, dans sa *Logique*, la définition réelle comme un « conceptus rei adaequatus in minimis terminis, complete determinatus »[1]. Ockham n'aurait pas désavoué cette description, dont les termes essentiels, ceux d'adéquation, de complétude, de minimalité et de concept déterminé, sont au cœur de son différend avec Duns Scot sur la définition réelle, en sémantique comme en épistémologie.

On sait par ailleurs que Kant distingue les définitions réelles des définitions nominales, mais aussi les définitions analytiques des définitions synthétiques[2]. Or, nous le verrons dans le troisième chapitre, Ockham s'est vu contraint de reconnaître que les énoncés d'identité dans lesquels une définition réelle est prédiquée de son défini (comme la proposition « un homme est un animal rationnel ») sont des propositions connues par soi, c'est-à-dire en un sens, qui reste à préciser, analytique, bien que ces propositions soient contingentes.

1. Pour la traduction française, voir Kant, *Logique*, trad. fr. L. Guillermit, Paris, Vrin, 1997, (2e éd.), § 99, p. 150.

2. Pour cette classification, on renverra en particulier à l'article de L. White Beck, « Kant's Theory of Definition », *The Philosophical Review* 65, 1956, p. 179-191.

Cet ultime excursus historique montre bien quel intérêt peuvent revêtir, pour le philosophe, des recherches menées sur la réception médiévale des problématiques sémantiques et épistémologiques soulevées par Aristote dans son étude de la définition réelle, notamment dans les *Topiques* et dans les *Analytiques Postérieurs*. Quel peut bien être ce concept de la chose, adéquat, complètement déterminé, analysable en un nombre de termes le plus réduit possible? Pour reprendre le terme qu'Aristote emploie lorsqu'il affirme que la rhétorique est une image dégradée de la dialectique, n'est-ce pas un *antistrophos* de la définition réelle, reformulé en des termes familiers aux logiciens du XIVᵉ siècle, pour lesquels les termes des propositions sont d'abord des concepts ?

CHAPITRE II

LA SÉMANTIQUE DE LA DÉFINITION RÉELLE

Dans la distinction 8 de l'*Ordinatio*, dont l'importance est, nous semble-t-il, passée inaperçue de ceux qui ont étudié la position nominaliste d'Ockham sur le statut ontologique des universaux, le théologien franciscain propose un traitement détaillé de la sémantique de la définition réelle et de celle des prédicables quidditatifs, en l'occurrence l'espèce et le genre. Dans cette distinction sont exposées les thèses les plus caractéristiques de la théorie ockhamiste de la définition réelle. Les trois plus importantes sont les suivantes : tout genre ne se divise pas en espèce et en différence ; seules les substances naturelles sont définissables par une définition réelle ; les termes concrets de différence essentielle sont des termes connotatifs.

On y trouve une sémantique de la différence essentielle fort intéressante, car elle repose sur l'idée que certains termes substantiels peuvent être connotatifs. En l'occurrence, les termes de différence essentielle concrets, comme « rationnel », sont des termes substantiels connotatifs. Le terme « rationnel » suppose pour ce pour quoi suppose le concept générique, comme « animal », auquel il est adjoint pour former une définition réelle, la définition « animal rationnel ». Il connote une partie essentielle d'un référent du défini, « homme », en l'occurrence une âme intellective.

Ainsi, la notion de connotation occupe une fois encore une place de première importance dans le programme de réduction ontologique qu'Ockham oppose au réalisme modéré de Scot. Elle n'est pas restreinte, comme certains interprètes semblent le penser, aux termes accidentels autres que les termes abstraits de la deuxième espèce de qualité (comme « blancheur »). Ockham l'utilise pour proposer une sémantique de la différence essentielle qui ne s'appuie plus, comme ce fut souvent le cas jusqu'à Scot, sur un modèle hylémorphique d'analyse de la sémantique de la définition réelle. Ce modèle trouve sa source dans l'analogie aristotélicienne selon laquelle ce que la matière est à la forme, le genre l'est à la différence. Il s'agit, pour Ockham, d'éviter les conséquences réalistes auxquelles ce modèle hylémorphique peut facilement donner lieu.

Dans ce chapitre, consacré à la sémantique ockhamiste de la définition réelle, nous pensons pouvoir montrer que la distinction 8 de l'*Ordinatio* constitue la partie positive qui fait suite, d'une part à la critique de la nature commune scotiste dans la question 6 de la distinction 2 de l'*Ordinatio*, d'autre part à la critique de la théorie scotiste du concept, objet de la distinction 3 de l'*Ordinatio*. Dans la distinction 3, rappelons-le, Ockham adapte et modifie la thèse scotiste centrale selon laquelle il existe un concept univoque à Dieu et à la créature, sans qu'il existe la moindre réalité que Dieu et la créature aient en commun. La distinction 8 est centrale pour comprendre tous les enjeux de la conception ockhamiste de l'univocité. En effet, Ockham ne reprend pas la doctrine scotiste sans modifications. Ces modifications sont exposées avec toutes leurs conséquences, épistémologiques, métaphysiques et sémantiques.

Le point de départ d'Ockham est le même que celui de Scot. Tous deux posent la question suivante : dire qu'il existe un concept univoque à Dieu et à la créature implique-t-il que Dieu soit dans un genre ? Autrement dit, quelle position adopter sur la question augustinienne de la *predicatio in divinis* ?

À ce sujet, Ockham se sépare de Duns Scot et affirme qu'il est tout à fait possible à Dieu d'être dans un genre, bien que cela ne soit pas démontrable. La raison principale en est que des choses simples, comme les anges, peuvent être dans un genre, en l'occurrence dans le genre de la substance. Cette réflexion théologique se transforme en étude systématique de la notion de genre. Après avoir rencontré une aporie qui le contraint à formuler plusieurs hypothèses sur ce qu'est un concept générique, Ockham pense pouvoir adopter, du moins pour une certaine classe de concepts génériques, la définition aristotélicienne du genre comme ce qui, adjoint à une différence essentielle, forme une définition réelle convertible avec le défini.

Pour comprendre les tenants et les aboutissants d'une telle doctrine, nous procéderons en trois parties. Dans une première partie, nous suivrons la construction d'une problématique philosophique, surgie à l'occasion d'un problème en apparence théologique, dans les deux premières questions de la distinction 8. Ockham aboutit à une aporie dans sa recherche d'un critère de cogénéricité. Nous verrons pourquoi. Dans une deuxième partie, consacrée à une lecture des questions 3 et 4 de la distinction 8 de l'*Ordinatio*, nous étudierons la thèse, centrale, selon laquelle tout genre ne se divise pas en espèce et différence. Dans une troisième et dernière partie, nous étudierons la sémantique qu'Ockham propose de la différence essentielle et celle qu'il propose de la définition réelle.

LES INSUFFISANCES DU CONCEPT ARISTOTÉLICIEN DE GENRE

Les enjeux philosophiques d'une question théologique

Dans la distinction 8 de l'*Ordinatio*, Ockham aborde le thème, traditionnel depuis Augustin et Boèce, de la *predicatio in divinis*. Il reprend la question que s'est posée Duns Scot, celle de savoir si la simplicité divine est compatible avec la possibilité que Dieu soit dans un genre [1]. Le niveau de réflexion est double. Il s'agit de savoir si Dieu a une place dans un ordre de l'être. Il s'agit aussi de savoir si Dieu est dicible et comment en parler [2]. Avant d'entrer dans le vif du sujet, on rappellera qu'Ockham admet, comme ses prédécesseurs Henri de Gand et Jean Duns Scot, la possibilité d'un discours propre sur Dieu en l'absence d'une compréhension adéquate de Dieu [3].

Ockham choisit de défendre l'une des deux positions que Scot, dans la question 3 de la distinction 8 de son *Ordinatio*, qualifie d'« extrême » ou de « radicale », celle selon laquelle la simplicité divine est compatible avec la possibilité que Dieu soit dans un genre. Il s'oppose à la solution scotiste, au motif qu'elle repose sur une mauvaise interprétation de l'expression « être dans un genre ». Comment Duns Scot entend-il cette expression ?

Dans la question 3 de la distinction 8 de son *Ordinatio*, Scot fait précéder l'énoncé de son opinion d'une réfutation de deux opinions qu'il qualifie de « radicales » ou d' « extrêmes ». La première opinion peut être identifiée à la position de Thomas d'Aquin. D'après cette opinion, la simplicité divine est incompatible avec l'univocité de Dieu et des créatures, c'est-à-dire avec la thèse selon laquelle il est possible qu'existe un concept commun à Dieu et aux créatures. Bien que Scot ne s'attarde pas dans son explication, il en résulte, d'après lui, qu'il est impossible que Dieu soit dans un genre [4].

Selon la deuxième opinion, la simplicité divine est compatible avec la thèse selon laquelle Dieu est dans un genre [5]. Deux arguments sont avancés pour

1. Jean Duns Scot, Ord. I, d. 8, pars 1, q. 3, « Utrum cum simplicitate divina stet quod Deus vel aliquid formaliter dictum de Deo sit in genere », éd. Vat., vol. 4, p. 171.

2. Pour la position de Duns Scot sur ces questions, voir G. Sondag, « Boèce et Duns Scot sur la transposition des prédicaments aristotéliciens dans la prédication divine », *Revista Portuguesa de Filosofia* 64, 2008, p. 177-193.

3. Voir l'article classique de E. J. Ashworth, « Can I Speak More Clearly Than I Understand ? A Problem of Religious Language in Henry of Ghent, Duns Scotus and Ockham », *Historiographia linguistica* 7, 1980, p. 29-38 et, plus récemment, O. Boulnois, « Représentation et noms divins selon Duns Scot », *Documenti e studi* 6, 1995, p. 255-280.

4. Jean Duns Scot, Ord. I, d. 8, pars 1, q. 3, éd. Vat., vol. 4, p. 171 : « Hic sunt duae opiniones extremae. Una negativa, quae dicit quod cum simplicitate divina non stat quod sit aliquis conceptus communis Deo et creaturae, de qua tactum est supra distinctione 3 quaestione 1. »

5. Jean Duns Scot, Ord. I, d. 8, pars 1, q. 3, éd. Vat., vol. 4, p. 196 : « Alia est opinio affirmativa, in alio extremo, quae ponit Deum esse in genere, – et habent pro se etiam auctoritatem Damasceni, in Elementario cap. 10. » Les éditeurs de Scot n'ont pas trouvé d'où provient la « deuxième opinion

justifier cette opinion. Nous reprendrons les formulations de Scot pour aller à l'essentiel des enjeux soulevés.

D'après le premier argument, on peut concevoir une substance incréée et une substance créée. Aucun de ces concepts n'est absolument simple. Ils peuvent donc faire l'objet d'une analyse. Par celle-ci, on aboutit à l'idée que la notion de substance est indépendante de celle de créé et de celle d'incréé, donc, d'après Scot, à l'idée que la notion de genre est indépendante de celle de créé et de celle d'incréé. Il en résulte que Dieu peut être dans un genre, si l'on admet, comme cela est sous-entendu, que Dieu est une substance [1]. D'après le second argument, de nombreux êtres simples sont posés dans les genres, en l'occurrence les anges et les accidents. *A fortiori*, un être simple comme Dieu peut être dans un genre [2].

Scot ne se range à aucune de ces deux opinions. Il choisit de défendre une opinion qu'il estime être intermédiaire entre les deux. D'après lui, la simplicité de Dieu est compatible avec l'existence d'un concept commun à Dieu et à la créature. Ce concept commun n'est pas un concept de genre. Il n'est pas un concept quidditatif de Dieu, au sens où il se prédiquerait *in quid* de Dieu ou d'un nom propre qui le désigne [3]. Il s'agit du concept d'étant. Par conséquent, bien que Scot ne le dise pas explicitement, il n'est pas possible, d'après lui, que Dieu soit dans un genre.

Comme Scot, Ockham défend la thèse selon laquelle il est possible qu'existe au moins un concept commun à Dieu et aux créatures. Cependant, Ockham estime que, pour défendre l'univocité entre Dieu et les créatures, il n'est pas nécessaire d'affirmer que Dieu n'est pas dans un genre. En effet, Ockham pense qu'il est compatible avec la simplicité divine que Dieu soit dans un genre [4].

D'après Ockham, la position de Scot repose sur une thèse philosophique inacceptable, celle selon laquelle tout genre se divise en deux réalités

extrême ». Peut-être Scot l'a-t-il conçue lui-même dans un but pédagogique, pour mieux faire percevoir à son lecteur la spécificité de sa propre opinion.

1. Jean Duns Scot, Ord. I, d. 8, pars 1, q. 3, éd. Vat., vol. 4, p. 197 : « Ad hoc ratio prima ponitur talis, quia potest concipi substantia creata et substantia increata, et neuter conceptus est simpliciter simplex. Ergo resolvendo, remanebit ratio substantiae, indifferens ad utrumque contrahens, – et sic indifferenter accepta videtur esse ratio generis. »

2. Jean Duns Scot, Ord. I, d. 8, pars 1, q. 3, éd. Vat., vol. 4, p. 197 : « Secunda ratio est, quia multa entia simplicia ponuntur in genere, sicut angeli, secundum ponentes eos esse immateriales, – accidentia etiam, secundum ponentes ea esse simplicia. Ergo simplicitas Dei non excludit rationem generis ab eo. »

3. Jean Duns Scot, Ord. I, d. 8, pars 1, q. 3, éd. Vat., vol. 4, p. 198 : « Teneo opinionem mediam, quod cum simplicitate Dei stat quod aliquis conceptus sit communis sibi et creaturae, – non tamen aliquis conceptus communis ut generis, quia nec conceptus dictus in quid de Deo, nec qualitercumque formali praedicatione dictus de ipso, est per se in aliquo genere. »

4. Ockham, Ord. d. 8, q. 1, OTh III, p. 165 : « Alii, tenendo eandem conclusionem, dicunt quod cum simplicitate Dei stat quod aliquis sit conceptus communis Deo et creaturis, – non tamen conceptus aliquis communis, ut generis. »

formellement distinctes l'une de l'autre, l'espèce et la différence essentielle [1]. Ockham oppose à Duns Scot l'un des deux arguments que ce dernier avait lui-même avancés en faveur de la position extrême qu'Ockham reprend à son compte : un ange peut être dans un genre, donc, *a fortiori*, un être simple comme Dieu peut être dans un genre [2].

Ce contre-exemple à la position scotiste n'a pas valeur de réfutation en bonne et due forme [3]. Il n'est en effet pas question de s'opposer à l'orthodoxie qui veut que Dieu ne soit pas dans un genre. La thèse selon laquelle Dieu n'est pas dans un genre est une thèse communément partagée par les philosophes et théologiens depuis Albert le Grand et Thomas d'Aquin. Cette thèse est renforcée par la condamnation, en 1277, par Robert Kilwardby, de la thèse selon laquelle Dieu n'est pas *extra genus* [4].

Cependant, rien n'empêche que Dieu ne puisse être dans un genre. Dans l'intitulé de la question posée, il n'était question que d'une compossibilité, non pas d'un fait. On demandait si la simplicité divine était compatible avec la généricité. Augustin, dans son étude de la question, n'a pas cherché à montrer que Dieu n'était pas dans un genre. Il s'interrogeait sur l'essence divine et son éventuelle composition trinitaire [5].

D'ailleurs, Ockham termine la question 1 de la distinction 8 en expliquant qu'en partant du postulat que Dieu est simple, rien ne peut être conclu sur la question de savoir si Dieu est dans un genre. Plus encore, rien ne peut être conclu sur cette question lorsque l'on s'appuie sur un attribut divin quel qu'il soit. La possibilité que l'homme possède un concept générique de Dieu ne concerne pas Dieu. La question de savoir s'il est possible d'avoir un concept univoque à Dieu et aux créatures, qui soit également un concept commun (ou générique), porte sur une propriété extrinsèque de Dieu, c'est-à-dire une propriété qui ne dépend pas de

1. Ord. d. 8, q. 1, OTh III, p. 169 : « Contra istam opinionem, primo quod dicit "in omni species sunt duae realitates a quarum una accipitur genus et ab alia differentia", hoc est simpliciter falsum ».

2. Ord. d. 8, q. 1, OTh III, p. 175 : « Ideo dico ad quaestionem primo quod simplicitas, per carentiam cuiuscumque compositionis intrinsecae, non impedit aliquid esse in genere, quia angelus est simpliciter simplex per carentiam cuiuscumque compositionis intrinsecae, et tamen angelus est in genere. »

3. Ord. d. 8, q. 1, OTh III, p. 177 : « Tertio dico quod Deus non est in genere. Hoc tamen difficile est probare. Verumtamen hoc persuadeo magis per viam narrationis quam per viam probationis. »

4. Voir A. Tabarroni, « *Utrum Deus sit in praedicamento*: Ontological Simplicity and Categorical Inclusion », *in* J. Biard et I. Rosier-Catach (éd.), *La tradition médiévale des catégories (XII*e*-XV*e *siècle). Actes du XIIIe Symposium européen de logique et de sémantique médiévales (Avignon, 6-10 juin 2000)*, Louvain-la-Neuve/Paris, Éditions de l'Institut supérieur de philosophie/Peeters, 2003, p. 272.

5. Ord. d. 8, q. 1, OTh III, p. 179 : « Quamvis ergo sic posset exponi beatus Augustinus ad probandum Deus non est in genere, tamen sciendum quod non est intentio beati Augustini probare quod Deus non est in genere, sed intentio sua est probare quod essentia divina non est species et ipsae personae individua. »

son essence. Cette propriété dépend de son rapport à ses créatures, qui est contingent car soumis à sa libre décision [1].

L'enjeu est donc explicité au terme de la question 1 de la distinction 8 de l'*Ordinatio*. Il s'agit, en effet, de montrer qu'il n'est pas nécessaire d'adopter la thèse scotiste selon laquelle une espèce résulte de la composition formelle entre deux entités (une nature commune et une différence essentielle) pour rendre compte de la possibilité de l'existence d'un concept commun à Dieu et à la créature, sans pour autant avoir à enfreindre la condamnation de Robert Kilwardby. Afin d'étayer son idée, Ockham annonce qu'il va traiter cinq questions de nature philosophique [2], centrées sur le genre, la différence et la définition.

Il est donc question de la notion de prédicable et de la structure constitutive de l'arbre de Porphyre. Comment concevoir la notion de division s'il est possible à des choses simples d'être dans un genre ? Ockham a montré, dans le *Prologue* de l'*Ordinatio*, que le concept de Dieu dont l'homme peut disposer après la Chute n'est pas structuré de telle sorte qu'il puisse y avoir une science *propter quid* de Dieu [3]. Ockham ne devrait-il pas conclure, comme Scot, qu'il n'est pas possible à Dieu d'être dans un genre, s'il veut rester cohérent avec lui-même ? Encore faut-il comprendre correctement l'idée, centrale dans la distinction 8 de l'*Ordinatio*, que des choses simples puissent être dans un genre.

La découverte d'une aporie

La définition

Ockham définit ce qu'est un genre de la façon suivante :

> Tout concept qui peut être prédiqué *in quid* de plusieurs qui diffèrent davantage que par une simple différence numérique, qui entretiennent les uns avec les autres une proportion déterminée selon la perfection et dont aucun n'est une partie

1. Ord. d. 8, q. 1, OTh III, p. 180 : « Quarto dico quod non potest per rationem sufficienter probari Deum non esse in genere, quia nec per simplicitatem Dei, sicut ostensum est, nec per necessitatem Dei. Quia non plus potest probari Deum non habere conceptum communem univocum, cum uterque sit aequaliter extrinsecus et extra essentiam Dei, et ideo propter conceptum talem in nullo derogatur necessitatem Dei. »

2. Ord. d. 8, q. 2, OTh III, p. 182 : « Ad declarationem praedictorum quaeram aliquas breves quaestiones. »

3. Ord. Prol. q. 2, OTh I, p. 119 : « Dico quod non est talis ordo illorum conceptuum qualis requiritur ad demonstrationem simpliciter et a priori. » Pour un commentaire de ce texte, voir notamment S. Dumont, « The *Propositio Famosa Scoti* : Duns Scotus and Ockham on the Possibility of a Science of Theology », *Dialogue* 33/1, 1992, p. 415-429.

essentielle de quelque chose qui forme une unité par soi, est un concept générique [1].

Un genre est un concept. C'est un prédicable, le premier de la liste des prédicables de Porphyre et de celle d'Aristote. Il se caractérise d'abord par la nature de la prédication dans laquelle il est prédicat, la prédication *in quid* ou « dans la quiddité ».

Ockham précise ce qu'il faut entendre par « prédication *in quid* » notamment dans son commentaire à l'*Isagogê*. Est *in quid* toute prédication véridique qui ne signifie pas que quelque chose d'extrinsèque échoit au référent du sujet et qui ne signifie pas une partie déterminée de ce de quoi il se vérifie [2]. Les critères de reconnaissance de ce type de prédication sont manifestement les mêmes que ceux que l'on trouve dans la définition du genre. En effet, dans les deux cas, il est fait appel négativement à la notion de partie essentielle ou intrinsèque du référent du sujet.

Ockham propose dans ce même commentaire une autre définition de la prédication *in quid*, une définition par sa fonction. La fonction de la prédication *in quid* est de répondre à une question posée par l'intermédiaire de l'interrogatif *quid*, ce qui indique que l'on demande quelque chose sur un tout et non sur l'une de ses parties [3]. En ce sens, la prédication *in quid* se distingue de la prédication *in quale*. Une prédication *in quale* répond à une question faite par l'intermédiaire de l'interrogatif *quale* [4]. Les prédicables *in quale* sont la différence et l'accident, ainsi que le propre.

Cette définition de la prédication *in quid* par sa fonction n'est pas davantage explicative que la première, parce que cette fonction est définie négativement, par rapport à celle d'un autre type de prédication, la prédication *in quale*. Pourtant, ces deux notions ne sont pas sémantiquement co-extensives.

La raison en est qu'un terme générique partage avec plusieurs autres termes la propriété d'être prédicable dans une prédication *in quid*, en l'occurrence avec les termes d'espèce et avec les définitions réelles. Les définitions réelles sont des formules non-propositionnelles pouvant faire fonction de terme dans une proposition, tout comme les termes génériques et les termes spécifiques. Un autre critère doit être trouvé.

1. Ord. d. 8, q. 2, OTh III, p. 183 : « Omnis conceptus praedicabilis in quid de pluribus habentibus proportionem secundum perfectionem inter se, quorum nullum est pars essentialis alicuius per se unius, est conceptus generis. »

2. ExpPorph 1, OPh II, p. 22 : « Quarto notandum quod praedicari in quid de aliquo est praedicari vere de aliquo et non importare aliquid extrinsecum competere illi de quo praedicatur, nec significare determinatam partem illius de quo verificatur. » Voir aussi ExpPorph 7, OPh II, p. 102, l. 5-11.

3. ExpPorph. 1, OPh II, p. 29 : « Notandum est hic quod quando quaeritur per quid, non quaeritur de aliqua una parte praecise, nec de aliquo extrinseco, sed quaeritur de toto ».

4. ExpPorph, 1, OPh I, p. 28 : « Illud praedicatur in quale et non in quid, per quod respondetur ad quaestionem factum per quale, non per quid. »

C'est pourquoi Ockham énonce, dans la définition du genre, que le critère de distinction entre les prédicables *in quid* se fonde sur une propriété métaphysique des individus auxquels les concepts génériques sont applicables : la « proportion selon la perfection », qui est un certain type de ressemblance. En quel sens un rapport ontologique de ressemblance entre des choses peut-il fonder la nécessité de distinguer les termes génériques des autres termes prédicables *in quid* de leur sujet ?

Il faut ici neutraliser d'emblée les difficultés soulevées par le fait que, dans la définition qu'il donne de ce qu'est un genre, Ockham énonce que des choses (en l'occurrence des choses reliées par un certain rapport de ressemblance) peuvent être en position de sujet dans une proposition d'un certain type (en l'occurrence dans une prédication *in quid*), sauf si l'on exclut que « F est prédiqué de a » implique nécessairement que a soit sujet dans une proposition [1].

Le texte n'a pas été repris par Ockham dans ladite deuxième rédaction de l'*Ordinatio*, alors qu'il a proposé des variantes pour d'autres passages de la distinction 8 [2]. On peut donc suggérer que la possibilité qu'une chose ait la fonction de sujet dans une proposition est indépendante de la question de savoir si le texte suit la première ou la deuxième théorie ockhamiste du concept. On ne peut donc pas suivre ce qu'E. Karger a soutenu dans un article daté de 1994 [3].

D'après E. Karger, dans sa première théorie du concept, dite théorie du concept comme *fictum*, Ockham admet que des choses qui sont appréhendées par une intuition intellectuelle peuvent faire fonction de sujet dans une proposition. Ces choses peuvent également faire fonction de prédicat dans certaines propositions, notamment dans des énoncés d'identité qui comprennent pour termes Dieu en personne [4]. Dans la deuxième théorie du concept, souvent nommée

1. Voir notamment Ord. Prol, q. 2, OTh I, p. 109-110 : « Secundo, sciendum quod illorum quae praedicantur de Deo quaedam sunt res § si res possit praedicari § et quaedam tantum conceptus. »

2. Voir par exemple Ord. d. 8, q. 2, OTh III, p. 187, l. 4.

3. E. Karger, « Théories de la pensée, de ses objets et de son discours chez Guillaume d'Ockham », *Dialogue*, XXIII, 1994, p. 437-456.

4. Ord. Prol., q. 1, OTh I, p. 49 : « Ad cuius intellectum est sciendum primo, quod praedicabilium de Deo aliquod est vera res extra animam, § secundum unam opinionem §, quia quidquid potest intellectus intelligere simplici notitia, potest componere cum alio vel cum se ipso, dicendo "hoc est hoc". Aliquod autem praedicabile est conceptus habens tantum esse obiectivum, secundum unam opinionem, qui quidem vere potest praedicari de Deo, non pro se, sed pro re ; et iste conceptus vel est simpliciter absolutus, vel connotativus, vel secundum alios, respectivus. Exemplum primi : si praedicaretur a tali intellectu pater de Deo, § si tamen res possit praedicari §, dicendo : Deus est pater vel paternitas vel Deus. » Voir aussi ExpPorph I, OPh II, p. 24 : « [...] dubium est apud multos an ipsa res possit praedicari vel subici. » Pour un commentaire de ces textes, voir E. P. Bos, « William of Ockham and the "predication of a thing" », *in* E. P. Bos et H. A. Krop (eds.), *Ockham and Ockhamism. Acts of the Symposium organized by the Dutch Society for Medieval Philosophy*, Nijmegen, Ingenium Publishers, 1987, p. 71-79 ; A. Robert, « Les propositions singulières chez Guillaume d'Ockham », *in* A. Maierù & L. Valente (eds.), *Medieval Theories on Assertive and Non-Assertive Language*, Florence, L. S. Olschki, 2004, p. 377-399.

« théorie du concept comme acte », il n'est plus possible que des choses puissent faire fonction de sujet ou de prédicat dans une proposition. Les actes intellectuels d'intuition d'un singulier sont les sujets des propositions singulières.

Pourquoi Ockham n'a-t-il pas corrigé la définition de ce qu'est un genre dans la seconde rédaction de l'*Ordinatio* ? Nous supputons qu'Ockham reprend une définition qui trouverait son origine dans les *Catégories* d'Aristote et dans l'*Isagogê* de Porphyre, textes dans lesquels leurs auteurs respectifs n'hésitent pas, d'après Ockham, à dire que des choses peuvent faire fonction de sujet dans une proposition. La raison en serait que ces deux auteurs ne disposent pas d'une théorie de la *deixis* suffisamment solide pour qu'ils puissent affirmer, comme ils le souhaiteraient, que les lignes prédicamentales se terminent aux termes singuliers et à leurs référents, comme Ockham pense pouvoir l'affirmer [1].

Une fois cette difficulté neutralisée, nous pouvons revenir au critère métaphysique de co-généricité qui est énoncé dans la définition du genre. Dans cette définition, Ockham précise que les individus co-génériques se distinguent davantage que par une différence numérique. Ce ne sont donc pas des individus co-spécifiques, comme le seraient Socrate et Platon.

De plus, les individus co-génériques ne sont pas des parties essentielles d'une substance naturelle (décrite dans la définition du genre comme « ce qui forme une unité par soi »). En d'autres termes, la matière et la ou les forme(s) d'une substance naturelle ne sont pas des individus co-génériques [2].

Enfin, pour exclure la possibilité que tous les étants soient co-génériques, Ockham souligne que le critère de co-généricité se fonde sur une « relation de proportion selon la perfection », c'est-à-dire sur une relation de ressemblance qui exclut que tout étant ressemble à n'importe quel autre étant [3]. Le critère ontologique avancé par Ockham est d'ordre négatif, si bien que l'on pourrait penser que toute chose qui ne ressemble pas maximalement à une autre tout en lui ressemblant ne serait-ce qu'un peu est de même genre que cette autre chose, à la condition que les termes qui s'y réfèrent se prédiquent *in quid* de ces choses. Ces conditions nécessaires ne sont bien évidemment pas suffisantes.

Pour arriver à une description plus adéquate de ce qu'Ockham entend par cette relation de proportion selon la perfection, on peut se reporter à la question 9 de la distinction 2 de l'*Ordinatio* et à la question 10 du troisième livre de la

1. À ce sujet, nous renverrons à notre article « La sémantique ockhamiste des catégories. Essai de reconstruction », *Vivarium* 52, 2014, p. 49-71.

2. Voir également Ord. d. 8, q. 2, OTh III, p. 184 : « Similiter, quamvis anima praedicetur in quid de pluribus animabus, et similiter forma de omnibus formis substantialibus, et materia de omnibus materiebus, quia tamen omnia ista sunt nata esse partes essentiales aliquorum quorum quodlibet est per se unum, ideo illi conceptus non sunt genera nec etiam species. »

3. Ord. d. 8, q. 2, OTh III, p. 184 : « Maiorem declaro. Ad cuius evidentiam sciendum quod, sicut declaratum est, quamvis aliquis conceptus praeter conceptum entis praedicetur de Deo et aliqua creatura in quid, quia tamen ista contenta non habent certam proportionem secundum perfectionem inter se, ideo non est genus. »

Reportatio [1]. Dans ces questions, Ockham recourt à la notion de proportion selon la perfection pour justifier la possibilité qu'il existe un concept univoque à Dieu et aux créatures.

Il faut d'abord rappeler, à la suite d'E. J. Ashworth, qu'au sens strict l'univocité est un phénomène sémantique propre au langage parlé. Ce phénomène sémantique est défini par Ockham à partir de l'acte d'imposition d'un nom, c'est-à-dire à partir de l'acte originaire de nomination ou de baptême. Ce n'est que par extension que la notion peut être employée pour décrire les propriétés sémantiques d'un concept.

En ce dernier sens, l'univocité est un phénomène sémantique possédant une propriété qui lui permet de ne pas être une simple notion corrélative de celle de l'équivocité, ce qui était pourtant le cas d'après Aristote et d'après Boèce [2]. C'est pourquoi Ockham énonce, dans la question 10 du troisième livre de la *Reportatio*, que l'univocité se trouve autant dans les concepts que dans le langage parlé ou écrit [3].

Ainsi, notre enquête sur le critère de distinction entre individus co-génériques a un enjeu qui est à la fois de nature épistémologique et sémantique. Il est d'abord question des conditions nécessaires et suffisantes de la prédication *in quid* d'un concept générique à un pronom démonstratif, comme dans la proposition « ceci est un animal », Socrate étant désigné.

Dans la question 10 du troisième livre de la *Reportatio*, Ockham distingue trois types d'univocité en fonction de degrés de ressemblance essentielle. Rappelons que la notion de ressemblance essentielle n'est pas une notion aristotélicienne. Pour Aristote toute ressemblance est qualitative : deux choses se ressemblent si elles partagent une qualité accidentelle ou, du moins, si elles possèdent toutes deux une certaine qualité accidentelle de la même espèce [4]. Ockham introduit un autre type de ressemblance dans sa définition de l'univocité, la ressemblance essentielle. Une ressemblance entre deux individus est essentielle si elle est relative à une substance et non à un accident. Ce type de ressemblance advient par degrés jusqu'à un degré maximal. En effet, Ockham affirme,

1. À ce sujet, voir J. Pelletier, *William Ockham and the Science of Metaphysics*, Leiden, Brill, 2013, chap. III, notamment les références données p. 151. Voir aussi O. Boulnois, « Une métaphysique nominaliste est-elle possible ? Le cas d'Occam », *Cahiers de Philosophie de l'université de Caen* 38-39, 2002, p. 187-228.

2. Voir la réinterprétation d'Ockham en ExpPraed. 1, OPh II, p. 142-143. Sur la question de l'univocité, de l'équivocité et de l'analogie, on se reportera aux travaux d'E. J. Ashworth, notamment à l'article « Equivocation and Analogy in Fourteenth Century Logic : Ockham, Burley and Buridan », *in* B. Mojsisch et O. Pluta (éd.), *Historia Medii Aevii*, vol. 1, Amsterdam, Grüner, 1991, p. 23-43.

3. Rep. III, q. 10, OTh VI, p. 321 : « Tertia conclusio est quod univocatio est in conceptu, in voce et in scripto. In conceptu, si conceptus sit unus ; in voce, si conceptus sit unus sicut dictio in scripto est una. » L'univocité est également définie en SL I, 13, OPh I, p. 46.

4. ExpPraed 15, OPh II, p. 292 : « stricte sumendo simile et dissimile, nihil dicitur simile vel dissinile alteri nisi secundum qualitatem ».

dans la distinction 2 de l'*Ordinatio*, qu'une ressemblance essentielle`maximale entre deux individus est suffisante pour qu'un concept d'espèce spécifique soit formé [1]. C'est précisément à la notion de ressemblance esssentielle maximale qu'Ockham recourt pour définir le premier sens du terme « univocité ».

Au premier sens, est univoque tout concept d'espèce spécialissime [2]. Le critère de co-spécificité entre individus consiste en une relation sémantique et ontologique de ressemblance essentielle parfaite sans aucune dissemblance [3]. Il s'agit de la ressemblance maximale à laquelle Ockham a fait appel dans la distinction 2 de l'*Ordinatio* [4], et dont C. Panaccio a montré l'importance dans le nominalisme d'Ockham [5], puisque la notion de ressemblance maximale fonde la possibilité de former un concept général qui sera fiable, du moins en ce qui concerne l'espèce spécialissime.

Au deuxième sens, est univoque tout concept générique, « genre » étant ici à entendre dans le sens présenté plus haut dans la définition aristotélicienne du genre. Le deuxième type d'univocité a une fonction de transition vers le dernier type d'univocité, celui du concept prédicable *in quid* de Dieu et de la créature. Ce dernier type d'univocité est un cas limite, puisqu'il est défini par l'absence de toute ressemblance entre les individus qui tombent dans l'extension du concept [6].

La notion de ressemblance intervenant dans la définition du genre qu'Ockham attribue à Aristote est donc une notion intermédiaire entre la ressemblance essentielle parfaite et l'absence totale de ressemblance essentielle. Dans la question 10 du troisième livre de la *Reportatio*, Ockham la décrit de façon négative comme la relation, de type ontologique et sémantique, qui unit deux individus qui ne sont ni

1. Ord. d. 2, q. 6, OTh II, p. 211 : « Sortes et Plato se ipsis differunt solo numero, et Sortes secundum substantiam est simillimus Platoni, omni alio circumscripto, potest intellectus abstrahere aliquid commune Sorti et Platoni quod non erit communi Sorti et albedini ».

2. Rep. III, q. 10, OTh VI, p. 336 : « Et sic accipiendo univocum, conceptus solius speciei specialissimae est univocus. »

3. Rep. III, q. 10, OTh VI, p. 335-336 : « Ubi sciendum quod uno modo accipitur [univocum] pro conceptu communi aliquibus habentibus perfectam similitudinem in omnibus essentialibus sine omni dissimilitudine. » Pour l'enjeu soulevé par la possibilité d'une ressemblance maximale entre les degrés d'une forme accidentelle, voir M. Roques, « Quantification and Measurement at the Beginning of the Fourteenth Century. The Case of William of Ockham » *Documenti e studi* 2016.

4. Ord. d. 2, q. 9, OTh II, p. 310 : « Secundo, distinguo de univoco – sive dicatur improprie de conceptu sive proprie de voce vel quocumque signo ad placitum instituto – quod tripliciter accipitur : Uno modo secundum quod praecise praedicatur de pluribus realiter distinctis – quae non sunt una res realiter – sibi simillimis ; et isto modo non invenitur univocatio nisi in specie specialissima, quia sola individua speciei specialissima sunt sibi simillima. » Voir aussi Quodl. IV, q. 12, OTh IX, p. 356-357.

5. C. Panaccio, *Ockham on Concepts*, chap. VII, « Concepts as Similitudes », *op. cit.*, p. 119-144.

6. Rep. III, q. 10, OTh VI, p. 337 : « Tertio modo accipitur univocum pro conceptu communi multis non habentibus aliquam similitudinem nec quantum ad substantialia nec quantum ad accidentalia. Isto modo quilibet conceptus conveniens Deo et creaturae est eis univocus, quia in Deo et creatura nihil penitus, nec intrinsecum nec extrinsecum, est eiusdem rationis. »

totalement semblables ni totalement dissemblables, soit relativement à quelque chose d'intrinsèque, soit relativement à quelque chose d'extrinsèque [1].

Nous aurions ici un critère suffisant pour distinguer deux individus co-génériques de deux autres qui ne le sont pas : la ressemblance qui les relie est à évaluer à l'aune de leur structure métaphysique ou à l'aune des propriétés physiques qui en dérivent. Mais il n'en va pas ainsi, comme Ockham l'explique dans la question 2 de la distinction 8 de l'*Ordinatio*.

Un critère insuffisant de co-généricité

L'objection

Ockham s'objecte à lui-même qu'il s'ensuit de cette définition que tout couple de concepts spécifiques aurait un genre qui leur serait commun [2]. En effet, la formation d'un concept générique présuppose la connaissance intuitive de deux individus qui ne sont pas co-spécifiques [3]. Cela implique que pour tout couple de concepts non co-spéficiques, un concept générique peut être formé, donc qu'il y ait pour n concepts non co-spécifiques 2^n concepts génériques.

Par exemple, pour former le concept « animal », il suffit que je dispose d'un concept spécifique d'animal, comme « cheval », et que je sois en contact avec un individu d'une espèce différente, comme un homme. Or ces conditions en apparence suffisantes ne le sont pas. En effet, le rapport de convenance et de disconvenance qui caractérise les individus co-génériques, dans la définition donnée dans la distinction 8, n'est pas suffisamment défini pour qu'il soit possible d'exclure qu'il existe davantage de concepts génériques que de concepts spécifiques.

Supposons que je dispose du concept d'animal, que j'ai formé au contact d'un homme et d'un cheval. Au contact d'un lézard et d'une chauve-souris, j'ai également pu former un concept générique. Rien, dans la définition du genre, ne garantit que ce concept soit le concept d'animal : ce pourrait être le concept d'animal^2. Le sujet épistémique n'a aucune garantie que ces deux concepts « animal » et « animal^2 » soient synonymes, alors qu'ils le sont *de facto*.

Ainsi, le rapport métaphysique de ressemblance partielle proposé dans la définition du genre ne peut pas faire fonction de condition suffisante et nécessaire de co-généricité.

1. Rep. III, q. 10, OTh VI, p. 336-337 : « Alio modo accipitur univocum pro conceptu communi aliquibus quae nec sunt omnino similia nec omnino dissimilia, sed in aliquibus similia et in aliquibus dissimilia, vel quantum ad intrinseca vel extrinseca. »

2. Ord. d. 8, q. 2, OTh III, p. 185, l. 20 – p. 186, l. 12.

3. QP 7, OPh VI, p. 411-412 : « Et si quaeras a quibus causatur intellectio talis, respondeo : cognitio propria singularis et cognitio specifica aeque intuitive et aeque primo causantur simul ab obiecto, et cognitio generis causatur in mente ab individuis alterius et alterius speciei, et hoc simul cognitionibus propriis eorum. »

L'objection ne porte pas sur l'absence de fiabilité du critère de co-généricité proposé par Ockham. Si l'on classe dans un genre des concepts spécifiques simples, acquis par contact épistémique direct avec deux individus, l'erreur de classification n'est pas possible. Le fiabilisme de la théorie ockhamiste de la connaissance n'est pas en jeu [1]. Il n'est pas possible de suivre M. McCord Adams qui estime que le critère qu'Ockham propose de la co-généricité est trop vague pour qu'il puisse justifier la thèse selon laquelle les universaux sont des concepts naturels et non pas des fictions arbitraires de l'esprit [2].

Ce qui est remis en question est la fonction classificatoire du genre. S'il y a autant de genres que d'espèces, à quoi sert de classer des individus co-spécifiques dans des genres ? Autant renoncer à la thèse selon laquelle l'esprit forme des concepts génériques en plus de ses concepts spécifiques. Ockham n'est pas de cet avis.

Le reste de la distinction 8 de l'*Ordinatio* est consacré à construire et justifier son opinion à ce sujet. Il commence par montrer que l'objection ne porte pas spécifiquement contre sa théorie du concept. Elle vaut également pour la théorie scotiste du genre [3], comme le pensait M. McCord Adams, qui ne cite pourtant pas le texte de la distinction 8 pour étayer son interprétation [4]. S'il est absurde de concéder qu'il y a autant de concepts génériques que de concepts spécifiques, cela l'est toujours moins que de concéder qu'il y a autant de natures communes dans un individu que dans une espèce [5].

Dans le pire des cas, quelqu'un qui renoncerait à recourir à la notion de différence essentielle aurait à concéder qu'il existe un très grand nombre de concepts génériques, non sulbalternés les uns aux autres, et supérieurs à tous les concepts d'espèce spécialissime. C'est toujours moins absurde, d'après Ockham, que de multiplier sans fin les réalités dans les choses [6]. Mais ce n'est pas une réfutation en bonne et due forme.

1. Le fiabilisme est la doctrine selon laquelle « le statut de justification d'une croyance est fonction de la fiabilité du ou des processus qui la causent, dans la mesure (en première approximation) où la fiabilité consiste en la tendance d'un processus à produire des croyances vraies plutôt que fausses », A. Goldman, « What is Justified Belief ? », *in* G. S. Pappas (ed.), *Justification and Knowledge*, Dordrecht, Reidel, 1979, p. 2.

2. M. McCord Adams, *William Ockham*, chap. IV, « Universals, Conventionalism and Similarity », vol. 1, p. 132.

3. Ord. d. 8, q. 2, OTh III, p. 188 : « Ad secundum posset dici multipliciter, uno modo concedendo conclusionem. Videtur tamen argumentum magis valere contra opinantes contrarium quam contra me. »

4. Ord. d. 8, q. 2, OTh III, p. 188, l. 14 ; p. 191, l. 9.

5. Ord. d. 8, q. 2, OTh III, p. 190 : « Minus igitur esse absurdum concedere conclusionem quod essent tot genera propter solos conceptus distinctos, quam concedere tot genera cum tot realitatibus in quolibet individuo et in qualibet species. »

6. Ord. d. 8, q. 2, OTh III, p. 190 : « Quia parvum inconveniens videtur respective quod aliquis videns praecise boves et asinos abstrahat unum conceptum communem eis praedicabilem in quid de eis, et alius videns praecise boves et equos abstrahat unum alium conceptum consimilem, et tertius

Il faut bien reconnaître qu'Aristote n'a pas légué à la postérité une notion de genre clairement circonscrite. Duns Scot n'ayant pas trouvé de solution satisfaisante pour sortir de l'aporie, on peut examiner ce que d'autres ont dit sur la question. Cinq hypothèses peuvent être avancées [1].

Cinq hypothèses

La première d'entre elles repose sur une « autorité » fort utilisée de Boèce, tirée du livre des *Divisions*, selon laquelle un grand nombre de divisions proviennent davantage de la nécessité que de la nature [2]. Il faut comprendre, d'après Ockham, que nombre d'individus ne peuvent être connus qu'indirectement, par des concepts communs qui transcendent la distinction entre substance et accident [3].

Dans cette hypothèse, le critère de ressemblance entre les individus co-génériques n'est pas épistémiquement accessible à l'homme, du moins dans de nombreux cas. La raison en est que l'espèce de nombreux individus n'est pas connue, parce que les individus sont souvent connus non pas en eux-mêmes mais par l'intermédiaire de leurs accidents [4]. L'esprit forme à leur sujet des concepts négatifs et connotatifs propres mais pas de concept absolu.

Le critère de co-généricité serait donc fondé sur des ressemblances entre accidents. Cela n'implique bien sûr pas nécessairement que ce critère ne soit pas fiable ou que la catégorisation des choses dans des genres soit arbitraire. On voit cependant poindre, dans cette hypothèse, les développements ultérieurs que l'on pourra lire, au XIVe siècle, chez les successeurs d'Ockham.

videns praecise boves et capras abstrahat adhuc alium conceptum consimilem, et sic de mille apprehendentibus diversa individua. »

1. Pour la position de Duns Scot sur ce sujet, voir G. Pini, « Scotus on Knowing and Naming Natural Kinds », *History of Philosophy Quartely* 26, 2009, p. 255-272. Pour celle de Thomas d'Aquin, voir N. Kretzmann, « Infaillibility, Error and Ignorance », *in* J. Marenbon (éd.), *Aristotle and His Medieval Interpreters, Canadian Journal of Philosophy*, suppl. vol. 17, 1991.

2. Ord. d. 8, q. 2, OTh III, p. 192 : « Aliter potest dici sicut innuit Boethius, in libro Divisionum : multae divisiones magis sunt a necessitate quam a natura, et eodem modo multa dicuntur genera magis a necessitate quam a natura. »

3. Ord. d. 8, q. 2, OTh III, p. 192 : « Quod sic potest intelligi : quod multae species, hoc est multa individua specierum, sunt nobis ignota nec nobis innotescunt nisi in conceptibus communibus transcendentibus quae sunt communes substantiis et accidentibus, – quorum aliqui sunt communes et absoluti, et aliqui connotativi – et in conceptibus negativis et connotativis propriis. »

4. À la différence d'Ockham, Buridan suit l'autorité de Boèce, sans exclure d'autres explications : « Diversi conceptus subordinati secundum superius et inferius proveniunt a principio ex diversis accidentibus naturalibus et sensibilibus. » (*In Metaphysicen Aristotelis Quaestiones*, VII, q. 14, éd. Paris 1518, f. 50ra-b). La littérature est très abondante sur Buridan. Voir entre autres G. Klima, « John Buridan on the Acquisition of Simple Substantial Concepts », *in* S. Ebbesen, R. Friedman (eds.), *John Buridan and Beyond*, Copenhague, Reitzel, 2004, p. 17-32.

On peut très bien s'appuyer sur cette autorité pour développer, comme le fait Crathorn, des thèses sceptiques quant à la possibilité de catégoriser un terme dans un genre, *a fortiori* dans la catégorie de substance. On peut même, comme Carthorn, prendre appui sur cette autorité pour justifier des thèses sceptiques quant à la possibilité de catégoriser un terme dans une espèce spécialissime [1].

On peut vouloir bloquer ces conséquences sceptiques en formulant une deuxième hypothèse, qui préserve au moins l'irréductibilité des genres suprêmes les uns aux autres. On peut restreindre la portée de l'autorité et préciser que certains types de convenance entre les individus ne sont pas suffisants pour former un concept générique. Par exemple, on peut dire que la convenance entre une substance et sa qualité n'est pas suffisante pour en abstraire un concept commun [2]. Mais aucun argument ne peut être avancé en faveur de cette thèse, qui ne peut être justifiée que par l'expérience [3].

C'est la raison pour laquelle il faut faire une troisième hypothèse, en s'appuyant sur l'autorité d'Aristote, tirée de la *Physique*, selon laquelle il y a toujours des équivocations dans un genre [4]. Il faut imaginer que seuls les concepts d'espèce spécialissime et le concept d'étant sont des concepts naturels. Tous les autres concepts généraux, en particulier les concepts génériques, sont des concepts arbitraires [5]. Comment, dans ces conditions, garantir la possibilité de discerner entre un concept substantiel et un concept d'accident ? Pour qu'il n'y ait pas d'équivocation dans un genre, on s'appuie sur les concepts connotatifs des accidents co-spécifiques et on en fait des genres [6].

1. Guillaume Crathorn, Sent. I, q. 1, éd. F. Hoffmann, *Quästionen zum ersten Sentenzenbuch*, Münster, Aschendorff, 1988, p. 123 : « Igitur viator per existentiam accidentium non potest infaillibiliter cognoscere aliquam substantiam corporalem esse ; sed cognitionem naturalem de existentia substantiae corporalis non habet viator nisi per cognitionem accidentium ; substantia enim per propriam speciem non cognoscitur pro statu isto. » Pour une analyse de ce texte, on renverra en particulier à A. Robert, « William Crathorn on Predication and Mental Language », *Analytica* 14/2, 2010, p. 227-258.

2. Ord. d. 8, q. 2, OTh III, p. 193-194 : « Aliter forte dicerent aliqui quod non ab omnibus determinatam convenientiam habentibus potest abstrahi distinctus conceptus, sed aliqua convenientia sufficit et aliqua non. Et ideo non est tanta convenientia inter substantias et qualitates quod possit abstrahi ab eis unus conceptus qui non sit communis omnibus, et eodem modo de quibuscumque accidentibus distinctorum generum generalissimorum. »

3. Ord. d. 8, q. 2, OTh III, p. 194 : « Pro isto tamen modo dicendi nulla potest ratio assignari. Sed si sit verus, tantum erit notus per experientiam et nullo alio modo. »

4. Ord. d. 8, q. 2, OTh III, p. 194 : « Sed semper erunt aequivocationes in genere. »

5. Ord. d. 8, q. 2, OTh III, p. 194 : « Aliter posset dici quod nullus conceptus, nisi ad placitum institutus, potest abstrahi, nisi praecise conceptus speciei specialissimae et conceptus entis. Et ita conceptus generis non erit unus naturaliter abstractus, sicut est conceptus entis et conceptus speciei specialissimae. »

6. Ord. d. 8, q. 2, OTh III, p. 194 : « Sed semper erunt aequivocationes in genere, nisi imponatur aliquis conceptus connotativus aliquorum accidentium eiusdem speciei in illis quibus debet esse genus. »

Cette hypothèse ne limite-t-elle pas la fiabilité des catégorisations au niveau des concepts d'espèce spécialissime ? Ne revient-elle pas à la deuxième hypothèse ? Pour éviter un tel écueil, on peut faire une quatrième hypothèse, qui se fonde sur une clause restrictive assez intéressante.

Il faut prendre en considération des rapports de convenance et de disconvenance entre individus qui sont relatifs à un bagage épistémique donné. Il n'est pas possible d'abstraire un concept générique à partir de la seule intuition d'une souris et de celle d'un homme, si l'on possède déjà le concept spécifique d'homme et celui de bœuf. Autrement dit, quand on voit une souris et un homme, un concept générique comme « animal » ne sera pas formé, si l'on possède déjà un concept générique commun à un homme et un individu d'une espèce différente, comme un bœuf[1].

Ockham conclut qu'il a trouvé un moyen d'expliquer qu'un concept générique distinct n'est pas formé à partir de n'importe quels individus d'espèce différente[2]. Il n'exclut donc pas cette dernière hypothèse. Il en privilégie pourtant une autre, la cinquième. C'est tout-à-fait compréhensible : la clause restrictive introduite dans la quatrième hypothèse est complètement *ad hoc* et présuppose ce qu'il faut montrer.

Dans la cinquième et dernière hypothèse, Aristote se serait limité, dans sa définition du genre, à une sous-catégorie de genre, la sous-catégorie selon laquelle un genre est ce dont la division est nécessaire pour trouver la définition d'une espèce. En ce sens de « genre », les concepts génériques sont en nombre non seulement fini, mais surtout limité, parce qu'ils sont subalternés les uns aux autres. Cette fois-ci, une « convenance déterminée » a été trouvée[3].

La suite de la distinction 8 est consacrée à examiner la signification exacte de cette hypothèse et sa viabilité théorique. Pour que les choses soient parfaitement claires, Ockham termine la question 2 de la distinction 8 en rappelant les deux thèses nominalistes qui vont guider son examen. Selon la première, il n'y a rien ou aucune réalité dans les choses qui soit un genre. Selon la seconde, un genre ne fait pas partie de l'essence de ce dont il est le genre[4]. Il n'est pas question de revenir à

1. Ord. d. 8, q. 2, OTh III, p. 194 : « Sicut si homo et musca plus differunt quam homo et bos et equus et capra, et plus quam bos et equus et capra et musca, nullus conceptus communis quidditativus potest abstrahi ab homine et musca quin erit quidditatuvs bovi, equo et caprae, et sic de aliis. »

2. Ord. d. 8, q. 2, OTh III, p. 194 : « Et tunc patet manifeste quod non a quibuscumque individuis diversarum specierum potest abstrahi genus distinctum. »

3. Ord. d. 8, q. 2, OTh III, p. 191 : « Et si istud esset verum, posset dici pro intentione Aristotelis et aliorum philosophorum et auctorum, uno modo quod ipsi loquuntur de illis generibus quorum divisio est necessaria ad investigandum definitionem alicuius speciei, quia illa genera sunt pauca et sunt subalterna. Et sic non a quibuscumque speciebus, propter determinatam convenientiam, potest abstrahi conceptus generis sic dictus. »

4. Ord. d. 8, q. 2, OTh III, p. 195 : « Hoc solum assero, quod nihil est in re nec realitas quae sit quocumque modo genus vel commune per praedicationem ex natura rei plus quam aliud, et quod genus non est de essentia et intraneitate rei cuius est genus. »

une forme quelconque de réalisme, aussi modéré soit-il, pour garantir le bien-fondé de la notion aristotélicienne de genre.

Pour mener à bien l'analyse sémantique annoncée de façon programmatique, Ockham organise son argumentaire en deux parties. Dans la question 3 de la distinction 8, Ockham propose une interprétation du concept aristotélico-boécien de division qui lui permet de soutenir deux thèses complémentaires : la thèse selon laquelle tout genre ne se divise pas en espèces et différences [1] et la thèse selon laquelle toute espèce n'est pas définissable [2].

Encore faut-il justifier la cohérence de cette interprétation dans une seconde partie. Pourquoi recourir à la notion de définition réelle ? N'est-ce pas augmenter le risque de tomber dans une forme de réalisme de l'essence plutôt que de le minimiser ? Ockham répond encore une fois par une analyse sémantique, celle de la notion de définition réelle. Commençons par étudier ce qu'un nominaliste peut avoir à dire sur la division et la différence.

DIVISION, GENRE ET DIFFÉRENCE

Le genre des choses simples

Indivision et unicité

Dans la question 3 de la distinction 8, Ockham s'attaque frontalement à une conception qu'il qualifie de « moderne » et de « commune », celle selon laquelle toute espèce se compose d'un genre et de différences et que tout genre se divise en ses espèces par des différences [3]. D'après Ockham, cette thèse est tenue pour acquise par tous, sans qu'aucun argument ne soit avancé en sa faveur [4].

Le but d'Ockham est bien sûr de défendre la cohérence de la thèse opposée. Pour ce faire, Ockham cherche à argumenter en faveur de l'idée qu'il est impossible que les choses simples, comme les anges et les accidents, donnent naissance à des concepts spécifiques convertibles avec des concepts de différence. Ainsi, si un concept comme « ange » peut être formé, aucun concept de différence n'est

1. Ord. d. 8, q. 3, OTh III, p. 207 : « Ideo dico aliter ad quaestionem quod non omne genus dividitur per differentias essentiales constitutivas specierum et divisivas ipsius generis. »

2. Ord. d. 8, q. 3, OTh III, p. 220 : « Ad argumentum principale dico quod species multae non sunt definibiles definitione proprie dicta, puta omnes species praecise communes rebus simplicibus. Et ideo tales non habent differentias essentiales. »

3. Ord. d. 8, q. 3, OTh III, p. 200 : « Ad istam quaestionem est communis opinio modernorum quod omnis species componitur ex genere et differentia, et quod omne genus dividitur per differentias in suas species. » Pour un résumé de ces développements, voir QP 138, « Utrum species specialissima sit composita », OPh VI, p. 771 *sq.*

4. Ord. d. 8, q. 3, OTh III, p. 200 : « Pro ista opinione non vidi multas rationes, quia ab omnibus supponitur tamquam certa. »

convertible avec lui. Autrement dit, il n'y a pas de concept de différence pour les choses simples. L'argument d'Ockham en faveur de cette thèse s'énonce ainsi : si un concept spécifique s'appliquant à une chose simple et un concept de différence étaient convertibles, ils seraient synonymes, ce qui est sémantiquement et métaphysiquement impossible.

Rappelons que sont convertibles deux termes si tout ce qui se prédique de l'un se prédique de l'autre et inversement, s'ils sont en supposition personnelle [1]. Un exemple type de convertibilité sans synonymie est la relation sémantique qui existe entre un propre et ce dont il est le propre. Ainsi, « capable de rire » et « homme » sont deux termes convertibles mais non synonymes [2].

La synonymie est une relation sémantique entre deux termes qui est plus forte que la convertibilité. Ockham en donne une définition célèbre en SL I, 6 :

> [...] sont dits synonymes deux termes qui signifient absolument la même chose sur tous les modes, de façon telle que rien ne soit signifié par un quelconque mode par l'un qui ne soit signifié par l'autre [...] [3].

On remarquera, à la suite de C. Panaccio [4], que la synonymie n'est pas définie en termes de subordination de deux expressions à un même concept, contrairement à ce que certains interprètes affirment, en s'appuyant sur le passage de SL I, 3 où Ockham explique qu'une pluralité de noms parlés synonymes ne trouvent pas de correspondants dans le langage mental [5]. En effet, si c'était le cas, alors la synonymie entre deux expressions mentales serait exclue par définition, puisque deux expressions mentales ne sont pas subordonnées à un concept. Autrement dit, la subordination à un unique concept est une condition suffisante pour que deux termes soient synonymes, mais pas une condition nécessaire.

Ainsi, lorsqu'Ockham affirme que, si un concept spécifique et un concept de différence étaient convertibles, ils seraient synonymes, il faut entendre cela au sens où ils signifieraient la même chose sur tous les modes, de façon telle que rien

1. Ord. d. 2, q. 4, OTh II, p. 128 : « [...] quia hoc est "aliqua esse convertibilia" quod de quocumque predicatur unum et reliquum et e converso, si supponant personaliter. »

2. Ord. d. 2, q. 4, OTh II, p. 128 : « Verbi gratia, homo et risibile convertuntur, et tamen risibile est passio hominis et homo non est passio hominis. »

3. SL I, 6, OPh I, p. 19 : « [...] dicuntur illa synonyma quae simpliciter idem significant omnibus modis, ita quod nihil aliquo modo significatur per unum quin eodem modo significetur per reliquum ».

4. C. Panaccio, « Ockham on Nominal Definitions, Synonymy and Mental Language », à paraître. Dans cet article, C. Panaccio répond à l'article de F. Amerini, « William of Ockham and Mental Language. The Case of *Nugatio* », *Franciscan Studies* 67, 2009, p. 357-403. Pour un exemple d'une confusion de ce genre, voir P. Spade, « Synonymy and Equivocation in Ockham's Mental Language », *Journal of the History of Philosophy* 18, 1980, p. 9-22.

5. SL I, 3, OPh I, p. 11 : « [...] nominum synonymorum multiplicatio non est propter necessitatem significantionis inventa, sed propter ornatum sermonis vel aliam causam consimilem accidentalem, quia quidquid per omnia synonyma significatur posset per unum illorum exprimi sufficienter, et ideo multitudo conceptuum tali pluralitati synonymorum non correspondet. » Voir aussi Quodl. V, q. 8, OTh IX, p. 513.

ne soit signifié par l'un selon un mode qui ne soit signifié par l'autre selon ce même mode.

L'argumentaire d'Ockham devient particulièrement intéressant. Supposons que tout terme spécifique soit un terme convertible avec un terme de différence. Le terme spécifique et le terme de différence qui est convertible avec lui seraient alors, d'après Ockham, des termes coextensifs [1]. Plus encore, ils devraient être synonymes s'ils se réfèrent à une chose simple comme un ange. Dans ce cas, la convertibilité impliquerait la synonymie.

Ockham va encore plus loin. Ils seraient des concepts synonymes et, par conséquent, ils seraient un seul concept [2]. La raison en est la suivante :

> Du fait qu'un concept est pour ainsi dire une similitude de la chose, il ne peut y avoir de distinction dans les concepts qu'en raison d'une distinction du côté de la chose [*a parte rei*] [3].

Ockham fait appel à la capacité représentative du concept pour justifier l'idée qu'une pluralité de concepts quidditatifs supposant pour une classe de choses simples co-spécifiques est sémantiquement et métaphysiquement impossible. Reprenons les termes d'Ockham pour suivre son raisonnement en détail.

On cherche une condition nécessaire pour distinguer l'une de l'autre les extensions de deux concepts convertibles. L'une de ces conditions nécessaires est « une distinction du côté de la chose ». Autrement dit, pour que l'extension de deux concepts convertibles soit différenciable, il faut que toute chose qui entre dans leur extension respective soit composée de parties distinctes l'une de l'autre. Par conséquent, il est impossible d'introduire la moindre distinction sémantique entre deux concepts qui supposent pour une classe de choses simples de même espèce spécialissime [4].

Ainsi, l'argument avancé par Ockham est le suivant : si l'on veut reconnaître une capacité représentative à nos concepts, alors il faut supposer qu'il n'existe

1. Ord. d. 8, q. 3, OTh III, p. 204 : « Contra istam opinionem arguo primo sic : omnis species habens genus habet differentiam aliquam secum convertibilem. Igitur species, quae praecise est communis rebus simplicibus, habet aliquam differentiam secum convertibilem. Consequens falsum ergo antecedens. »

2. Ord. d. 8, q. 3, OTh III, p. 204 : « Falsitas consequentis patet, quia quaero : aut illa species et illa differentia distinguuntur tantum in conceptu, ita quod nulla distinctio in re eis correspondeat, aut eis correspondet aliqua distinctio a parte rei. Si primo modo, vel sunt conceptus synonymi vel simpliciter unus conceptus, quorum utrumque destruit naturam differentiae et speciei. » Pour un argument similaire (non relevé par les éditeurs), voir ExpPorph 3, OPh II, p. 69, l. 19-32.

3. Ord. d. 8, q. 3, OTh VI, p. 204 : « Ex quo conceptus est quasi similitudo rei, non potest esse distinctio in conceptibus nisi propter aliquam distinctionem a parte rei. »

4. Ord. d. 8, q. 3, OTh III, p. 207 : « Quia sicut nomina importantia simpliciter eandem rem et eodem modo sunt nomina synonyma, ita conceptus eodem modo importantes omnino eandem rem sunt unus conceptus, hoc est eiusdem rationis vel synonymi. »

qu'un unique concept quidditatif qui a pour extension une classe donnée de choses simples [1].

Deux concepts synonymes seraient un seul concept, à la condition que ces concepts ne se vérifient que de choses simples co-spécifiques. Il n'existerait donc pas, au sens propre, de synonymie dans le langage mental, du moins pour une classe de termes bien déterminée, les termes quidditatifs supposant pour une chose simple. Dans ce cas, on peut conclure de la synonymie supputée entre deux concepts à leur identité, du moins si les termes sont pris en supposition personnelle [2].

On retrouve, en condensé, l'argument avancé dans la distinction 3 de l'*Ordinatio* pour montrer qu'il ne peut pas y avoir deux concepts quidditatifs simples de Dieu, bien qu'il puisse y avoir plusieurs concepts dénominatifs propres de Dieu [3] et que Dieu soit connaissable dans un concept qui lui soit propre [4]. De même, en ce qui concerne l'ange, une pluralité de concepts co-extensifs n'est possible que si ces concepts sont des concepts dénominatifs [5], c'est-à-dire contenant dans leur signification quelque chose d'extrinsèque à l'ange [6].

1. Ord. d. 8, q. 3, OTh III, p. 207 : « Igitur cum aliquae res simplices sint in genere, non possunt esse duo conceptus simplices et convertibiles eodem modo importantes illas res nisi sint eiusdem rationis vel synonymi. Et si hoc, non erit magis unus conceptus speciei et alius conceptus differentiae quam e converso, et per consequens non erunt ibi genus et differentia. »

2. On rappellera qu'Ockham admet l'existence du troisième mode d'équivocation dans le langage mental. D'après Ockham, le troisième mode d'équivocation trouve sa raison d'être dans le fait sémantique qu'un même terme peut, en contexte propositionnel, supposer de manière non significative (SL III-4, OPh I, p. 759-760 pour la définition du troisième mode d'équivocation et SL III-4, 4, OPh I, p. 763 pour l'existence du troisième mode d'équivocation dans le langage mental). À ce sujet, voir P. Spade, « Synonymy and Equivocation in Ockham's Mental Language », *Journal of the History of Philosophy* 18, 1980, p. 9-22 ; C. Normore, « Material Supposition and the Mental Language of Ockham's *Summa Logicae* », *Topoi* 16, 1997, p. 27-33.

3. Ord. d. 3, q. 3, OTh II, p. 425 : « Ad secundum dubium dico quod eiusdem rei possunt esse plures conceptus simplices denominativi et hoc propter diversitatem connotatorum ; sed quidditativi simplices non possunt esse plures. » Voir aussi Quodl. IV, q. 17, OTh IV, p. 381-383 et Quodl. V, q. 7 OTh IX, p. 504-505.

4. Ord. d. 3, q. 3, OTh II, p. 425 : « [...] quidditas divina potest cognosci a nobis in aliquo conceptu sibi proprio, composito tamen, et hoc in conceptu cuius partes sunt abstrahibiles naturaliter a rebus. »

5. Ord. d. 8, q. 3, OTh VI, p. 213 : « Et ita simplex numquam habet distincta nomina convertibilia quorum neutrum significet vel connotet vel consignificet aliquid distinctum ab illa re simplici ; et multo magis nec habet tales duos conceptus simplices convertibiles et proprios. »

6. Ord. d. 8, q. 3, OTh VI, p. 212 : « Secundo patet quod quando aliquid significat aliquid simplex, tunc non possunt ibi esse distincti conceptus nec distincta nomina nisi synonyma, dummodo utrumque illorum praecise illam rem significet et nihil extrinsecum illi rei. »

Un fondement métaphysique

Nous pouvons conforter notre analyse en nous reportant à la réponse qu'Ockham avance, à la fin de la question 3 de la distinction 8, aux contre-arguments. Le passage le plus intéressant pour notre propos traite de la question de savoir si tout concept spécifique peut être un concept simple. Autrement dit, est-il possible d'avoir un concept simple d'une chose composée [1] ?

La question se pose tout naturellement puisqu'Ockham a argumenté en faveur de l'idée qu'il n'est pas possible d'avoir plusieurs concepts quidditatifs simples d'une chose simple, au motif qu'à toute distinction dans les concepts correspond une distinction du côté de la chose. Cette question est l'occasion, pour Ockham, de circonscrire de façon explicite la portée de l'argument avancé pour défendre son idée.

Dans la théorie du concept comme acte mental, la réponse à la question est facile : un concept d'espèce spécialissime peut être dans tous les cas aussi simple qu'un concept générique ou que le concept d'étant [2]. Il est possible de former un concept d'espèce spécialissime simple d'une chose composée, comme par exemple « homme ». Cela n'est pas incompatible avec l'impossibilité de former deux concepts quidditatifs distincts d'une chose simple, bien qu'il faille avancer des hypothèses supplémentaires pour que cette impossibilité soit défendue.

La réponse est, d'après Ockham, beaucoup moins facile dans la théorie du concept qu'il a soutenue au début de sa carrière, selon laquelle un concept est un *fictum*, c'est-à-dire une qualité de l'esprit distincte de l'acte mental qui en est à l'origine. Il est bien connu que, dans la première théorie du concept défendue par Ockham, c'est en vertu de sa capacité de représenter sous un mode d'être intentionnel (ou objectif) les choses extra-mentales qu'un concept est doté de propriétés signifiantes : il suppose pour ce qu'il représente [3]. Cela impliquerait que le concept d'une chose composée soit aussi composé que l'est la chose, si c'est la chose en totalité qui est conçue [4].

1. Ord. d. 8, q. 3, OTh III, p. 214-215 : « Ad primum argumentum pro prima opinione, concedo quod aliquis conceptus speciei est ita simplex sicut conceptus generis. [...] Verumtamen dubium est an hoc sit possibile de quolibet conceptu speciei. »

2. Ord. d. 8, q. 3, OTh III, p. 215 : « Secus posset dici secundum opinionem quae ponit conceptum esse realiter intentionem, vel aliqua aliam qualitatem subiective exsistente in intellectu. Quia illa posset ponere quod talis conceptus naturaliter abstractus a re composita esset aeque simplex sicut conceptus generis vel entis. »

3. Ord. d. 2, q. 8, OTh II, p. 272 : « [...] universale est quoddam fictum habens esse tale in esse obiectivo quale habet res extra in esse subiective. [...] propter istam similitudinem in esse obiectivo potest supponere pro rebus extra quae habent consimile esse extra intellectum. »

4. Ord. d. 8, q. 3, OTh III, p. 215 : « [...] cum conceptus non sit nisi tale in esse obiectivo quale est ipsum apprehensum primum in esse subiectivo, oportet quod sicut a parte rei sunt distincta, ita intellectus fingat talia distincta correspondentia partibus, et per consequens erunt plures conceptus partiales. »

Le postulat de la ressemblance entre la chose et le concept semble donc incompatible avec une thèse centrale de la distinction 3 de l'*Ordinatio*, la thèse selon laquelle une chose peut être conçue soit de façon complète, de telle sorte que la chose et ses parties soient connues, soit de façon incomplète quoique correcte ou véridique, de telle sorte que la chose soit connue bien que ses parties ne soient pas connues [1].

Cette idée semble aller dans le sens de l'interprétation, défendue notamment par J. Biard, selon laquelle la théorie du concept comme acte de l'intellect n'est pas fondée sur une relation de ressemblance mais sur une seule relation de causalité [2]. Il semblerait, en tout cas, que cela soit le point de vue d'Ockham avant qu'il ne saisisse tout l'intérêt de recourir à une notion de ressemblance conceptuelle qui n'implique pas d'isomorphie entre le degré de composition du concept et la structure métaphysique de la chose appréhendée par intuition sensible et/ou intellectuelle.

On voit donc l'ampleur du chemin intellectuel parcouru par Ockham entre sa première et sa seconde théorie du concept et, surtout, le gain en cohérence interne que représente la deuxième théorie ockhamiste du concept. À la suite de G. Gál, nombre d'interprètes ont soutenu qu'Ockham a changé d'opinion sur le concept en raison des critiques de Chatton [3]. On pourrait cependant s'aventurer jusqu'à dire que l'appel à l'économie qui sert de justification à la deuxième théorie du concept peut se comprendre d'abord comme un impératif de cohérence interne ou d'homogénéisation.

Ceci dit, si l'on revient à l'argument d'Ockham en faveur de la possibilité de concepts génériques désignant des choses simples, on voit qu'il implique la thèse principale qu'Ockham souhaite défendre dans la distinction 8. La thèse est la suivante : tout genre ne se divise pas par des différences essentielles, constitutives des espèces et divisives [4].

Ockham donne un exemple pour mieux faire comprendre la portée de sa thèse. Prenons le concept spécifique « homme » et la différence essentielle « rationnel ». Ces deux termes sont coextensifs mais non synonymes, car il y a quelque chose

1. Ord. d. 3, q. 5, OTh II, p. 471-472 : « Cognitio rei distincta est illa qua quidquid est cognito essentiale patet potentiae, ita quod nihil de essentia vel intraneitate obiecti lateat potentiam, quia hoc est dividere in singula, hoc est quidlibet essentiale rei apprehensae. [...] Sed cognoscere confuse accipitur dupliciter, scilicet proprie, quando aliquid cognoscitur et tamen non quidlibet intrinsecum sibi patet potentiae, et isto modo solum totum includens partes distinctas confuse cognoscitur. »

2. J. Biard, *Guillaume d'Ockham. Logique et philosophie*, Paris, P.U.F., 1997, p. 29. Voir la critique de C. Panaccio, *Ockham on Concepts*, chap. VII, « Concepts as Similitudes », *op. cit.*, p. 119-144.

3. G. Gàl, « Gualteri de Chatton et Guillelmi de Ockham controversia de natura conceptus universalis », *Franciscan Studies* 27, 1967, p. 191-212.

4. Ord. d. 8, q. 3, OTh III, p. 207 : « Ideo dico aliter ad quaestionem quod non omne genus dividitur per differentias essentiales constitutivas specierum et divisivas ipsius generis. Hoc patet, quia nullius rei simplicis possunt esse duos conceptus convertibiles et simplices. »

qui est signifié par l'un, « rationnel », qui ne l'est pas par l'autre, « homme », sur le même mode, en l'occurrence « qui a une âme intellective ». En effet, « homme » est un concept absolu qui a seulement une signification première, à savoir tous les hommes, tandis que « rationnel » est un concept connotatif qui a une signification première, à savoir tous les animaux, et une signification seconde, à savoir « qui a une âme intellective ». Par conséquent, quelque chose est signifié par « rationnel » qui ne l'est pas par « homme », du moins pas sur le même mode. Ceci implique nécessairement, d'après Ockham, une distinction réelle entre les parties d'un tout ou entre le tout et sa partie, en l'occurrence entre l'homme singulier dans sa totalité et l'une de ses parties, son âme intellective [1].

Ainsi, il est patent que la sémantique qu'Ockham propose des termes de genre, d'espèce et de différence n'est pas neutre sur le plan ontologique. Pour reprendre les termes d'Ockham,

> [...] toute définition a des parties qui signifient des parties du côté de la chose à laquelle la définition convient [2].

Indéfinissabilité des choses simples

Plus encore, les conséquences de la thèse selon laquelle tout concept générique ne se divise pas en concept spécifique et en concept de différence sont décisives en ce qui concerne la théorie de la définition réelle, conçue comme un concept composé, formé par l'adjonction d'un concept de différence essentielle à un concept générique. En effet, cette thèse implique qu'aucune chose simple ne peut être définie par une définition réelle. C'est la raison pour laquelle Aristote affirme que l'accident n'est pas définissable [3].

Ockham affirme que c'est l'unique raison pour laquelle Aristote pense que l'accident n'est pas définissable [4]. Aucune des raisons communément avancées pour montrer que l'accident n'est pas définissable n'est valable. Ockham en cite deux, en l'occurrence la dépendance de l'accident envers la substance et l'imperfection de l'accident [5]. Ockham coupe donc à la racine la problématique

1. Ord. d. 8, q. 3, OTh III, p. 208 : « Unde quamvis quidquid significatur per hominem significetur vel consignificetur per rationale, tamen essent conceptus simpliciter synonymi nisi aliquid reale consignificaretur per rationale – puta totus homo vel pars – quod non eodem modo significatur per hominem, et ita necessario requiritur hic distinctio realis totis a parte vel partium. »

2. Ord. d. 8, q. 3, OTh III, p. 209 : « [...] omnis definitio habet partes, significantes partes a parte rei cui competit definitio ».

3. Cette thèse est affirmée notamment en *Met.* VII, 6, 1031a15-1032a11.

4. Ord. d. 8, q. 3, OTh III, p. 208-209 : « Et ista est causa Philosophi quare accidens non potest definiri definitione proprie dicta. »

5. Ord. d. 8, q. 3, OTh III, p. 209 : « Unde nec dependentia accidentis ad substantiam, nec imperfectio accidentis, nec aliquid tale est causa quare non potest definiri, sed sola simplicitas propter quam caret differentia essentiali. »

commune au début du XIVe siècle, qui subordonne la question du statut ontologique de l'accident à celle de savoir s'il est définissable [1].

Ici se présente un problème de cohérence interne. Dans la *Somme de Logique*, Ockham affirme que tout ce qui se trouve dans une autre catégorie que celle de substance ou de qualité ne peut être défini que par une définition nominale [2]. Les termes abstraits de la première et de la deuxième espèce de qualité (qualités sensibles et dispositions) peuvent donc avoir une définition réelle d'après lui, alors que les termes dans les catégories accidentelles autres que la qualité, ainsi que les termes concrets de la deuxième espèce de qualité, ne peuvent avoir qu'une définition nominale [3]. Or, dans la question 3 de la distinction 8 de l'*Ordinatio*, il est clairement énoncé qu'aucun accident ne peut avoir de définition réelle en raison de sa simplicité métaphysique [4].

Il semblerait que le statut de l'accident dans la sémantique et dans la métaphysique ockhamistes ne fasse pas l'objet d'une position totalement claire. Un terme abstrait de la catégorie de qualité, qui est un terme absolu, a-t-il une définition réelle ou une définition nominale, étant entendu qu'il ne peut pas avoir les deux à la fois ? Ou bien n'est-il pas définissable à proprement parler, ni par une définition réelle ni par une définition nominale ?

Le problème provient du fait que la thèse selon laquelle un accident est métaphysiquement simple, défendue dans la distinction 8 de l'*Ordinatio*, est incompatible avec l'une des thèses métaphysiques centrales qu'Ockham défend dans des œuvres plus tardives, selon laquelle le degré de complexité métaphysique d'un accident dépend, du moins selon une relation de dépendance explicative, de celui de son sujet [5]. La thèse explique notamment pourquoi Ockham soutient que les qualités mentales sont simples et que les indivisibles ne sont pas des choses mais des termes connotatifs ou des expressions abréviatives.

1. À ce sujet, voir chap. I, p. 20.

2. SL III-3, 26, OPh I, p. 689 : « Et est primo sciendum, sicut tactum est, quod omnia quae ponuntur in alio praedicamento quam in praedicamento substantiae vel qualitatis, solum talem habent definitionem secundum principia Aristotelis. »

3. SL III-3, 26, OPh I, p. 690 : « Et ideo quantitas, relatio et cetera praedicamenta, ac etiam per se contenta in eis, non habent nisi definitionem exprimentem quid nominis. Nomina etiam connotativa non habent aliam definitionem ; et ideo talia "album", "nigrum", et universaliter omnes passiones praedicabiles secundo modo dicendi per se de suis subiectis, talem definitionem habent. »

4. Voir aussi ExpPorph 3, OPh II, p. 60 : « Et si dicatur quod differentiae specificae inveniuntur in accidentibus et tamen ibi non est aliqua substantia, dicendum quod in solo praedicamento substantiae sunt differentiae specificae, quia solae substantiae sunt compositae ex partibus alterius rationis, et nulla alia res est sic composita ; et ideo nulla alia res habet definitionem proprie dictam, nec habet differentias tales specificas sed solum differentias communiter et proprie dictas. »

5. Voir par exemple TQ, q. 1, OTh X, p. 7 : « Primo sic : omne accidens absolutum positivum est in aliquo subiecto sibi adaequato, ita quod illud accidens vel est totum in toto subiecto et in qualibet parte, vel totum in toto et pars in parte, vel accidens indivisibile habens subiectum indivisibile, sicut accidens spirituale est in anima intellectiva tamquam in subiecto suo primo et adaequato. »

Quoi qu'il en soit, il semble désormais possible de compléter l'exposé de C. Panaccio qui signale que tout terme absolu n'a pas nécessairement, d'après Ockham, de définition réelle. C. Panaccio mentionne les noms propres et les noms des catégories [1]. La question 3 de la distinction 8 montre que les termes désignant les parties essentielles des substances ainsi que ceux qui désignent les anges et les accidents n'ont pas non plus de définition réelle [2]. Le critère est d'ordre métaphysique : un terme absolu n'a de définition réelle que s'il dénote une chose composée [3]. Comme on l'a vu, la justification tient à la capacité représentative des concepts et à leur fonction sémantique. On peut émettre un doute sur la question de savoir si un nom propre n'est pas définissable par une définition réelle. Nous y reviendrons lorsque nous aborderons la question de l'objet de la définition [4].

Les choses simples sont-elles catégorisables ?

La thèse selon laquelle un concept générique d'une chose simple ne s'analyse pas en concept spécifique et en concept de différence essentielle n'est pas garantie pour autant. Ne faut-il pas affirmer qu'un concept générique de substance simple se distingue d'un concept générique de substance composée par un concept de différence essentielle, si l'on veut maintenir la thèse traditionnelle selon laquelle le genre de la substance contient les substances simples et les substances composées ?

Ockham répond que cela n'est pas nécessaire. Les substances simples peuvent se distinguer des substances composées par autre chose qu'une différence essentielle. Elles peuvent s'en distinguer par une différence « plutôt privative ou plutôt négative » [5]. De même, les accidents peuvent se distinguer les uns des autres par des différences accidentelles [6]. Qu'entendre par ces deux termes de différence privative et de différence accidentelle ?

Pour expliquer la signification de ces termes, Ockham s'appuie sur l'idée de propositions négatives immédiates ou premièrement vraies. Ockham recourt,

1. C. Panaccio, « William Ockham », *Stanford Enclyclopedia of Philosophy Online*, 2011, n. 25, http ://plato.stanford.edu/entries/ockham/notes.html.

2. Ord. d. 8, q. 3, OTh III, p. 209 : « Et propter eandem rationem, forma substantialis et angelus et materia substantialis et caetera simplicia, quaecumque sint illa, non possunt definiri definitione proprie dicta. »

3. Ord. d. 8, q. 3, OTh III, p. 209 : « Ex istis auctoritatibus patet expresse quod omnis definitio habet partes, significantes partes a parte rei cui competit definitio ; sed hoc non contingit reperire in aliquo simplici ; igitur nullum simplex habet definitionem proprie dictam. »

4. Voir p. 76.

5. Ord. d. 8, q. 3, OTh III, p. 213-214 : « Simplicia autem in genere substantiae distinguuntur a compositis non per differentias essentiales positivas, sed se ipsis positive distinguuntur, et tamen per differentias aliquo modo non positivas sed magis privativas vel magis negativas. »

6. Ord. d. 8, q. 3, OTh III, p. 213 : « Et illo modo genera accidentium dividuntur per differentias accidentales et non per differentias essentiales. »

dans la distinction 8, à une explication épistémologique plutôt que logique de ce qu'est ce type de proposition. Mais la ligne directrice de son propos est claire. Une proposition négative immédiate, comme « tout homme n'est pas un âne », « tout homme n'est pas une blancheur », est une proposition nécessaire, par soi, et telle que sa vérité n'est pas déductible de celle de la proposition affirmative correspondante, à savoir « tout homme est un âne », « tout homme est une blancheur » [1].

Ockham explique que la connaissance de la vérité de la proposition « un ange n'est pas matériel » suppose la connaissance de la vérité de la proposition « quelque chose d'immatériel n'est pas matériel » [2]. Cette dernière proposition est une proposition négative premièrement vraie ou immédiate. Elle est, d'après Ockham, connaissable de droit antérieurement à la connaissance de toute proposition affirmative contenant les mêmes termes [3]. Il en résulterait que l'immatérialité serait, pour ainsi dire, la différence par laquelle l'ange se distingue de la substance composée [4].

On peut donc admettre, à la condition de bien comprendre que ces termes de différence sont des expressions abréviatives qui n'ont pas valeur de nom [5], que l'immatérialité est une différence privative à laquelle on parvient lorsque l'on analyse le concept de substance. Il faut cependant bien comprendre que les différences privatives ou négatives ne sont pas des différences dites « condivises » [6]. Il n'est pas nécessaire de postuler l'existence de référents pour des pseudo-noms de différences privatives afin de rendre compte du fait que le concept d'ange se distingue de celui de substance animée ou d'animal. Les termes de différence privative ne sont pas des noms mais des abréviations commodes.

La question se pose à nouveau au sujet des accidents. Si un concept générique d'accident ne s'analyse pas en concept spécifique et en concept de différence essentielle, alors comment peut-on encore admettre qu'il existe des catégories autres que celle de substance ? Ockham répond qu'il y a confusion entre deux

1. SL III-2, 7, OPh I, p. 518-519 : « Est autem sciendum quod omnis negativa necessaria, in qua terminus subiectus et praedicatus sunt mere absolute et non relative nec connotative est per se. Unde haec est per se "omnis homo non est asinus" et haec similiter "omnis homo non est albedo" ». Pour des développements un peu plus poussés sur la question, voir QP 106, OPh VI, p. 677-678. Pour la définition de la proposition premièrement vraie, voir SL III-2, 8, OPh I, p. 520.

2. Ord. d. 8, q. 3, OTh III, p. 214 : « Et ita haec est aliquo modo immediatior vel notior "immateriale non est materiale" vel "immateriale non est substantia composita" quam ista "angelus non est materialis vel substantia composita". »

3. Ord. d. 8, q. 3, OTh III, p. 214 : « Et huius ratio est quia unumquodque prius aliquo modo negatur, vel notius, a suo opposito quam ab aliquo alio. »

4. Ord. d. 8, q. 3, OTh III, p. 214 : « Et ita aliquo modo distinguitur angelus a substantia composita per immaterialitatem. »

5. Pour la notion d'expression abréviative et les raisons d'en faire usage, voir notamment TQ, q. 1, OTh X, p. 23-25. À ce sujet, voir Guillaume d'Ockham, *Traité sur la quantité et traité sur le corps du Christ*, introd. et trad. M. Roques, Paris, Les Belles Lettres, 2014, « Introduction », p. LXXIX-LXXXVI.

6. Ord. d. 8, q. 3, OTh III, p. 216.

types de différence, la différence essentielle et la différence accidentelle [1]. Pour former des lignes prédicamentales, il suffit parfois qu'un concept générique puisse s'analyser en concept spécifique et en concept de différence accidentelle ou de différence « tout court » [2]. Bref, en un sens restreint, il peut, du moins de droit, y avoir des arbres de Porphyre dans les catégories autres que la catégorie de substance.

La thèse selon laquelle tout genre ne se divise pas nécessairement en espèces par l'intermédiaire de différences essentielles est donc bien compatible avec la thèse ockhamiste selon laquelle toute chose est catégorisable. Il faut maintenant s'assurer que la notion de différence essentielle est une notion bien formée. Pour ce faire, un examen de la sémantique de ce type de terme est nécessaire.

La sémantique des termes de différence essentielle

Définition

Ockham a montré qu'il n'est pas nécessaire que tout concept générique s'analyse en concept spécifique et en concept de différence essentielle. Il faut à présent montrer que certains concepts génériques, en l'occurrence ceux des substances naturelles, s'analysent en concept spécifique et en concept de différence essentielle. Encore faut-il définir ce qu'est une différence essentielle.

Ceci est d'autant plus nécessaire qu'il faut distinguer deux types de différence. En un premier sens, une différence est quelque chose de réel par l'intermédiaire duquel une distinction spécifique est connue [3]. En ce sens, une différence est quelque chose de réel et non un prédicable, qui a pour caractéristique de faire connaître une distinction spécifique entre deux choses. Par exemple, une âme intellective peut faire connaître qu'un homme se distingue spécifiquement d'un âne [4].

En un second sens, la différence est un prédicable qui se définit de façon suivante :

> Une différence est un prédicable qui se prédique de quelque chose non pas *in quid*, mais *in quale*, qui est dans un rapport de convenance avec certaines choses et dans

1. Ord. d. 8, q. 3, OTh III, p. 213 : « Et illo modo genera accidentium dividuntur per differentias accidentales et non per differentias essentiales. »

2. À ce sujet, voir aussi ExpPorph, 3, OPh II, p. 60 : « [...] solae substantiae sunt compositae ex partibus alterius rationis, et nulla alia res est sic composita ; et ideo nulla alia res habet definitionem proprie dictam, nec habet differentias tales specificas sed solum differentias communiter et proprie dictas. »

3. Ord. d. 8, q. 4, OTh III, p. 221 : « Alio modo accipitur differentia pro aliquo reali quo innotescit distinctio unius ab alio. »

4. Ord. d. 8, q. 4, OTh III, p. 222 : « Exemplum secundi : anima rationalis, etiam haec anima ; qua nata est innotescere distinctio istius hominis ab illo asino, potest dici differentia, et similiter haec intentio et haec volitio. »

> un rapport de disconvenance avec d'autres, et par lequel il est fait connaître la distinction entre ce avec quoi il est dans un rapport de convenance et ce avec quoi il est dans un rapport de disconvenance [1].

Cette définition comprend trois clauses. Dans la première, la différence est distinguée des prédicables quidditatifs par l'intermédiaire de la prédication *in quale*. Dans la seconde, Ockham fait appel à une notion de ressemblance métaphysique, comme dans la définition du genre. Enfin, dans la troisième, la différence est définie par sa fonction classificatoire. Commençons par expliquer les deux premières clauses.

En ce qui concerne les deux premières clauses, la définition n'est pas très explicative pour les mêmes raisons que celles pour lesquelles la définition du genre ne l'était pas. Ockham recourt à une idée de convenance et de disconvenance de nature ontologique qui est, bien entendu, la même que celle qui a été employée dans la définition aristotélicienne du genre.

Par ailleurs, comme nous l'avons vu, les notions de prédication *in quid* et de prédication *in quale* sont corrélatives et la notion de prédication *in quid* et celle de genre sont interdéfinissables. Dans son commentaire aux *Prédicables*, Ockham explique, certes, que la raison pour laquelle seul le genre, et non la différence, se prédique *in quid* du défini consiste en ce qu'un concept générique signifie la chose en sa totalité, tandis qu'un terme abstrait de différence comme « rationalité » signifie une seule partie de cette chose [2]. Cette explication n'a d'explication que le nom. Ce que nous cherchons à savoir, c'est la raison pour laquelle un terme de genre signifie la chose dans sa totalité et la différence une partie de la chose.

Ceci dit, Ockham donne quelques précisions, dans la suite du texte, sur ce qu'il faut entendre par « prédication *in quale* », ce qui permet de limiter la portée de la définition à la seule différence essentielle, par opposition à la différence accidentelle que nous avons rencontrée précédemment. Une prédication *in quale* peut être « par soi » au même titre qu'une prédication *in quid*, en l'occurrence lorsque la différence trouve son origine, sur le plan ontologique, dans des « intrinsèques » « essentiels ». Par contre, à la différence de la prédication *in quid*, une prédication *in quale* peut être accidentelle, en l'occurrence lorsque la différence trouve son origine, sur le plan ontologique, dans des « extrinsèques » [3].

1. Ord. d. 8, q. 4, OTh III, p. 221 : « Et sic est quoddam praedicabile de aliquo, non in quid sed in quale, conveniens aliquibus et aliis repugnans, qua innotescit distinctio illius cui convenit ab illo cui repugnat. » La différence est définie de façon analogue dans le commentaire à l'*Isagogê*. Voir ExpPorph, 3, OPh II, p. 56-57, l. 37-69.

2. ExpPorph 7, § 8, OPh I, p. 102 : « Notandum est hic, sicut tactum est prius, quod causa quare genus praedicatur in quid, et non differentia, est ista, quia genus importat totam rem et non plus unam rem quam aliam, et ideo praedicatur in quid ; differentia autem tantum importat partem primo, quomodo concretum accidentis importat primo accidens, et ideo praedicatur in quale et non in quid. »

3. Ord. d. 8, q. 4, OTh III, p. 221 : « Et isto modo differentia quaedam est per se et quaedam per accidens, quia aliquando distinctio innotescit vel nata est innotescere per intrinseca et essentialia, et

Il faut donc distinguer deux types de termes de différence, les termes de différence essentielle et les termes de différence accidentelle. Seuls les termes de différence essentielle se prédiquent d'un pronom démonstratif dans une prédication à la fois *in quale* et par soi, comme dans la proposition « ceci est une rationalité », l'âme intellective d'un homme étant désignée. Ces précisions terminologiques n'expliquent pas pourquoi il faut distinguer deux types de termes de différence, essentiel et accidentel. La raison est d'ordre métaphysique, comme le montre une étude de la formation de ces deux types de concepts de différence.

Les concepts de différence connotent des classes d'individus qui peuvent être de deux sortes. Soit ces individus sont chacun une partie d'une chose composée, par exemple sa matière ou l'une de ses formes substantielles. Dans ce cas, le concept abstrait en même temps qu'est appréhendée intuitivement une partie de la chose est un concept commun de différence essentielle. Soit ces individus sont chacun un accident d'une chose simple ou bien un effet d'un accident qui est co-spécifique respectivement avec un accident ou un effet d'une chose composée. Dans ce cas, le concept abstrait en même temps qu'est appréhendé intuitivement un accident d'une chose ou l'un de ses effets est un concept commun de différence accidentelle [1].

Le recours à une explication par la formation des concepts de différence permet de rendre compte de la possibilité de nommer « différence », par paronymie, n'importe quelle chose qui est signifiée par un concept de différence. C'est pourquoi il est possible de définir la différence soit comme un concept, soit comme une chose.

Une fonction classificatoire

On comprend, dès lors, comment il est possible, pour un nominaliste, de recourir à des concepts de différence sans avoir à reconnaître, sur le plan ontologique, une fonction d'individuation à la différence. Nous en venons à la troisième clause présente dans la définition de la différence, qui est, il faut bien l'avouer, la seule qui présente un certain intérêt.

La différence ne permet pas de conclure universellement à une distinction entre deux choses quelles qu'elles soient. Cette fonction est réservée au principe d'indiscernabilité des identiques qui préserve la transitivité de l'identité, ainsi

aliquando tantum per extrinseca. Et ideo aliquando talia praedicabilia sumuntur ab intrinsecis et aliquando ab extrinsecis. »

1. Ord. d. 8, q. 4, OTh III, p. 222 : « Circa secundum dico quod differentia accidentalis sumitur ab aliquo extrinseco, sive illud sit accidens formaliter inhaerens, sive sit aliquid simpliciter extrinsecum causatum vel aliquo modo dependens ab illo, sive aliter se habeat per quod potest innotescere distinctio illius ab alio. Sed in proposito non intendo loqui de differentia accidentali sed tantum de differentia essentiali. Et a qualibet parte accipitur differentia essentialis, qui ab omni illo quo aliquod compositum distinguitur essentialiter ab alio potest accipi differentia essentialis. »

qu'au test par la toute puissance divine [1]. En effet, lorsque deux individus sont spécifiquement identiques et numériquement distincts, il n'existe aucune chose qui puisse servir à les distinguer l'un de l'autre.

Pour reprendre les termes employés par Ockham dans la définition de la différence, « la différence révèle les disconvenances sur fond de convenance ». En effet, un concept de différence essentielle tire son origine de n'importe quelle partie essentielle de la chose, pourvu que, par cette partie, un composé se distingue essentiellement d'un autre. Cette thèse explique l'affirmation, récurrente dans le commentaire aux *Prédicables* de Porphyre, selon laquelle une chose se distingue d'une autre par soi ou par une de ses parties [2].

Ce qui est en jeu dans cette affirmation n'est pas le rejet d'un quelconque principe d'individuation. Il est un fait que tout ce qui est est un individu. Cela n'a pas à être expliqué. Le rejet d'un principe d'individuation est un fait acquis dans l'énoncé de cette thèse, dont le point central est le deuxième membre de la conjonction « se distingue par soi et par l'une de ses parties ». Ce qu'il faut expliquer, c'est l'affirmation d'Ockham selon laquelle il n'y a pas de cause à l'individuation, si ce n'est, peut-être, dans le cas des substances composées [3].

Pour expliquer le sens de l'expression « se distinguer par l'une de ses parties », on peut s'appuyer sur la réponse qu'Ockham donne à l'objection suivante. Une différence serait ce par quoi deux espèces condivises se distinguent l'une de l'autre, et non pas seulement ce par quoi l'on reconnaît que deux termes spécifiques sont condivis. Ockham répond qu'il ne faut pas confondre le fait qu'il y a un fondement réel à la fonction discriminante reconnue à la différence et le fait qu'une différence est ce qui distingue deux individus co-spécifiques l'un de l'autre. Le premier n'implique pas nécessairement le second. Un concept spécifique se distingue de lui-même d'un autre [4].

En effet, le premier n'implique pas le second si la différence est entendue en son sens ontologique. Dans ce cas, cette différence est l'une des parties

1. Ord. d. 2, q. 1, OTh II, p. 15 : « [...] et ita universaliter ubicumque est aliqua distinctio vel non-identitas, ibi vere contingit aliquid affirmari de uno et vere negari de reliquo. [...] igitur universaliter nunquam idem vere affirmatur et vere negatur nisi propter distinctionem rerum vel rationum vel rei et rationis. » Sur ce sujet, voir M. McCord Adams, *William Ockham*, chap. II, « Universals Are Not Things Other Than Names », vol. 1, p. 13-70. Pour la question de savoir si Ockham admet l'identité des indiscernables en plus d'admettre l'indiscernabilité des identiques, voir M. Roques, « The Identity Conditions of Matter According to Ockham », *Epekeina* 2015, à paraître.

2. ExpPorph 3, OPh II, p. 57 : « Verumtamen quaelibet res per se ipsam et per partes suas intrinsecas, si habet partes, distinguitur ab aliis rebus. »

3. Ord. d. 2, q. 6, OTh II, p. 197 : « Et ita quaelibet res extra animam se ipsa erit haec ; nec est quaerenda aliqua causa individuationis nisi forte causae extrinsecae et intrinsecae, quando individuum est compositum, sed magis esset quaerenda causa quomodo possibile est aliquid esse commune et universale. »

4. Ord. d. 8, q. 4, OTh III, p. 232 : « Ad secundum dico quod de virtute sermonis non debet concedi quod species una distinguitur ab alia per differentiam, sed se ipsa distinguitur ab alia specie. »

essentielles de la chose, autrement dit sa matière ou sa forme. Par exemple, l'âne Aliboron et l'âne Baldinus se distinguent par n'importe laquelle de leurs parties essentielles. Mais cela n'implique pas que la différence soit une chose différente de la matière ou des formes substantielles d'Aliboron ou de Baldinus. Autrement dit, il n'est pas nécessaire de faire de la différence une partie essentielle d'une substance composée, qui serait réellement ou formellement distincte de sa matière ou de sa forme, pour rendre compte de la fonction de discrimination des termes de différence essentielle [1].

Ici, nous arrivons au nerf de la position ockhamiste, selon laquelle un concept de différence essentielle tire son origine de n'importe quelle partie essentielle de la chose, pourvu que, par cette partie, un composé se distingue essentiellement d'un autre. La question à laquelle il faut répondre est bien entendu : quelles sont ces parties essentielles ?

Le refus du modèle hylémorphique

Thomas d'Aquin et Duns Scot soutiennent, comme Ockham, que la matière fait partie de l'essence et de la définition des substances composées [2]. Cependant, ils ne dérivent pas de cette thèse l'idée qu'une différence peut être tirée de la matière d'un composé. Ils n'acceptent pas qu'une matière puisse être ce par quoi l'esprit peut distinguer une chose d'une autre chose qui lui est co-spécifique.

La principale raison en est qu'ils acceptent la validité de l'analogie à laquelle Aristote a recours, au livre VII de la *Métaphysique*, pour montrer que la substance d'une chose est sa forme. D'après Aristote, le genre est à la matière ce que la différence est à la forme. Plus encore, ces auteurs passent de l'analogie à l'identification : ils font du genre une matière et de la différence une forme. Ce faisant, ils expliquent les rapports sémantiques de priorité, dans une définition, à l'aide d'une interprétation hylémorphique du genre et de la différence. Ockham s'oppose frontalement à cette interprétation : le texte aristotélicien ne contient rien d'autre qu'une simple analogie, ayant une valeur explicative [3].

1. Ord. d. 8, q. 4, OTh III, p. 232 : « Et posito quod simpliciter nihil esset tale praedicabile, Sortes ita realiter distingueretur ab asino sicut modo distinguitur. Quia tamen "rationale" importat animam intellectivam per quam Sortes distinguitur ab asino, ideo conceditur quod Sortes distinguitur ab asino per rationalitatem, et aliquo modo per "rationale" et per differentiam specificam hominis. »

2. Pour Thomas d'Aquin, on renverra en particulier à A. de Libera, C. Michon, *L'être et l'essence*, Paris, Seuil, 1996.

3. ExpPorph 7, § 10, OPh II, p. 104 : « Intelligendum est hic quod non dicit quod genus est materia nec quod importat materiam, sed quod est consimile materiae ; et hoc est intelligendum sic, quod sicut in compositio materia est prior forma et forma sibi advenit, ita in definitione genus est prius differentia, et proposito genere sibi advenit differentia. Et ideo sicut forma in composito non est materia nec intrinseca materiae, sed est intrinseca toti composito, ita differentia in definitione nec est genus nec intrinseca generi, sed est intrinseca toti definitioni ; non tamen est intrinseca speciei ».

Il oppose donc à Scot le raisonnement suivant. Duns Scot reconnaît que la matière fait partie de la quiddité d'une substance naturelle. La quiddité est ce qui est exprimé par une définition réelle. Il n'est pas nécessaire ici de savoir de quelle matière l'on parle (commune ou individuelle), parce que cela ne change rien à la valeur de l'argument[1]. Or Scot reconnaît également que le terme concret « matériel » est une différence qui divise le genre des substances en substance simple et en substance composée[2]. Il est donc contraint de reconnaître que ce terme est un terme de différence essentielle[3]. Par conséquent, il n'a pas besoin de faire appel à une différence essentielle, qui serait une entité formellement distincte de la nature commune de cette substance, pour rendre compte du fait que le concept générique que l'on peut former à son contact s'analyse en concept spécifique et en concept de différence essentielle.

Il ne servirait à rien de défendre Duns Scot en objectant qu'Aristote énonce, au septième livre de la *Métaphysique,* que l'acte sépare et distingue. D'après Ockham, Aristote ne réserve pas l'acte à la seule forme. D'ailleurs, tous les philosophes et les théologiens s'accordent pour reconnaître l'actualité à la matière seconde, qui fait partie du composé substantiel. Certes, les usages métaphoriques courants trouvent une justification. On peut dire que la forme sépare davantage que la matière car l'homme se distingue par sa matière de moins de choses que de celles dont il se distingue par sa forme[4]. Il n'en reste pas moins que Duns Scot doit se ranger à l'opinion d'Ockham s'il ne veut pas fonder sa théorie de la différence essentielle sur des hypothèses non seulement inutiles, comme nous venons de le montrer, mais de plus contradictoires, comme cela a été montré ailleurs[5].

Ainsi, d'après Ockham, une différence essentielle comme « rationnel » est un terme concret dont l'abstrait correspondant, « rationalité », signifie une partie de la chose, sa matière ou sa forme[6]. C'est un terme connotatif qui connote une partie essentielle d'une substance composée[7].

1. Pour la distinction scotiste, d'origine thomasienne, entre matière commune et matière individuelle, voir G. Galluzzo, « Scotus on the Essence and Definition of Sensible Substances », *Franciscan Studies* 66, 2008, p. 214.

2. Ord. d. 8, q. 4, OTh III, p. 223 : « Hoc confirmatur per usum auctorum qui "materiale" assignant differentiam substantiae compositae. Unde dividunt substantiam, quod quaedam est materialis et quaedam abstracta a materia. Et certum est quod ibi non fit divisio per species, ergo per differentias. Igitur "materiale" est differentia substantiae compositae, sicut "rationale" est differentia hominis. »

3. Ord. d. 8, q. 4, OTh III, p. 223 : « Ex ista conclusione sequitur alia : quod differentia essentialis ita accipitur a materia sicut a forma, quia ita est de quidditate hominis ipsa materia sicut forma, et ita essentialiter distinguitur homo ab aliquibus per materiam sicut per formam. »

4. Ord. d. 8, q. 4, OTh III, p. 235.

5. Voir en particulier Ord. d. 2, q. 6, OTh II, p. 160-224.

6. Ord. d. 8, q. 4, OTh III, p. 224 : « Ex isto sequitur quid differentia importat in re, quia semper importat partem rei. Semper enim differentia est quoddam concretum unius abstracti significantis praecise partem rei. »

7. Ord. d. 8, q. 4, OTh III, p. 231 : « Ad primum istorum dico quod differentia [...] importat aliquid essentiale rei et aliquid essentiale illi rei quae importatur per speciem. »

Rappelons ce qu'est un terme connotatif. D'après Ockham, il existe deux types de termes dotés d'une signification déterminée. Ces deux types de termes catégorématiques, les termes absolus et les termes connotatifs, se distinguent l'un de l'autre par la manière dont ils sont signifiants. Est absolu tout terme qui signifie d'une unique manière ses signifiés. Par exemple, le terme « animal » signifie de la même manière tous les animaux, comme les hommes, les bœufs et les ânes. Est connotatif tout terme qui ne signifie pas d'une unique manière tous ses signifiés. Un terme connotatif signifie certains signifiés de façon première et d'autres signifiés de façon seconde. Cette distinction sémantique se traduit sur le plan grammatical par le fait que les termes connotatifs, qui sont des noms, ont pour signification celle d'un terme à un cas droit et celle d'un autre terme à un cas oblique [1].

Pour mieux faire saisir la spécificité de la sémantique des termes connotatifs, Ockham recourt à une analyse qui repose sur la notion de définition nominale. L'exemple favori d'Ockham est le terme concret de qualité « blanc », qui a pour définition nominale « quelque chose ayant une blancheur » ou « quelque chose informé par une blancheur » [2]. Ainsi, comme l'exprime explicitement sa définition nominale, le terme « blanc » signifie premièrement toutes les choses qui sont ou peuvent être le sujet d'une blancheur et il signifie secondairement ou connote les blancheurs, qui sont des qualités réellement distinctes de leurs sujets, les choses blanches.

De la même manière, le terme concret de différence « rationnel » est un terme connotatif. C'est pourquoi Ockham, dans la *Somme de Logique*, donne une description de la définition réelle qui s'énonce ainsi :

> La définition, en ce sens, est une expression composée d'un genre divisé par une différence indiquant la matière, et d'une différence (ou de différences) indiquant la forme (ou les formes) [3].

Reste à déterminer ce pour quoi suppose un terme concret de différence essentielle comme « rationnel ». Il faut en effet neutraliser définitivement la thèse selon laquelle chaque partie de la définition dénote une partie de la chose, de telle sorte que le genre et la différence dénotent chacun une partie de la chose.

Ockham veut montrer que la différence et le genre supposent pour la même chose [4]. Un genre se prédique absolument *in quid* d'une chose, parce qu'il dit

1. SL I, 10, OPh I, p. 35.

2. *Ibid.*

3. SL III-2, 24, OPh I, p. 686 : « [...] definitio isto modo dicta est oratio composita ex genere diviso per differentiam indicantem materiam cum differentia vel differentiis indicante vel indicantibus formam vel formas. »

4. Ord. d. 8, q. 4, OTh III, p. 225 : « Circa tertium dico quod quamvis differentia praecise accipiatur a parte rei, tamen genus dicit totam rem et accipitur a tota re, non syncategorematice sed categorematice. »

toute la quiddité de la chose [1]. Au contraire, une différence se prédique « comme de façon dénominative » de cette même chose [2].

Ockham le prouve en s'appuyant sur la fonction qui a été attribuée à ce concept par un impositeur au moment originaire qui a fixé son usage [3]. Un impositeur hypothéthique a pu nommer une classe de choses par un terme générique, alors qu'il ignore quelle est la structure métaphysique de ces choses co-génériques. Autrement dit, l'impositeur qui a instauré la signification du terme générique « animal » ne savait pas nécessairement que tout animal a comme partie essentielle une âme sensitive [4].

La raison avancée s'appuie sur le refus du principe, admis communément jusqu'à Duns Scot, selon lequel une chose est nommée comme elle est connue [5]. Si l'on adopte ce principe, il n'est pas incohérent de soutenir que le terme générique et le terme de différence qui lui correspond supposent pour la même chose. Le genre est un terme absolu. La différence est un terme connotatif qui signifie secondairement une partie de la chose et qui suppose pour ce pour quoi suppose le terme générique auquel il s'adjoint pour former une définition réelle. Ainsi, « rationnel » suppose pour les hommes et consignifie une partie essentielle de chaque homme, son âme intellective.

Il n'est pas inutile de paraphraser Ockham pour faire percevoir au lecteur combien il est insistant [6]. Le Philosophe et le Commentateur n'ont pas l'intention de dire que les parties de la définition signifient les parties de la chose absolument, par soi et premièrement, de telle sorte qu'à une partie de la définition corresponde

1. Ord. d. 8, q. 4, OTh III, p. 227 : « Dico igitur quod genus importat totam rem. Et ideo, quia importat totam rem, praedicatur simpliciter in quid de re, quia dicit totam quidditatem rei. Et ideo convenienter respondetur ad quaestionem factam per quid de re, ut si quaeratur "quid est homo ?", convenienter respondetur quod est animal, non tantum quod habet animalitatem. »

2. Ord. d. 8, q. 4, OTh III, p. 227 : « Sicut si quaeratur "qualis est homo ?", convenienter respondetur quod est rationalis, hoc est, habens rationalitatem. Similiter convenienter respondetur quod est materialis. Et est quasi praedicatio denominativa, praedicando quamcumque differentiam – sive acceptam a forma sive acceptam a materia – de composito, pro eo scilicet quod illud quod primo significatur per differentiam – puta pars rei – non est realiter illud et essentialiter de quo fit interrogatio. »

3. Pour les notions corrélatives d'imposition et de subordination, centrales dans l'hypothèse du langage mental d'après C. Panaccio, voir C. Panaccio, *Ockham on Concepts*, chap. IV, p. 215-278.

4. Ord. d. 8, q. 4, OTh III, p. 225 : « Hoc confirmatur, quia instituens hanc vocem "animal" ad significandum omnia animalia, forte ignoravit an animalia essent composita ex materia et forma, sicut etiam modo dubitatur an omnis substantia sit composita ex materia et forma, et etiam dubitatur a multis an omne corpus sit compositum ex materia et forma. »

5. Jean Duns Scot, Ord. I, d. 22, q. un., n. 4, éd. Vat. V, p. 343 : « Potest dici ad quaestionem breviter quod ista propositio communis multis opinionibus, scilicet quod "sicut intelligitur, sic et nominatur", falsa est si intelligitur praecise, quia distinctius potest aliquid significari quam intelligi. » Pour un commentaire récent de ce texte, voir G. Pini, « Scotus on Knowing and Naming Natural Kinds », *History of Philosophy Quarterly* 26, 2009, p. 255–272.

6. Cette insistance provient du fait qu'Ockham s'oppose à la lettre du texte aristotélicien en *Met.* Z, 10, 1034b20-21.

une partie de la chose[1]. Ils veulent dire que seul ce qui est composé peut être défini[2].

Mais toute partie de la définition ne signifie pas premièrement une partie de la chose. Une partie de la définition signifie toute la chose, en l'occurrence le genre, et une autre partie de la définition signifie une partie de la chose, en l'occurrence la différence[3]. Pour reprendre l'exemple qu'Ockham donne dans la *Somme de Logique*, les différences « animée », « sensible », « rationnelle » qui sont posées dans la définition de l'homme « substance animée sensible rationnelle » supposent toutes pour la même chose, en l'occurrence tous les hommes en leur totalité, et elles connotent chacune une partie essentielle d'un homme[4].

Celui qui estime que le genre est une partie, soit d'une chose, soit de son essence, soit d'une définition[5], est en droit de demander, en dernier recours, en quel sens un genre est une partie, comme le veut la tradition. Ockham rappelle que le genre est une partie de la définition, non une partie de la chose[6]. Pour mieux étayer son idée, il est conduit à traiter de la sémantique de la définition métaphysique et de sa complétude dans la suite de la question 4, puis dans les questions 5 et 6 de la distinction 8 de l'*Ordinatio*.

On oppose à Ockham que la sémantique du genre et celle de la différence qu'il propose impliquent qu'il y ait *nugatio* dans la définition réelle, et, par conséquent, que sa sémantique de la différence essentielle est mal conçue[7]. Il convient donc de nuancer la thèse de C. Panaccio selon laquelle la problématique de la *nugatio* se pose au sujet de la définition nominale et non pas au sujet de la définition

1. Ord. d. 8, q. 4, OTh III, p. 242 : « Ad aliud dico quod non est intentio Philosophi et Commentatoris quod partes definitionis importent simpliciter partes rei per se et primo, ita quod sicut una pars importat unam partem rei, quod ita alia pars eodem modo importet aliam partem correspondentem. »

2. Ord. d. 8, q. 4, OTh III, p. 242 : « Sed volunt quod nisi definitum – hoc est, res definita – haberet partes realiter distinctas, sicut ipsa definitio habet partes distinctas, – quarum una non est alia –, non posset definiri. »

3. Ord. d. 8, q. 4, OTh III, p. 242 : « Et ita semper distinctis partibus definitionis correspondent distinctae partes in re definita. Tamen una pars definitionis, proprie loquendo, significat totam rem definitam, et alia pars significat partem rei. »

4. SL I, 26, OPh I, p. 84-85 : « Talis est ista definitio hominis "animal rationale" vel ista "substantia animata sensibilis rationalis". Nam istae differentiae "animata", "sensibilis", "rationalis" supponunt pro homine, quia homo est rationalis, animatus et sensibilis, tamen importat partem hominis. »

5. La thèse selon laquelle à une partie de la définition correspond une partie de la chose se trouve en *Met.* Z, 10, 1032a10-31.

6. Ord. d. 8, q. 4, OTh III, p. 241 : « Ad aliud dico quod genus dicitur materia sicut dicitur pars. Et ideo sicut proprie loquendo genus est pars definitionis et non est pars rei, ita est materia aliquo modo in definitione et non est materia rei. »

7. Ord. d. 3, q. 4, OTh III, p. 229 : « Quartum, quia non videtur quod genus importet totam rem primo, quia tunc in definitione qualibet esset nugatio. Quia sic importat totam rem, ergo exprimendo postea per differentiam partem rei, inutiliter exprimitur illa pars prius expressa per genus. »

réelle [1]. Développons notre idée en examinant la réponse qu'Ockham apporte à l'objection par la *nugatio* lorsqu'il expose sa sémantique de la définition réelle.

LA SÉMANTIQUE DE LA DÉFINITION RÉELLE

Enjeux et distinctions préliminaires

L'objet de la définition

Comment Ockham répond-il à la question, soulevée par Aristote en *Métaphysique* VII, 10 et 11, de savoir quel est l'objet de la définition ? Ockham répond que toute chose singulière qui est une substance naturelle (composée de matière et de forme) est définissable par une définition réelle. La thèse ne surprendra pas le lecteur de la distinction 8 de l'*Ordinatio*, puisqu'elle est une conséquence logique de la sémantique des termes génériques et des termes spécifiques qu'Ockham propose dans ce texte. Par cette thèse, il s'oppose à certains textes d'Aristote et de Porphyre, d'après lesquels seule l'espèce est définissable [2].

Afin de ne pas mésinterpréter cette thèse, il convient de rappeler la distinction à laquelle Ockham fait appel lorsqu'il l'énonce. On peut s'appuyer sur le *Quodlibet* V, question 20, qui est consacré explicitement à ce sujet. Partons d'une proposition qui énonce une définition réelle, par exemple de celle qu'Ockham avance dans le *Quodl.* V, q. 20, « un homme est un animal rationnel ». Le prédicat de cette proposition est un terme complexe. Ce terme complexe est une définition réelle. En ce sens, le terme « définition » est sans aucun doute une intention seconde, bien qu'Ockham ne fasse que le suggérer dans la *Somme de Logique* [3]. Le sujet de la proposition citée précédemment, « un homme », est ce qu'Ockham nomme le défini, et ce qui correspond, dans la terminologie contemporaine, au *definiendum*. « Défini » et « *definiendum* » sont donc à comprendre comme étant des termes d'intention seconde, au même titre que le terme « définition ».

La question « qu'est-ce qui est définissable ? » équivaut alors à la question de savoir quels termes peuvent être des *definienda*. À cette question, Ockham répond que des termes spécifiques peuvent être des *definienda*. En ce sens, il est d'accord

1. C. Panaccio, *Ockham on Concepts*, p. 81, n. 44. Pour la question des rapports entre synonymie et *nugatio*, le texte principal est Quaest. var. VI, art. 5, OTh VIII, p. 228-233.

2. Quodl. V, q. 20, OTh IX, p. 557 : « Utrum res extra animam definiatur. Quod non : quia sola species definitur secundum Porphyrium ; sed species non est extra animam ; igitur etc. ».

3. SL I, 26, OPh I, p. 84 : « Terminorum autem quibus utuntur logici quidam sunt communes omnibus universalibus, quidam sunt proprii aliquibus eorum, quidam competunt aliquibus eorum simul acceptis, quidam competunt uni respectu alterius. Termini qui competunt pluribus simul acceptis sunt ut definitio et descriptio. » La prudence d'Ockham s'explique parce que Porphyre n'a pas intégré dans sa liste de prédicables la définition réelle, qui apparaît pourtant bien dans celle que donne Aristote dans les *Topiques*.

avec Aristote et avec Porphyre pour lesquels l'espèce est définissable. Comme l'espèce est une notion relative à celle de genre, excepté dans les cas de l'espèce spécialissime et du genre suprême, il faut comprendre que tout terme absolu commun simple est définissable par une définition réelle, s'il suppose pour une chose composée.

Ockham tient cette idée pour acquise. Il aurait fallu démontrer pourtant qu'il n'est pas possible qu'un nom propre soit définissable par une définition réelle. Sa sémantique des termes génériques et de différence essentielle n'implique pas qu'il n'existe pas de terme générique et de termes de différence essentielle qui, adjoints comme il convient, supposent nécessairement pour un seul individu. En principe, Ockham devrait reconnaître qu'il est possible que des noms propres soient définissables par une définition réelle, alors qu'il ne le fait pas, puisqu'il affirme qu'une définition réelle ne se prédique adéquatement d'aucun nom propre [1].

Ceci dit, revenons à la lettre du *Quodlibet*. Un terme défini suppose pour n'importe lequel des individus co-spécifiques dont il se vérifie. Autrement dit, « homme », dans la proposition « un homme est un animal rationnel mortel », suppose pour n'importe quel homme, par exemple pour Socrate. Par conséquent, la proposition « iste (Socrate étant désigné) est definitum » est vraie. En ce sens, on peut dire que Socrate est un défini, et, plus généralement, que toute substance naturelle est définissable par une définition réelle. On peut donc dire en ce sens que l'individu est définissable par une définition réelle. En ce sens également, tous les individus co-spécifiques ont la même définition [2].

Reste à savoir ce qu'il faut entendre, d'après Ockham, par la relation d'expression qui relie une essence et une définition. La question avait été directement abordée par Aristote au livre VII de la *Métaphysique*. Aristote répondait qu'une essence est identique à la substance naturelle dont elle est l'essence [3]. L'enjeu consiste à savoir si la notion d'essence, exprimée par une définition réelle, a des conditions d'identité indépendantes de la manière dont notre esprit classe les individus dans des espèces naturelles.

1. Ord. d. 2, q. 4, OTh II, p. 128 : « Et quando dicitur quod "definitio non est primo substantiae singularis", dico quod hoc est verum primo modo, quia de nulla substantia singulari definitio primo vel adaequate praedicatur. »

2. Pour un résumé de ces développements, voir Quaest. Var. II, OTh VIII, p. 54 : « definitio tantum est aliquid compositum ex multis conceptibus ; definitum est ens reale. Similiter conceptus definiti distinguitur a conceptu definitionis. Quia conceptus definiti, puta speciei, immediate abstractus a singularibus, est ita simplex sicut conceptus entis. » Voir aussi BS I, 1, OPh VI, p. 15 : « Ad secundum dico quod "aliquid definiri" est dupliciter : vel sicut illud cuius partes qua partes explicantur per partes definitionis, et sic sola substantia anima definitur. Alio modo sicut illud quod convertibiliter praedicatur de definito. »

3. Aristote, *Met.* Z, 6 1032a10-31.

Pluralité des définitions réelles pour un même défini

Une fois ce point établi, se pose tout naturellement la question, préliminaire mais de très grande importance pour la sémantique de la définition réelle, de savoir s'il peut y avoir plusieurs définitions réelles pour un même défini. La question se pose car Aristote affirme, dans les *Analytiques Postérieurs*, qu'il n'y a pas plusieurs définitions d'une même chose [1]. Nous allons voir que la réponse d'Ockham consiste à dire que l'affirmation d'Aristote ne vaut que pour l'une des définitions réelles d'un même défini, en l'occurrence la définition dite la plus complète [2]. Ici, encore, quelques précisions terminologiques sont de mise pour circonscrire l'enjeu sémantique et philosophique soulevé par cette question.

La question n'a pas le même sens si l'on entend par « défini » le terme spécifique en position de sujet dans une proposition du type « un homme est un animal rationnel mortel » ou si l'on entend par « défini » les individus pour lesquels la définition réelle tient lieu. Dans les deux cas, il faut répondre affirmativement. Cependant, il y a plus de définitions réelles pour un défini donné, si « défini » est pris pour la classe d'individus de laquelle il tient lieu dans une proposition de ce type, que pour ce même défini, si « défini » est pris pour le terme spécifique en position de sujet dans cette même proposition.

Expliquons cette distinction. Puisque tout terme spécifique désignant des substances naturelles est définissable par une définition réelle, alors les mêmes substances naturelles peuvent être les référents de différents définis dans différentes propositions dans lesquelles une définition réelle est prédiquée d'un défini. En effet, les mêmes substances naturelles sont les référents de termes spécifiques d'extension croissante. Tous les hommes entrent dans l'extension du concept « homme », certes, mais aussi dans l'extension du concept « animal » et dans celle du concept « substance ».

En ce sens, les mêmes substances naturelles sont définissables par plusieurs définitions réelles, termes complexes dont l'extension sera plus ou moins grande. L'individu « Socrate » est autant définissable par la définition réelle d' « animal » que par la définition réelle d' « homme ». Socrate est, en effet, autant un animal rationnel mortel qu'il est une substance animée.

Ainsi, on comprend qu'Ockham soutienne qu'il existe plusieurs définitions réelles pour un même terme spécifique donné. En outre, Ockham ne dit jamais que ces définitions réelles sont synonymes. Il parle tout au plus de convertibilité, parce que ces définitions et le terme défini supposent pour les mêmes individus.

1. Aristote, *Anal. Post.* II, 4, 91a12-32.

2. SL III-2, 24, OPh I, p. 687 : « Similiter, quod eiusdem sunt plures definitiones, quarum una sit completissima et alia non completissima, non est inconveniens ; sed quod eiusdem sint plures definitiones completissimae, habentes partes quae habent eundem modum significandi, puta quod omnes partes utriusque definitionis sumantur in recto vel utriusque aliquae in recto, aliquae in obliquo, est inconveniens. Et isto modo et non alio negat Philosophus eiusdem rei esse plures definitiones. »

Lorsqu'il parle des rapports sémantiques entre la définition et le défini, Ockham affirme :

> [Une définition et le défini] supposent pour la même chose et seulement pour elle ; et aucune chose n'est signifiée de façon première et principale par l'un qui ne soit signifiée par l'autre ; et rien d'extrinsèque n'est connoté par l'un ou l'autre [1].

Comme il y a quelque chose d'intrinsèque qui est connoté par le terme de différence qui ne l'est pas par le terme défini, en l'occurrence une partie essentielle, la définition et le défini ne sont pas synonymes. Qu'en est-il des différentes définitions réelles d'un même défini ? Ici encore d'autres distinctions sont de mise. Nous venons d'établir qu'il peut exister différentes définitions réelles d'un même défini au sens où les différences intermédiaires sont explicitées ou non, si l'on donne le genre proche ou le genre lointain. Par exemple, on peut donner de l'homme la définition « substance animée rationnelle » et la définition « animal rationnel ».

Il faut distinguer ce cas, sur lequel nous reviendrons, de deux autres cas. D'abord, il faut distinguer la définition naturelle de la définition métaphysique. Ensuite, il faut distinguer la définition qui contient des termes de différence concrets, comme « rationnel », de la définition qui contient des termes de différence abstraits, comme « rationalité » ou « âme intellective ».

Ockham mentionne deux types de définition réelle dans la première partie de la *Somme de Logique*, la définition métaphysique et la définition naturelle [2]. Par exemple, la définition métaphysique du terme « homme » est « substance animée sensible rationnelle ». La définition naturelle de ce même terme d'espèce spécialissime est « substance composée d'un corps et d'une âme intellective » [3]. Les définitions métaphysique et naturelle d'un même terme spécifique ont en commun le genre. Elles ont la même extension sémantique, si par là on entend qu'elles supposent pour les mêmes individus [4].

1. Ord. d. 2, q. 4, OTh II, p. 130 : « [Definitio et definitum] pro eadem re supponunt et praecise pro eadem re ; nec aliqua res significatur primo et principaliter per unum quin significetur per reliquum ; nec aliquod extrinsecum connotatur per alterum eorum. »

2. SL I, 26, OPh I, p. 85 :« Alia est definitio in qua nullus ponitur differentia, vel ponuntur differentiae exprimentes partes rei definitae, ad modum quo "album" exprimit albedinem. Et ideo sic "album" quamvis exprimat albedinem non tamen supponit pro albedine sed tantum pro subiecto albedinis, ita differentiae illae quamvis exprimant partes rei non tamen supponunt pro partibus rei sed praecise pro toto composito ex partibus illis. Talis est ista definitio hominis "animal rationale" vel ista "substantia animata sensibilis rationalis" [...] Et ista potest vocari definitio metaphysicalis, quia sic metaphysicus definiret hominem. » À ce sujet, voir aussi Quodl. IV, q. 15, OTh IX, p. 538.

3. SL I, 26, OPh I, p. 85 : « Nam quandoque in tali sermone ponuntur casus obliqui exprimentes partes rei essentiales, sicut si definiam hominem sic dicendo "homo est substantia composita ex corpore et anima intellectiva" ; isti enim obliqui "corpore et anima intellectiva" partes rei exprimunt. Et ista potest vocari definitio naturalis. »

4. Ord. d. 8, q. 4, OTh III, p. 247 : « Et quando dicitur quod tunc definitio naturalis non differet a definitione metaphysicali : dico quod bene distinguitur. Non tamen sic quod aliquid importetur per

Cependant, ces définitions diffèrent en ce que la différence n'est convertible avec le défini que dans la définition métaphysique, qui comprend des termes concrets de différence. En effet, les définitions métaphysiques comprennent des termes concrets de différence, qui supposent pour ce pour quoi supposent le terme générique et le terme défini. Les définitions naturelles comprennent des termes abstraits de différence à un cas oblique. Ce ne sont pas des termes connotatifs mais des termes absolus.

Cette distinction entre deux types de définition réelle trouve son origine dans les textes aristotéliciens. D'après Aristote, dans la définition métaphysique, la différence est convertible avec le défini [1]. Dans la définition naturelle, la différence n'est pas convertible avec le défini, bien que la définition en sa totalité soit convertible avec le défini. Cette distinction entre différents types de définition réelle provient du fait qu'Aristote donne deux analyses différentes de la différence dans la *Métaphysique* et dans le second livre des *Analytiques Postérieurs*.

Dans les *Analytiques Postérieurs*, la différence est considérée comme un prédicat essentiel, qui exprime ce qu'est la chose définie. Dans la *Métaphysique*, la problématique de l'unité de la définition conduit Aristote à identifier la différence ultime avec la forme de l'objet défini [2]. Ici, la différence exprime totalement ce qu'est la chose définie, ce qui n'est pas requis de la différence en question dans les *Analytiques Postérieurs*. La thèse ockhamiste selon laquelle il existe plusieurs définitions réelles d'un même défini trouve donc sa source dans le texte aristotélicien. Comme l'a montré M. Vittorini, cette thèse n'est pas nouvelle et elle a fait l'objet de débats, dans les commentaires aux *Seconds Analytiques*, depuis Grosseteste [3].

Ces définitions sont-elles synonymes entre elles ? Ockham aborde la question lorsqu'il en donne une analyse sémantique en SL III-2, 24. Les termes de différence peuvent être soit concrets, soit abstraits. Par exemple, « rationnel » et « animé » sont des termes de différence essentielle concrets, alors que « rationalité » et « âme sensitive » sont des termes de différence essentielle abstraits. La définition naturelle de l'homme, « substance composée d'une matière et d'une âme intellective », comprend des termes de différence concrets. La définition métaphysique de l'homme, « substance animée rationnelle », comprend des termes de différence abstraits [4].

unam definitionem quod non importatur per reliquam quocumque modo, sed forma importatur per unum concretum in definitione metaphysicali et importatur per unum abstractum in definitione naturali. »

1. Voir notamment *Met.* VII, 12, 1038a21-25.

2. Voir notamment *Met.* VII, 12, 1038a19-20 et 1038a28-30 pour la notion de différence ultime.

3. M. Vittorini, « The Last Difference in Definition : Burley and the Tradition of the *Posterior Analytic* Commentaries », *Documenti e studi* 20 (2009), p. 329-373.

4. SL III-3, 24, OPh I, p. 686 : « Praeter istam definitionem est alia definitio, non importans aliquid extrinsecum rei, quae non differt ab ista definitione nisi in hoc quod in definitione, de qua dictum est, ponuntur differentiae in concreto, quae in recto sunt de definitione praedicabiles. In alia autem defini-

Ockham précise bien qu'il n'y a pas de rapport dénominatif entre l'abstrait et le concret en ce qui concerne ces différences. L'abstrait correspondant au concret « rationnel » serait, d'après Ockham, synonyme avec lui. Ce serait bien entendu le terme « rationalité ». Par contre, les deux termes « rationnel » et « âme intellective » ne sont pas synonymes, ils sont seulement convertibles. Tous deux se prédiquent véridiquement du terme défini « homme », dans les deux propositions « un homme est rationnel », et « un homme est ayant une âme intellective » [1]. Ils ne sont pas synonymes car quelque chose est exprimé sous un mode qui ne l'est pas sous le même mode par l'autre : ce qui est signifié à un cas droit dans la définition métaphysique « animal rationnel » est signifié à un cas oblique dans la définition naturelle « substance composée d'une matière et d'une âme intellective » [2].

Ainsi, l'enjeu soulevé par la question de la complétude de la définition est explicité. C'est au niveau de la définition naturelle elle-même, et au niveau de la définition métaphysique elle-même, qu'il faut se demander si les définitions réelles plus ou moins complètes sont synonymes. Autrement dit, les deux définitions métaphysiques « animal rationnel » et « substance animée rationnelle » sont-elles synonymes ? De même, les deux définitions naturelles « substance composée d'une matière et d'une âme intellective » et « corps composé d'une matière et d'une âme intellective » sont-elles synonymes ?

Complétude et unité sémantique de la définition réelle

Une question de synonymie ?

Avant d'entrer dans le vif du sujet, il faut préciser quelle est la nature des rapports sémantiques que deux définitions réelles prédiquables adéquatement d'un même terme spécifique entretiennent l'une avec l'autre. Ockham affirme que ces définitions signifient « la même chose bien que d'une manière différente ». Cependant il n'existe qu'une définition complète pour un défini [3]. Comment comprendre ces affirmations ?

tione ponuntur abstracta in oblique, correspondentia differentiis essentialibus. Et talis est definitio ista "substantia composita ex materia et anima sensitiva et intellectiva". Ista enim est definitio hominis, in qua ponuntur abstracta correspondentia istis concretis "materiale", "sensibile", "rationale". »

1. SL III-3, 24, OPh I, p. 686 : « Sciendum est tamen quod ista abstracta non correspondent secundum vocem illis concretis, nec hoc requiritur, sed sic correspondent quod sunt synonyma cum abstractis eorum, vel essent synonyma si abstracta secundum vocem correspondentia illis concretis essent imposita. »

2. SL III-3, 24, OPh I, p. 687 : « Notandum etiam quod eiusdem possunt esse plures definitiones tales, quando scilicet omnino idem significant, quamvis diverso modo, quia scilicet una pars cuius definitionis significat aliquid in recto et alia pars alterius definitionis significat idem in obliquo. »

3. SL III-3, 24, OPh I, p. 687 : « Similiter, quod eiusdem sunt plures definitiones, quarum una sit completissima et alia non completissima, non est inconveniens ; sed quod eiusdem sint plures definitiones completissimae, habentes partes quae habent eundem modum significandi, puta quod omnes

Ici, il faut distinguer la question de la complétude de la question de la synonymie. Se demander si « animal rationnel » est une définition plus complète que « animal sensible rationnel » ne revient pas à se demander si ces deux définitions sont synonymes. Deux définitions peuvent être synonymes, alors que seule l'une d'entre elles est complète.

En effet, il est plus que probable que « animal rationnel » et « animal sensible rationnel » sont synonymes. Tout ce qui est signifié par l'une est signifié par l'autre sur le même mode, du moins dans l'hypothèse, partagée par Ockham, selon laquelle « rationalité » implique « sensibilité ». Nous insisterons sur l'idée que cela est tout à fait compatible avec la thèse de C. Panaccio selon laquelle une définition nominale n'est pas synonyme avec son défini, thèse dont on a montré qu'elle vaut également pour le rapport entre la définition réelle et son défini. Ce qui est exclu est la possibilité que deux concepts mentaux simples soient synonymes dans un même esprit, non la possibilité de la synonymie entre deux expressions mentales complexes, comme le sont deux définitions réelles. Ceci a été établi théoriquement dans un article de D. Chalmers en 1999 [1], et C. Panaccio a confirmé que cette hypothèse de lecture avait un fondement textuel [2].

Ainsi, que les définitions « animal rationnel » et « animal sensible rationnel » soient synonymes n'est pas un problème. Ce qui est impossible, d'après Ockham, est seulement que deux définitions comme celles-ci, qui ont la même signification sur le même mode, soient aussi complètes l'une que l'autre [3]. Laquelle est donc la plus complète ?

Une question de complétude : l'objection par la nugatio

Ockham donne une définition de la complétude dans la *Somme de Logique*. Une définition réelle est complète si toute partie essentielle de la chose est exprimée distinctement par une partie de la définition, en l'occurrence par une différence [4].

Bien entendu, avec une telle définition, il coule de source que la définition la plus complète sera celle qui exprime toutes les formes substantielles de la

partes utriusque definitionis sumantur in recto vel utriusque aliquae in recto, aliquae in obliquo, est inconveniens. »

1. D. Chalmers, « Is There Synonymy in Ockham's Mental Language ? », in P. Spade (ed.), *The Cambridge Companion to Ockham*, Cambridge, Cambridge University Press, 1999, p. 82-84.

2. C. Panaccio, *Ockham on Concepts*, *op. cit.*, p. 32-33. Panaccio renvoie notamment à QP 6, OPh VI, p. 410 et ExpPH, *Prooemium* 6, OPh II, 358.

3. SL III-2, 24, OPh I, p. 687, texte cité page précédente, n. 3.

4. SL III-3, 24, OPh I, p. 884 : « Sciendum quod quaedam definitio data per genus et differentiam indicat explicite et complete essentiam rei ; ita scilicet quod nihil est pars essentialis rei quin distincte exprimatur per aliquam partem, scilicet per aliquam differentiam positam in definitione. »

substance définie [1]. La définition complète de l'homme sera donc celle qui mentionne toutes ses formes subtantielles, en l'occurrence son âme intellective, sa sensibilité et peut-être sa corporéité. Une définition de l'homme sera incomplète si elle ne permet pas de déterminer combien de formes substantielles inhèrent dans la matière. Ockham donne comme exemple « corps rationnel » et « animal rationnel » [2]. Ceci pose un problème. N'y-a-t-il pas *nugatio* dans la définition complète ?

L'objection par la *nugatio* n'est pas neuve. Par exemple, Thomas d'Aquin explique, dans son commentaire à la *Métaphysique*, que la différence ultime doit inclure toutes les autres, si elle doit être considérée comme la substance de la chose [3]. Duns Scot s'oppose à la théorie thomiste de la différence ultime à deux reprises [4]. Pour Scot, il est impossible d'identifier la différence ultime à toute la définition, comme Thomas semble le faire, parce que la définition est une expression composée, tandis que la différence est un mot simple [5]. La différence est une partie de la définition et, à ce titre, elle exprime une partie de la chose et non toute la substance de la chose [6].

Plus encore, si la différence ultime exprimait toute la substance de la chose, et était donc convertible avec le défini, alors il y aurait *nugatio* dans la définition. Deux cas sont possibles. Soit une partie de la signification de la différence ultime est incluse dans le genre si l'on donne le genre proche. Soit une partie de la signification de la différence ultime est incluse dans les différences intermédiaires si l'on donne le genre ultime [7]. Il est donc impossible de soutenir, comme Thomas, que la différence ultime exprime la substance de la chose. L'enjeu, bien entendu,

1. SL III-3, 24, OPh I, p. 884-885 : « Et talis definitio debet componi ex genere et tot differentiis essentialibus quot sunt partes essentiales rei. »

2. SL III-3, 24, OPh I, p. 885 : « Alia est definitio quae non distincte et explicite indicat essentiam rei sed imperfecte, qualis est ista definitio hominis "corpus rationale" et similiter ista "animal rationale". Nam per neutram istarum habetur explicite an in homine sint plures formae vel non. »

3. Thomas d'Aquin, *In Met.* VII, 12, éd. R.-M. Cathala et R. Spiazzi, n. 1555, p. 374 : « [...] si sic se habent differentiae acceptatae in definitione "sicut dictum est", scilicet quod semper sumantur per se differentiae et non per accidens, palam est quod ultima differentia erit tota substantia rei, et tota definitio. Includit enim in se omnes praecedentes particulas. »

4. Duns Scot, *Quaest. Met.* VII, 17, *Opera Philosophica* IV, n. 1, p. 327, « Utrum differentia divisiva generis inferioris includat differentiam divisivam primam ».

5. Duns Scot, *Quaest. Met.* VII, 17, *Opera Philosophica* IV, n. 10, p. 330 : « Et primo quod prima auctoritas non concludit, quia est copulativa, sicut si allegiant unam partem, concedeant aliam quod "ultima differentia sit definitio rei", quod non concedunt, quia definitio est composita. »

6. Scot, *Quaest. Met.* VII, 17, *Opera Philosophica* IV, n. 12, p. 330 : « Cum ergo differentia sit pars definitionis, exprimet partem rei, et non totam substantiam rei. »

7. Scot, *Quaest. Met.* VII, 17, *Opera Philosophica* IV, n. 13, p. 330-331 : « [...] quod ipsi volunt de nugatione : quod sequitur ad dicta sua, non nobis. Probatio : omnis definitio vel dabitur per genus primum et per differentias intermedias usque ad ultimam, vel per genus proximum et differentiam specificam. Si primo modo, differentia intermedia ponetur in deffinitione ; et ultima includit omnes, per te ; ergo omnes intermediatae dicentur bis, quia et in se et in differentia ultima. Si secundo modo, cum genus proximum includat differentiam suam, et ultima includit eam, dicetur bis. »

concerne la structure des prédicables *in quid*, en l'occurrence le genre et l'espèce. Si l'on soutient, comme Scot, que tout concept générique est composé du concept d'étant et de différences contractantes, il devient impossible de suivre Aristote lorsqu'il dit que la différence ultime est convertible avec le défini, à moins de commettre une *nugatio*.

Ockham ne manque pas de rappeler, dans la distinction 8 de l'*Ordinatio*, que deux interprétations s'opposent. On peut dire que toute différence exprime quelque chose de la chose et, donc, que toute différence est nécessaire dans une définition complète, si l'on suit les *Analytiques Postérieurs* [1]. On peut dire également que la différence ultime est toute la substance de la chose, comme l'écrit Aristote au septième livre de la *Métaphysique*. Seule la différence ultime, dans ce cas, est nécessaire dans une définition complète [2].

Ockham commence par une clarification préliminaire. Il concède à ses adversaires qu'il y a répétition dans la définition réelle métaphysique, construite par juxtaposition d'un genre et de différences essentielles. Mais toute répétition n'est pas une *nugatio*. Une *nugatio* est une répétition inutile [3]. Il n'y a pas de *nugatio* dans une définition réelle construite par juxtaposition du genre et d'un terme concret de différence essentielle, comme « animal rationnel » [4]. Le cas est analogue à celui où l'on adjoint un terme concret au terme d' « étant », comme dans l'expression « étant blanc » [5].

Pour justifier son idée, il fait appel, comme le veut la tradition, à l'art de définir dont il parle notamment dans la troisième partie de la *Somme de Logique*. L'art de définir est une méthode qui permet de confirmer, par une procédure méta-sémantique, que toutes les différences exprimant les parties du défini ont bien été identifiées comme telles. Cette méthode de recherche du genre proche et de la différence ultime implique la connaissance de tous les genres supérieurs et de toutes

1. Ord. d. 8, q. 6, OTh III, p. 251 : « Quod sic : quia quaelibet differentia exprimit aliquid ipsius rei ; igitur sine ea non est completissima definitio. »

2. Ord. d. 8, q. 6, OTh III, p. 251 : « Secundum Philosophum, VII Metaphysicae, ultima differentia est tota substantia rei. Igitur praeter eam non oportet aliam differentiam ponere. »

3. ExpElench, I, cap. 20, « De nugatione », OPh III, p. 129-133 ; Quaest. Var. VI, art. 5, OTh VIII, p. 228-233. Voir la définition de la *nugatio*, Quaest. Var. VI, art. 5, OTh VIII p. 230-231 : « Ubi suppono unum ad quod fundamentaliter recurrendum est in ista materia quod nugatio est inutilis repetitio unius et eiusdem et numquam aliter. » Voir aussi, pour la définition réelle, p. 233.

4. Ord. d. 8, q. 4, OTh III, p. 236 : « Nec tamen est nugatio ponendo primo genus et postea addendo differentiam. Cuius ratio est quia multa excusant nugationem, pro eo quod nugatio non est quaecumque qualitercumque repetitio unius et eiusdem, sed nugatio est inutilis repetitio unius et eiusdem. »

5. Ord. d. 8, q. 4, OTh III, p. 236 : « Similiter nihil importatur per quodcumque nomen, quin importetur per ens et quin sit per se inferius ad ens. Et tamen ponendo primo ens et postea addendo sibi aliquod nomen est nugatio, et addendo aliud non est nugatio. Sicut dicendo, secundum aliquos, "ens albedo" est nugatio, et tamen dicendo "ens album" non est nugatio. »

les différences supérieures [1]. L'art de la définition est une procédure de recherche qui permet d'éviter la *nugatio* dans la juxtaposition du genre et de la différence correspondante [2].

Faut-il mentionner toutes les différences essentielles avec le genre premier le plus général ? La notion de différence ultime est-elle bien construite ? Et surtout, comment rendre compte des différents textes d'Aristote ?

Prenons la définition métaphysique « animal sensible rationnel », et partons des abstraits correspondant aux termes de différence concrets de cette définition, « sensibilité », « rationalité » [3]. Ces termes abstraits sont ordonnés selon le supérieur et l'inférieur : on part d'un genre suprême, « forme », auquel d'autres formes sont subalternées [4]. En ce sens, seule la différence ultime doit être posée dans la définition réelle afin d'éviter la *nugatio*, comme le veut Aristote dans le chapitre du livre VII de la *Métaphysique* consacré à l'unité de la définition [5]. Si l'on mentionne tous les termes de différence qui tiennent lieu des mêmes individus que ceux pour lesquels tiennent lieu les termes de différence qui leur sont inférieurs dans une ligne prédicamentale, alors il y aura *nugatio* dans la définition réelle [6].

Cependant, cette définition n'est pas la plus complète. Tous les termes concrets de différence doivent être mentionnés dans une définition réelle afin qu'elle soit complète [7]. En ce sens, cette définition est plus complète que celle qui

1. Ord. d. 8, q. 4, OTh III, p. 244 : « Unde iste est rectus ordo investigandi definitiones acceptas per divisiones : scilicet primo dividere genus supremus in suas species immediatas per differentias essentiales, si tales habeat, et statim habetur definitio exprimens aliquo modo ipsam speciem subalternam immediatam. Et tunc exprimitur pars aliqua cuiuslibet contenti sub illa specie. Secundo oportet dividere illud genus per differentias, et tunc habetur alia definitio, et sic continue procedendo quousque veniatur ad ultimum genus. »

2. Ord. d. 8, q. 4, OTh III, p. 244 : « Cuius cognitio, si recto ordine procedatur, praesupponit notitiam omnium differentiarum exprimentium omnes partes rei definiendae, praeter differentiam convertibilem exprimentem partem definiti, cui nihil eiusdem rationis invenitur in quocumque alio. »

3. Ord. d. 8, q. 6, OTh III, p. 252 : « Ad istam quaestionem dico quod contingit aliquas differentias ordinari dupliciter. Uno modo sicut per se superius et per se inferius, ita scilicet quod earum abstracta se habent secundum superius et inferius. »

4. Ord. d. 8, q. 6, OTh III, p. 253-254 : « Verbi gratia, dico quod forma est unum commune a quo accipitur differentia, per quam, modo exposito in prioribus quaestionibus, substantia composita distinguitur ab angelis, qui sunt in genere substantiae, ita quod "habens formam" est differentia talis specie subalternae, sicut "sensibile" est differentia animalis. »

5. Ord. d. 8, q. 6, OTh III, p. 252 : « Si primo modo, sic dico quod non omnes differentiae debent poni in definitione, etiam posito solo genere generalissimo in definitione, sed sola differentia ultima debet poni in tali definitione. [...] hoc est : illa sola quae est ultima in divisione, in qua semper per se superius dividitur per sua per se contenta, illa, inquam, sola erit in definitione speciei. »

6. Ord. d. 8, q. 6, OTh III, p. 252 : « Et probat, quia aliter esset nugatio. Et probat quod esset nugatio transponendo differentias illas, scilicet priorem et posteriorem. »

7. Ord. d. 8, q. 6, OTh III, p. 254 : « Loquendo de differentiis ordinatis secundo modo, sic dico quod omnes differentias cum genere generalissimo debent poni in definitione. Et illa definitio est completior quam definitio composita ex genere propinquo et ultima differentia. »

est composée du genre proche et de la différence ultime. En effet, les deux termes de forme substantielle, « âme sensitive » et « âme intellective », s'ordonnent, certes, selon le supérieur et l'inférieur. Mais cette inclusion n'est pas par soi : il faut comprendre qu'elle provient du suppôt, de l'homme Socrate, qui possède à la fois une âme sensitive et une âme intellective. En effet, avoir une âme intellective implique d'avoir une âme sensitive [1]. Cependant, l'une n'est pas l'autre et l'une peut être sans l'autre, du moins par la toute puissance divine.

Cette dernière remarque est d'une grande importance pour comprendre la nature de l'ordre à poser entre les différences et le critère sur lequel Ockham s'appuie pour affirmer que la définition qui exprime le genre lointain et toutes les différences est plus complète que celle qui mentionne le genre proche et la différence ultime. Ockham concède en effet que l'âme intellective peut être sans l'âme sensitive dans un homme [2]. C'est le cours naturel des choses qui dicte, *a posteriori*, l'ordonnancement sémantique des termes de différence qui font partie d'une définition réelle [3].

Cela est justifié puisque cet ordonnancement des différences dans la définition dépend de la formation de plusieurs concepts et que cette formation dépend d'une expérience *de facto* et non pas *de possibili*. Or, *de facto*, tout locuteur n'a pas eu un contact épistémique direct avec un homme privé de son âme sensitive. On a même du mal à imaginer à quoi un tel homme pourrait ressembler, si ce n'est à un ange. Il faut donc comprendre que la différence « âme sensitive » dans la définition réelle « substance sensitive rationnelle » est première par rapport à la différence « rationnel », parce qu'un sujet épistémique a été davantage en contact avec des animaux qu'avec des hommes. La priorité sémantique est donc également une priorité épistémique qui a un fondement métaphysique. La réponse d'Ockham est donc très instructive sur la nature des critères à adopter pour construire une définition réelle complète.

Quoi qu'il en soit, la réponse d'Ockham est claire. Soit l'on mentionne, dans la définition, le genre proche et la différence ultime, soit l'on mentionne le genre ultime et toutes les différences correspondant à une partie de la chose. Le deuxième type de définition est plus complet au sens où il est plus instructif. La complétude de la définition n'est plus seulement une problématique sémantique comme elle l'était d'après Aristote. C'est également une

1. Ord. d. 8, q. 6, OTh III, p. 254 : « Tunc istae duae differentiae, rationale et sensibile, ordinantur, quia omne rationale est sensibile et non e converso. Non tamen unum est per se inferius et aliud per se superius, sicut nec anima intellectiva et anima sensitiva illo modo ordinantur, quia anima intellectiva non est anima sensitiva. »

2. Ord. d. 8, q. 6, OTh III, p. 257 : « non est contradictio quod aliquid esset compositum et rationale et tamen quod non esset sensibile. »

3. Ord. d. 8, q. 6, OTh III, p. 257 : « Nec tunc ordinarentur taliter differentiae illae nisi secundum commune cursum naturae et quod naturaliter non posset aliter esse, non tamen repugnaret divinae potentiae aliter facere. »

problématique épistémologique. Plus la chose est connue dans ses parties, mieux elle est connue.

Nous pouvons donc conclure que, de même que la définition nominale d'un terme révèle son «engagement ontologique», comme le dit C. Panaccio, de même, la définition réelle d'un terme spécifique révèle son «engagement ontologique» [1]. Ainsi, si l'on veut à tout prix chercher un «critère d'engagement ontologique» dans l'œuvre d'Ockham, on pourrait dire que ce critère est constitué par l'ensemble des propositions dans lesquelles une définition, réelle ou nominale, est adéquatement (c'est-à-dire de façon complète) prédiquée du terme qu'elle définit.

Au terme de cette étude, nous pouvons constater qu'Ockham est parvenu à donner une sémantique des termes de différence, d'espèce et de genre qui est tout à fait cohérente.

Conclusion

Dans la distinction 8 de l'*Ordinatio*, Ockham a pour but de répondre à Scot qui pense que, pour défendre la compatibilité entre la simplicité divine et la possibilité de l'existence d'un concept univoque commun à Dieu et aux créatures, il faut soutenir que nécessairement Dieu n'est pas dans un genre. Ockham pense que Scot est induit en erreur par une thèse philosophique qui étaye son réalisme de la nature commune, celle selon laquelle tout genre se divise en espèce et en différence essentielle. Cette thèse philosophique est, d'après Ockham, une opinion soutenue par tous, et même un préjugé qui est accepté communément sans aucun argument. Ainsi, après avoir montré l'incohérence du réalisme modéré de Scot dans la distinction 2 de l'*Ordinatio*, Ockham cherche, dans la distinction 8, la cause de l'erreur de son adversaire de prédilection.

Sur ce point, Ockham n'est pas de bonne foi : la thèse selon laquelle tout genre se divise en espèce et en différence, essentielle, privative ou accidentelle, a fait l'objet de nombreux débats depuis le XIIIe siècle. Nous pourrons rappeler ici qu'Aristote a proposé, au livre VII et au livre VIII de la *Métaphysique*, deux traitements difficilement compatibles de la définition réelle. La recherche d'une cohérence dans le texte aristotélicien a donné lieu, chez des auteurs comme Henri de Gand, à la distinction entre deux notions de genre, le genre logique et le genre naturel. Cette distinction a eu une importance majeure dans la mise en place de la doctrine scotiste de l'univocité entre Dieu et les créatures [2]. Ceci dit, la manière dont Ockham interprète les rapports entre genre, différence et définition est d'une originalité qu'il serait dommage de minimiser. Rappelons les étapes essentielles de son argumentaire pour étayer cette idée.

1. Voir C. Panaccio, *Ockham on Concepts*, *op. cit.*, p. 90.

2. À ce sujet, voir en particulier A. Tabarroni, « *Utrum Deus sit in praedicamento* : Ontological Simplicity and Categorical Inclusion », *op. cit.*, p. 276.

Ockham part d'une définition qu'il trouve chez Porphyre et qu'il attribue à Aristote. Un genre est un concept prédicable *in quid* d'un démonstratif désignant l'un quelconque de tous les individus qui entretiennent les uns envers les autres une relation de proportion selon la perfection. Ockham aboutit à une aporie parce qu'il ne parvient pas à définir de façon positive la relation ontologique de ressemblance entre individus co-génériques à laquelle il a recours dans cette définition. En effet, il ne parvient pas à analyser de façon non circulaire l'idée que des individus co-génériques ne sont ni totalement semblables ni totalement dissemblables.

Pour sortir de cette aporie, Ockham stipule qu'un genre est un prédicable qui, adjoint à une différence essentielle, forme une définition réelle prédicable adéquatement de son *definiendum*. Il lui reste à prouver la consistance de cette stipulation. Pour ce faire, il faut d'abord montrer qu'un genre n'est pas nécessairement ce qui se divise en espèce et en différence essentielle.

Une fois cette idée acquise, il reste à montrer la compatibilité entre l'idée qu'il n'existe que des individus et l'idée qu'une définition réelle est un concept composé qui désigne des individus co-spécifiques et rien d'autre, en l'occurrence ni nature commune ni différence essentielle formellement distincte de cette nature commune. Pour cela, il suffit de montrer qu'un concept générique et le concept de différence essentielle qui le divise en termes spécifiques condivis supposent pour la même chose. On peut le faire en s'appuyant sur une analyse de la sémantique des termes de différence essentielle et sur une analyse de la sémantique de la définition réelle.

On aboutit ainsi à l'idée qu'un terme concret de différence essentielle est un terme substantiel connotatif et non pas absolu. Certains intermédiaires sont bien sûr requis pour aboutir à cette idée. L'un des plus importants est l'hypothèse, de nature métaphysique, qu'il n'existe de composé que substantiel et que tout composé substantiel comprend comme parties essentielles une matière et au moins une forme substantielle.

Ce faisant, Ockham retrouve l'idée aristotélicienne communément admise selon laquelle seule une substance composée est définissable par une définition réelle. Cependant, la justification apportée à cette idée ne provient pas du texte aristotélicien mais d'une hypothèse tirée de la capacité représentative des concepts communs. Il en résulte que, si l'accident n'est pas définissable, ce n'est pas pour la raison qu'Aristote avançait, selon laquelle la définition d'un accident devrait comporter une référence à la substance qui en est le substrat. L'accident n'est pas définissable en raison de sa simplicité métaphysique.

Au terme de cette étude, nous sommes en mesure d'affirmer que la *pars construens* qui fait suite à la critique des réalismes des universaux ne se trouve pas dans la théorie ockhamiste de la signification en général, ou dans la théorie okhamiste de la connaissance en général, mais bien dans la sémantique des prédicables qu'Ockham expose et défend dans la distinction 8 de son *Ordinatio*.

En effet, dans la distinction 8 de l'*Ordinatio*, Ockham arrive à montrer contre Scot que l'univocité de l'étant vaut autant pour les différences utimes que pour les termes de genre et d'espèce. C'est toute la théorie du concept de Scot qui s'effondre. En montrant que les différences ultimes se prédiquent univoquement et *in quid* de l'étant [1], il étaye de façon constructive la thèse, centrale dans son nominalisme, selon laquelle les choses se distinguent les unes des autres par elles-mêmes.

Ockham ne donne, dans la distinction 8 de l'*Ordinatio*, pas de preuve que les définitions réelles dont il décrit la sémantique sont adéquatement prédicables des termes dont on stipule qu'ils sont un *definiendum*. Il ne fait que montrer la cohérence de l'interprétation qu'il propose des rapports sémantiques à établir entre les termes qui, traditionnellement, sont considérés comme formant un arbre de Porphyre. Le raisonnement d'Ockham est le suivant. Supposons qu'un locuteur idéal maîtrise mentalement l'usage d'un certain nombre de termes dont certains sont des termes génériques, d'autres des termes de différence essentielle. Alors ce locuteur est en mesure de former une prédication dans laquelle une définition réelle complète est prédiquée véridiquement d'un terme spécifique qui en est le défini.

Il se pourrait que cette situation idéale n'arrive jamais *de facto*. Par conséquent, il se pourrait que les définitions réelles dont il est question dans la distinction 8 de l'*Ordinatio* ne demeurent jamais que des définitions stipulatives. Pour qu'elles soient descriptives, il faudrait prouver qu'elles sont adéquates dans leur extension, c'est-à-dire qu'il n'en existe pas de contre-exemple *de facto*, mais aussi qu'elles sont adéquates dans leur intension, c'est-à-dire qu'il n'en existe pas de contre-exemple *de possibili*.

Il reste donc à déterminer la nature des propositions dans lesquelles une définition réelle est adéquatement prédiquée d'un défini. Il s'agit bien entendu d'énoncés d'identité. Ces énoncés sont-ils de nature analytique ou synthétique, si l'on entend par « analytique » une proposition qui est vraie en vertu de la seule signification de ses termes ? Nous allons voir à présent qu'Ockham a de quoi répondre à cette dernière question.

1. Ord. d. 2, q. 9, OTh II, p. 318-319 : « Ad primam quae probat quod ens non est univocum differentiis ultimis [...] dico igitur quod ita bene praedicatur de differentiis ultimis in quid et univoce ipsum ens sicut de quibuscumque aliis differentiis. [...] Sed ex hoc non sequitur quod erunt differentes aliis differentiis, sed se ipsis debent differre, quia sicut declarabitur octava distinctione, etiam aliae species non differunt aliis differentiis sed se ipsis. »

CHAPITRE III

ÉPISTÉMOLOGIE DE LA DÉFINITION RÉELLE

Quelles sont la nature et la fonction des énoncés d'identité du type « un homme est un animal rationnel » ? Pour Ockham, cette question est de nature épistémologique. Elle concerne la théorie de la science et, plus spécifiquement, le statut des premiers principes dans la théorie de la démonstration. Une définition réelle ne peut pas, d'après lui, figurer dans la conclusion d'un syllogisme démonstratif au sens propre, c'est-à-dire dans un syllogisme qui fait savoir.

C'est pourquoi Ockham formule la question de la nature et de la fonction des énoncés d'identité du type « un homme est un animal rationnel mortel » en ces termes : comment une proposition dans laquelle une définition réelle est prédiquée de son défini est-elle connue, si sa connaissance évidente ne dépend pas de celle de prémisses qui lui sont antérieures épistémologiquement ?

La réponse d'Ockham à cette question s'organise en deux temps. Il faut d'abord neutraliser les conséquences métaphysiques et épistémologiques de la manière dont Scot conçoit les propositions connues par soi. Pour Scot, une même proposition peut être connue par soi et ne pas l'être. Elle l'est si les termes de la proposition sont connus de façon distincte et si la connaissance des termes est la cause suffisante de la connaissance de la proposition. Elle ne l'est pas si ces mêmes termes sont connus de façon confuse. Pour que les termes soient connus de façon distincte, il faut qu'ils soient connus par leur définition réelle (*quid rei*). S'ils sont connus sans l'être par leur définition réelle, ils sont connus par leur définition nominale (*quid nominis*). D'après Ockham, Scot propose une définition incohérente de la proposition connue par soi, parce qu'elle est fondée sur une conception erronée des rapports entre la définition et son défini.

Il faut ensuite, d'après Ockham, neutraliser les conséquences métaphysiques de la réflexion conduite par ses contemporains sur l'idée aristotélicienne, restée à l'état d'ébauche, de démonstration la plus puissante. D'après cette idée, une démonstration, entendue au sens le plus propre du terme, contient comme moyen une définition qui est la cause pour laquelle la conclusion est une proposition nécessaire, connue avec évidence comme telle en vertu des prémisses dont elle serait une conséquence logique. Par exemple, d'après Thomas d'Aquin, la lune serait connue comme étant éclipsable de par sa nature du seul fait que sa définition réelle (comme corps opaque et mobile, etc.) serait une explication causale suffisante d'un fait constaté, celui de l'interposition du soleil entre la lune et la terre.

La critique principale d'Ockham consiste à dire que ce type d'interprétation des propos d'Aristote repose sur une erreur concernant les différents rapports à établir entre les propriétés (*passiones*) et leur sujet. En l'occurrence, les contemporains d'Ockham, Scot en tête, inventent des moyens entre le sujet et ses propriétés, de facon à pouvoir affirmer que l'on peut démontrer d'un triangle qu'il a trois angles ou d'une substance naturelle qu'elle est composée d'une seule ou de plusieurs forme(s) substantielle(s). Cela est impossible dans la plupart des cas car les propositions dont on cherche une explication causale n'en ont pas. Ce sont des vérités d'expérience.

La discussion aboutit à l'idée selon laquelle les propositions dans lesquelles une définition réelle est prédiquée de son défini sont des vérités analytiques contingentes connues *a posteriori*. Cette possibilité était inconcevable pour les prédécesseurs d'Ockham. La raison en est que cette possibilité est une conséquence directe de la théorie ockhamiste des premiers principes de la science.

Afin d'étayer cette interprétation, nous procéderons en trois parties. Une première partie sera consacrée à la conception ockhamiste de la proposition connue par soi. Nous verrons en particulier qu'Ockham estime qu'il existe une relation intrinsèque entre analycité et nécessité, mais non entre analycité et apriorité. Une deuxième partie sera consacrée à la construction du problème soulevé par la possibilité de connaître des énoncés d'identité dans lesquels une définition réelle est prédiquée de son défini. Nous nous interrogerons ainsi sur le statut des définitions réelles dans la théorie de la science. Dans une troisième partie, nous verrons pourquoi et comment Ockham en vient à penser que ce type d'énoncé d'identité est un type de proposition analytique qui a pour caractéristique d'être contingente et connue *a posteriori*.

PROPOSITIONS CONNUES PAR SOI ET ANALYCITÉ

La critique de la définition scotiste de la proposition connue par soi

Les enjeux

Ockham ouvre le *Prologue* de l'*Ordinatio* par une définition de la connaissance évidente qui est la suivante :

> [...] je dis que la connaissance évidente est la connaissance d'un complexe vrai, destiné à être causé de façon suffisante par la connaissance incomplexe des termes de façon immédiate ou médiate [1].

Une connaissance évidente est un assentiment de l'esprit à un contenu propositionnel donné, un « complexe » qui doit par définition être vrai. Cet assentiment présuppose la formation de la proposition par l'esprit.

La formation de la proposition par l'esprit est une condition nécessaire mais non suffisante de l'assentiment à la proposition. Dans la distinction 3 de l'*Ordinatio*, Ockham rappelle que la volonté est une condition nécessaire de l'assentiment évident à une proposition parce que c'est par un acte volontaire que l'intellect décide de former la proposition dont il appréhende les termes [2]. La précision permet d'éviter d'avoir à soutenir la thèse psychologiquement peu plausible selon laquelle un homme assentit systématiquement à la proposition qui peut être formée à partir des concepts qu'il a à l'esprit. Il y a donc une contrainte psychologique, qui se situe à un niveau pré-propositionnel, selon laquelle l'action de la volonté est nécessaire à la formation de la proposition. La volonté n'intervient plus au niveau propositionnel, lorsqu'il est question d'assentiment et non plus seulement de formation de la proposition [3].

Nous suivrons E. Perini-Santos, qui estime que l'intervention de la volonté dans la formation de la proposition peut être considérée comme une condition psychologique de l'assentiment, qui n'a pas à être prise en compte dans l'analyse de la structure épistémique de l'assentiment. Disons qu'il s'agit d'une pré-condition ou d'une condition *sine qua non* qui précède l'énoncé des conditions

1. Ord. Prol, q. 1, OTh I, p. 5 : « [...] dico quod notitia evidens est cognitio alicuius veri complexi, ex notitia terminorum incomplexa immediate vel medite nata sufficienter causari. »

2. Ord. d. 3, q. 4, OTh II, p. 438 : « [...] formatio propositionis non possit fieri nisi mediante voluntate ». Voir aussi Quaest. Var. V, OTh VIII, p. 170 : « [...] Quia posito actu voluntatis quo voluntas vult tale complexum formare et positis notitiis incomplexis terminorum illius complexi, necessario sequitur actus apprehendendi sive formandi illud complexum, sicut effectus sequitur necessario et naturaliter ad causam suam. »

3. Quest var V, art 1, OTh VIII, p. 185 : « Nec erit aliquo modo in potestate voluntatis impedire illum assensum, facta apprehensione illius complexi, non plus quam potest impedire assensum respectu propositionis per se notae, facta prius eius apprehensione. »

épistémiques nécessaires et suffisantes de l'assentiment. Ce sont ces conditions nécessaires et suffisantes qui nous intéressent à présent.

L'assentiment évident a pour condition nécessaire et suffisante d'être causé par certains événements mentaux en lesquels il s'analyse. Deux cas de figure se présentent. Soit l'assentiment évident à un contenu propositionnel est causé suffisamment (abstraction faite de la formation de la proposition) par un autre assentiment, ce qu'Ockham exprime lorsqu'il dit que l'assentiment est causé de façon médiate par l'appréhension des termes de la proposition. Dans ce cas, la connaissance évidente est la connaissance d'une proposition qui est la conclusion d'une démonstration. Savoir, en ce sens, c'est être contraint à assentir avec évidence à un contenu propositionnel du fait d'un raisonnement d'un certain type, un raisonnement démonstratif.

Soit l'assentiment à un contenu propositionnel n'est pas causé par l'assentiment évident à d'autres propositions, ce qu'Ockham exprime lorsqu'il dit que l'assentiment est causé de façon immédiate par l'appréhension des termes. Dans ce cas, savoir est connaître une proposition qui a été causée par la seule appréhension, à un niveau anté-propositionnel, des termes de la proposition dont le contenu est l'objet de l'assentiment (si la proposition est formée).

Comment entendre, dès lors, la condition nécessaire et suffisante de l'assentiment à ce type de proposition, en l'occurrence l'appréhension des termes qui composent la proposition ? La question est d'une très grande importance. En effet, l'expression « assentir à une proposition en vertu de la seule appréhension de ses termes » peut être rapprochée de la manière dont on conçoit ordinairement ce qu'est une proposition dite analytique. Si l'on suit J. Hintikka lorsqu'il se pose la question classique de savoir si les vérités logiques sont analytiques, on peut dire que l'analycité est une notion, certes, mal définie, mais qui peut être décrite de trois manières qui ont entre elles un air de famille [1].

Soit une proposition analytique est une proposition dont la vérité peut être prouvée par des procédures analytiques, c'est-à-dire comme étant une conséquence logique des axiomes et autres théorèmes d'un système formel. C'est l'acception de l'analycité à laquelle Frege recourt dans les *Fondements de l'arithmétique* pour mener à bien son programme logiciste [2]. Ce type de proposition est une vérité logique au sens où elle énonce de facon explicite ce qui est contenu de

1. J. Hintikka, « Are Logical Truths Analytic ? », *Knowledge and the Known. Historical Perspectives in Epistemology*, Dordrecht-Boston, Reidel, 1974, p. 135.

2. Frege, *Fondements de l'arithmétique*, introd. et trad. C. Imbert, Paris, Seuil, 1969, p. 127-128 : « La question [de savoir si les propositions de l'arithmétique sont *a priori ou a posteriori*, synthétiques ou analytiques] est [...] arrachée à la psychologie pour être reversée aux mathématiques [...]. Son objet est de trouver la preuve, et de la poursuivre régressivement jusqu'aux vérités premières. Si l'on ne rencontre sur ce chemin que des lois logiques générales et des définitions, on a une vérité analytique – étant entendu qu'on inclut dans ce compte les propositions qui assurent le bon usage d'une définition. En revanche, s'il n'est pas possible de produire une preuve sans utiliser des propositions qui ne sont pas de logique générale, mais concernent un domaine particulier, la proposition est synthétique. »

façon implicite dans d'autres vérités logiques, ce que l'on manifeste en substituant des synonymes à certains termes.

Soit une proposition analytique est une vérité tautologique, c'est-à-dire une proposition sans contenu informationnel. D'après le *Tractatus* de Wittgenstein, on peut dire que les tautologies sont des propositions qui épuisent l'espace logique. Ces propositions admettent toutes les possibilités relatives au domaine de discours [1].

Soit une proposition analytique est une vérité dite conceptuelle, une vérité qui est vraie en vertu de la seule signification des termes. Cette dernière définition de l'analycité est la plus courante depuis la critique qu'en a donné Quine dans *Deux dogmes de l'empirisme* [2].

La troisième définition de l'analycité, la plus classique, se rapproche de la manière dont Ockham définit la connaissance évidente des propositions immédiates, puisque les propositions immédiates sont celles qui sont connues aussitôt que les termes sont connus, à supposer que la proposition ait été formée.

Il est communément admis que, depuis Kant au moins, ces définitions logiques ou sémantiques de l'analycité sont mises en place pour garantir la possibilité que les propositions analytiques soient connues *a priori*, c'est-à-dire indépendamment de l'expérience [3]. Pour Kant, l'analycité implique *de facto* l'apriorité, « apriorité » étant ici à entendre *grosso modo* au sens où une proposition analytique n'apporterait aucun contenu informationnel à un intellect idéal.

Or les définitions que Thomas d'Aquin et Duns Scot proposent de la proposition connue par soi montrent qu'un lien est fait, dans leur esprit, entre la proposition par soi sur le premier mode et l'apriorité. Pour Thomas, une seule condition est requise pour qu'une proposition soit connue par soi, du moins au sens fort, à savoir que le prédicat soit de la raison du sujet [4]. Pour Duns Scot, lorsqu'une proposition est par soi sur le premier mode, elle est vraie avec évidence à partir

1. L. Wittgenstein, *Tractatus Logico-Philosophicus*, trad. fr. G.-G. Granger, Paris, Gallimard, 1993, proposition 6.1, p. 96 et proposition 4.46, p. 68.

2. W. O. Quine, «Two Dogmas of Empiricism», in *From a Logical Point of View*, *op. cit.*, p. 20-46 ; *Du point de vue logique*, trad. citée, p. 49-83.

3. À ce sujet, voir notamment J. Cory and E. Loomis (éd.), *Analyticity*, chapter 5 (« Analyticity and Epistemology »), London-New York, Routledge, 2009, p. 174-211.

4. Thomas d'Aquin, *Quaestiones disputatae de veritate*, q. 10, a. 12, resp. F, *Opera omnia*, t. XXII, vol. 2, Rome, 1972, p. 340 : « Ad hoc [...] quod aliquid sit per se notum secundum se, nihil aliud requiritur nisi ut praedicatum sit de ratione subjecti. » Pour une étude de la proposition *per se nota* chez Thomas d'Aquin, voir L. Tuninetti, *Per se notum. Die logische Beschaffenheit des Selbstverstandlichen im Denken des Thomas von Aquin*, Leiden, Brill, 1996, notamment chap. I, p. 11-27. Un lien entre la proposition connue par soi et l'apriorité au sens kantien a été fait par les spécialistes de Thomas d'Aquin. Pour un article récent qui discute les différentes interprétations proposées de ce lien, voir J. Archambault, « Aquinas, the *a priori-a posteriori* distinction, and the Kantian Dependency Thesis », *Religious Studies* 50, 2013, p. 175-192.

des termes eux-mêmes. Nous retrouvons ici la définition ockhamiste de la proposition évidente.

Scot estime que c'est parce qu'une proposition connue par soi est une proposition par soi sur le premier mode, dans laquelle le prédicat est inclus dans le sujet, qu'elle est une vérité évidente et qu'elle est « très immédiate » ou « la plus immédiate des propositions immédiates » [1]. Le critère du « par soi au premier mode » peut donc, en première analyse, fonder d'un point de vue épistémique la notion de proposition connue par soi, qui est connue *a priori* au sens kantien où elle n'apporte aucun contenu informationnel à un intellect idéal, en l'occurrence l'intellect divin [2].

Or il est bien connu qu'Ockham met en place sa définition de la connaissance évidente pour garantir la possibilité que des vérités contingentes, factuelles, portant sur l'état du monde indépendamment de la manière dont l'esprit le conçoit, soient connues. Comme Scot avant lui, Ockham s'appuie sur une forme de fiabilisme, un fiabilisme causal, pour garantir la possibilité de connaître naturellement des propositions empiriques [3]. Dans tous les cas, il est question de la nature de la justification requise pour affirmer que les propositions indémontrables sont connues.

Dans ces conditions, si la définition couramment employée de la proposition analytique comme proposition vraie en vertu de la seule signification des termes peut être rapprochée de la définition que donne Ockham de la proposition évidente, mais aussi de la définition que donne Scot de la proposition connue par soi, comment expliquer qu'Ockham ne fasse pas de lien, dans sa définition de l'assentiment évident, entre proposition évidente et apriorité ?

Afin de savoir ce qu'il en est d'après Ockham, on pourra commencer par noter qu'il met en place sa définition de la proposition connue par soi en réponse à celle que Scot avait proposée. D'après Scot, une proposition est connue par soi si l'assentiment que l'esprit lui donne est causé par la seule connaissance distincte

1. Ord. d. 3, q. 4, OTh II, p. 433 : « [...] propositio illa est per se nota quae coniungit ista extrema, esse et essentiam ut est haec, sive Deum et esse sibi proprium, quo modo Deus videt illam essentiam et esse sub propriissima ratione qua est in Deo hoc esse [...] quia propositio ista ex propriis terminis habet evidentem veritatem, in tantum quod ista propositio non est per se secundo modo, ita quod praedicatum sit extra rationem subiecti, sed est prima et immediate et ex terminis evidens, quia est immediatissima ad quam resolvuntur omnes enuntiantes aliquid de Deo qualitercumque accepto. » Ockham cite Scot, Ord. I, d. 3, p. 1, qq. 1-2, n. 80-82, éd. Vat., III, p. 56.

2. Kant donne plusieurs définitions de la proposition analytique. La plus simple – qui est aussi la plus célèbre – consiste à dire qu'une proposition analytique est une proposition dont le prédicat est inclus dans le sujet. Voir *Critique de la raison pure*, AK III, 32/IV, 19 [éd. 1781].

3. E. Perini-Santos, *La théorie ockhamienne de la connaissance évidente*, Paris, Vrin, 2006, p. 93. M. McCord Adams avait déjà qualifié la théorie ockhamiste de la connaissance de « reliabilism » (*William Ockham*, *op. cit.*, vol. 1, p. 544). Voir aussi C. Panaccio et D. Piché, « Ockham's Reliabilism and the Intuition of Non-Existents », *in* H. Lagerlund (dir.), *Rethinking the History of Skepticism. The Missing Medieval Background*, Leiden, Brill, 2010, p. 97-118. Pour une definition du fiabilisme, voir p. 53, n. 1.

des termes de la proposition. Pour comprendre la portée de la critique ockhamiste, il faut revenir sur ce qu'Ockham reproche à Scot lorsque celui-ci énonce sa définition des propositions connues par soi. Commençons par présenter la doctrine scotiste.

La conception scotiste de la proposition connue par soi

Nous avons vu que, dans la distinction 8 de son *Ordinatio*, Scot se demandait si un concept générique était attribuable à Dieu, sous couvert de l'hypothèse qu'il existe un concept univoque à Dieu et aux créatures. Dans la distinction 3 de son *Ordinatio*, Scot se demande, en amont, comment justifier la possibilité qu'il existe un concept univoque à Dieu et aux créatures.

D'après Ockham, la justification que Scot apporte se formule sous la forme d'un argument d'indispensabilité. Si le concept d'étant n'était pas univoque à Dieu et aux créatures, alors il ne serait pas possible d'avoir une connaissance naturelle de Dieu ici-bas, étant donné la structure de nos concepts et leur rapport aux produits de l'imagination consécutifs à la sensation [1].

Scot avance un autre argument dans la *Lectura* [2]. Ockham ne le mentionne pas dans la distinction 3 de l'*Ordinatio*, mais il le reprend à son compte dans la *Reportatio* lorsqu'il traite à nouveau de l'univocité [3]. D'après Scot, si l'étant ne pouvait être conçu par un concept univoque commun à Dieu et à la créature, aucun concept d'une substance ou de la substance ne serait possible à l'homme après la Chute [4].

D'après Scot, il n'est ni nécessaire ni suffisant de postuler, comme Henri de Gand, que Dieu est l'objet adéquat de notre intellect pour réfuter la position sceptique selon laquelle, en raison de la mutabilité des étants naturels, ces étants ne sont pas connaissables sans l'aide de Dieu. Pour contrer ce scepticisme modéré, portant sur les vérités empiriques contingentes, il suffit de montrer que ces vérités empiriques sont intelligibles [5]. Pour ce faire, il suffit de montrer que

1. Ord. d. 2, q. 9, OTh II, p. 294. Ockham cite Scot, Ord. I, d. 3, p. 1, q. 3, n. 131, éd. Vat. III, p. 81. À ce sujet, on renverra en particulier à J. Pelletier, *William Ockham on Metaphysics. The Science of Metaphysics and God*, Leiden, Brill, 2012, p. 149-201.

2. Jean Duns Scot, Lectura, I, d. 3, p. 1, q. 1-2, m. 110, éd. Vat. XVI, p. 265.

3. Jean Duns Scot, Rep. III, q. 10, OTh VI, p. 340-341 : « Pro univocatione nescio nisi tantum unam rationem in cuius virtute omnes aliae rationes tenent. Et est ista : omnes concedunt quod aliquam notitiam incomplexam habemus de Deo pro statu isto et etiam de substantia creata materiali et immateriali ; [...] Igitur oportet necessario ponere quod intelligendo Deum pro statu isto cognoscam eum in conceptu communi sibi et aliis, ita quod illud quod terminat actum intelligendi est aliquid unum sine multitudine, et illud est commune ad multa. »

4. Jean Duns Scot, Lectura, I, d. 3, p. 1, q. 1-2, n. 110, éd. Vat. XVI, p. 265 : « Si ergo ens non haberet unum conceptum, nullum conceptum – nec in communi nec in particulari – haberemus de substantia. »

5. Jean Duns Scot, Ord. d. 3, p. 1, q. 4, n. 224-225, éd. Vat. III, p. 138-148.

l'étant peut être l'objet adéquat de l'intellect [1] et que les substances matérielles peuvent être l'objet moteur de l'intellect, soit sous la raison d'espèce spécialissime, soit sous la raison de singularité [2]. Cela revient à dire qu'au contact de la réalité physique, l'esprit est mû par une substance singulière ou par ses qualités sensibles à former des concepts fiables à son sujet. Ces concepts sont analysables dans le concept d'étant et dans des déterminations de ce concept, le concept d'étant représentant un concept absolument simple qui, par conséquent, ne peut être connu de façon confuse [3]. L'ordre de la connaissance va alors du plus confus au plus distinct, plutôt que du moins universel au plus universel, comme c'était le cas d'après Thomas d'Aquin [4].

Il suffit ensuite, d'après Scot, de montrer que la proposition « Deus est », à comprendre comme un énoncé d'identité nécessaire, peut être, en un sens bien précis, une proposition connue par soi, c'est-à-dire une proposition qui est connue du seul fait que la signification distincte des termes de la proposition est connue [5]. Ainsi, pour garantir la possibilité de connaître certaines vérités contingentes, il faut qu'une certaine théologie naturelle soit possible, du moins de droit, à l'homme après la Chute.

À ce moment de son analyse, Scot précise que connaître confusément quelque chose revient à le connaître par son *quid nominis,* alors que le connaître distinctement revient à le connaître par son *quid rei* [6]. Ce faisant, Scot clarifie la portée de la thèse que Thomas d'Aquin reprend à Aristote, thèse selon laquelle l'objet adéquat de l'intellect est la quiddité d'une substance naturelle [7]. La quiddité d'une substance naturelle peut être connue par son *quid rei* ou par son *quid nominis*. Connaître une quiddité par son *quid nominis*, par exemple la quiddité d'un homme, c'est posséder une connaissance confuse du défini, « homme ».

1. Ord. d. 3, q. 8, OTh II, p. 529 : « [...] primum obiectum intellectus nostri est ens, quia in ipso concurrit duplex primitas, scilicet communitatis et virtutis. » Ockham cite Scot, Ord. I, d. 3, p. 1, q. 3, n. 137, éd. Vat. III, p. 85.

2. Ord. d. 3, q. 5, OTh II, p. 444 : « Et quoad hoc dicitur quod primum actualiter cognitum confuse est species specialissima cuius singulare efficacius et fortes primo movet sensum, et hoc supposito quod singulare non possit sub propria ratione intelligi ». Ockham cite Scot, Ord. I, d. 3, p. 1, qq. 1-2, n. 80-82, éd. Vat., III, p. 56.

3. Jean Duns Scot, Ord I, d. 3, p. 1, q. 1-2, n. 72, éd. Vat. III, p. 49.

4. Ord. d. 3, q. 5, OTh II, p. 446 : « Dicunt [Scotus] etiam quod totus ordo confuse concipiendi praecedit totum ordinem distincte concipiendi, quod probatur ex auctoritate praedicta Avicennae de ordine metaphysicae ad alias scientias speciales. »

5. Ord. d. 3, q. 4, OTh II, p. 433 : « [...] ista "Deus est" sive "essentia est" est per se nota, quia ista extrema nata sunt facere evidentiam de ista propositione cuilibet apprehendenti perfecte extrema istius complexionis, quia esse nulli perfectius convenit quam huic essentiae. »

6. Ord. d. 3, q. 5, OTh II, p. 443-444. Ockham cite Scot, Ord I, d. 3, p. 1, q. 1-2, n. 16, éd. Vat. III, p. 8.

7. Thomas d'Aquin, ST I, q. 16, art. 2, objection 1 : « [...] quidditas rei est proprium objectum intellectus [...] ».

Connaître une quiddité par son *quid rei*, c'est posséder une connaissance distincte de ce même défini, en l'occurrence « animal rationnel mortel ».

Pour Scot, ces deux concepts, le concept du défini et le concept de la définition, sont distincts réellement, du simple fait que l'un est acquis avant l'autre [1]. Cette précision est avancée contre Thomas d'Aquin, pour qui le processus d'attribution d'un nom à une quiddité est infaillible [2]. Mais l'essentiel est ailleurs. Thomas pense que la proposition « Deus est » est connue par soi dans tous les cas et il recourt à la distinction aristotélicienne entre « connu pour nous (*quoad nos*) » et « connu en soi (*secundum se*) » pour expliquer que l'existence de Dieu n'apparaît pas nécessairement en pleine lumière à l'intellect d'un homme ici-bas [3]. Par contre, Scot préfère recourir à la distinction entre connaître confusément et connaître distinctement, distinction qui étaye son idée centrale selon laquelle on peut signifier distinctement ce que l'on ne connaît que confusément.

La précision faite par Scot à cet endroit de son analyse va faire l'objet d'une attaque serrée de la part d'Ockham, qui estime que Scot accumule les erreurs de catégorie pour arriver à sauver l'idée que le singulier (ou l'espèce spécialissime) puisse être intelligible, bien qu'il ne le soit pas de façon distincte.

Pour mieux cerner la portée de la critique d'Ockham, il faut se pencher sur la définition que Scot propose des propositions dites « connues par soi ». Scot propose cette définition à l'occasion de son examen, notoirement difficile dans la tradition scotiste, des modalités de la connaissance de la proposition « Deus est » [4]. Scot estime que cette proposition n'est pas connue par soi pour l'homme ici-bas, mais qu'elle l'est de droit. La raison en est que Dieu n'est pas saisi par l'homme ici-bas dans un concept de facon distincte mais seulement de façon confuse. Or :

> Une proposition n'est pas connue par soi si elle porte sur une quiddité comprise de facon confuse, laquelle proposition n'est connue par soi que si cette quiddité est conçue de facon distincte par la définition [5].

D'après Ockham, Scot estime qu'un même contenu propositionnel peut être connu de deux manières, de facon confuse ou de facon distincte. Prenons la

1. Scot, Ord. I, d. 2, p. 2, q. 1-2, n. 21, éd. Vat. II, p. 135 : « [...] definitum prius notum est quam definitio, eo quod confusum et confuse sunt prius nota, I Physicorum : unde nomen definite importat rem intelligibilem modo confuse et conceptu confuse, sed per definitionem importatur conceptus discretus circa eandem rem ».

2. À ce sujet, voir N. Kretzmann, « Infaillibility, Error and Ignorance », art. cit., p. 159-194.

3. Thomas d'Aquin, ST I, q. 2, art. 1, co.

4. À ce sujet, on renverra à E. P. Bos, « A Scotistic Discussion of *Deus est* as a *Propositio per se nota* », *Vivarium* 23, 1995, p. 197-234 et à C. Bolyard, « Knowing *Naturaliter* : Auriol's Propositional Foundations », *Vivarium* 38, 2000, p. 162-176.

5. Ord. d 3, q. 4, OTh II, p. 433 : « [...] propositio non est per se nota de quidditate confuse accepta, quae non est nota nisi eadem per definitionem distincte concipiatur. » Ockham cite Scot, Ord. I, d. 2, p. 1, qq. 1-2, n. 16, éd. Vat. II, p. 132.

proposition « un tout est plus grand que sa partie ». Si les termes « tout » et « partie » sont connus par un intellect de facon confuse, alors la proposition n'est pas connue par soi. Supposons que ces termes soient connus de facon distincte. Alors la proposition est connue par soi par un intellect qui la forme, en vertu de la définition de la proposition connue par soi, qui est la suivante :

> La première raison d'une proposition connue par soi n'exclut pas la raison de ses termes, mais exclut la connaissance d'une autre vérité complexe dans la raison de la cause, de sorte que les seuls termes de cette proposition suffisent à la connaissance évidente de cette proposition [1].

Pour qu'une proposition soit connue par soi, il faut que sa connaissance ne soit pas causée par la connaissance d'une autre proposition. Il suffit que sa connaissance soit causée par la seule connaissance des termes de la proposition. Il faut cependant préciser que les termes sont, dans ce cas, connus distinctement et non confusément.

La définition scotiste est bancale du fait qu'elle suppose que des termes différents peuvent former une même proposition. En effet, la proposition « un tout est plus grand que sa partie » peut être composée de termes différents si l'on se place au niveau du langage mental. En un sens, la proposition équivaut à « ce qui est composé de parties est plus grand que sa partie ». En un autre sens, la proposition équivaut à « ce qui est nommé "tout" est plus grand que sa partie ».

La difficulté provient de ce que Scot propose un critère de nature sémantique de la proposition connue par soi, puisque la notion de signification est au centre de la définition qu'il en donne. Il limite, cependant, la portée de ce critère par une clause de nature épistémique, selon laquelle il est nécessaire que les termes soient connus distinctement et non pas seulement de façon confuse. Ockham ne manque pas de corriger Scot sur ce point.

La critique ockhamiste

Avant de critiquer la conception scotiste de la proposition connue par soi, Ockham reconnaît qu'il y a beaucoup de bonnes choses dans les propos de son prédécesseur [2]. Ce jugement de valeur positif trouve vraisemblablement une justification dans le fait que Scot a procédé à une clarification dans un débat qu'Ockham perçoit comme plutôt confus sur la question des modalités de la connaissance des premiers principes de la science.

Par exemple, la question de l'induction des premiers principes chez Thomas d'Aquin est particulièrement complexe. Thomas ne distingue pas la notion de

1. Ord. d. 3, q. 4, OTh II, p. 432 : « [...] prima ratio propositionis per se notae non excludit rationem terminorum, sed excludit notitiam alterius veritatis complexae in ratione causae, ita quod soli termini illius propositionis sufficient ad notitiam evidentem illius propositionis. »

2. Ord. d. 3, q. 4, OTh II, p. 435 : « [...] in ista positione sint multa bene dicta, si bene intelligatur ».

prédication essentielle, de nature sémantique et métaphysique, de celle de proposition connue par soi, qui a pour fonction première de justifier la possession de croyances d'un certain type, celles dont la possession ne peut pas être justifiée par la possession d'autres croyances. Du point de vue de Scot, Thomas greffe sur cette confusion initiale une autre confusion, celle entre propositions connues par soi de droit (ou en soi) et de fait (ou pour nous). En conséquence, ses propos le conduisent à se demander si les premiers principes, acquis par induction, le sont par intuition ou par raisonnement ou bien même par les deux à la fois [1].

Ainsi, Ockham estime que, grâce à Scot, les termes du débat sont clairement posés. Il n'y a pas nécessairement de recoupement à établir entre les différents sens de l'expression «par soi» qu'Aristote expose au début des *Seconds Analytiques*, et la notion de «proposition connue par soi» ou même celle de «proposition démontrable». Le débat porte sur la justification à apporter aux propositions qui ne doivent pas pouvoir faire fonction de conclusion dans une démonstration. La question est la suivante : s'il doit exister des propositions dont la connaissance ne peut pas être justifiée en faisant appel à la connaissance d'autres propositions, comment ces propositions sont-elles connues de façon justifiée ?

Ceci dit, il reste, d'après Ockham, un certain nombre de confusions dans les propos de Scot qu'il faut corriger pour que l'on puisse prendre position dans le débat. Il est indéniable que le concept de Dieu que possède l'homme ici-bas, aussi sémantiquement déterminé soit-il pour qu'il ne puisse désigner rien d'autre que Dieu, est confus [2]. En comparaison, le concept de Dieu acquis par connaissance intuitive de Dieu est distinct. D'après Ockham, Scot a raison de dire que la proposition parlée « Deus est » n'est pas nécessairement une proposition connue par soi.

Scot semble dire que la même proposition peut avoir des termes différents, ce qui est absurde. Il faut donc préciser qu'il peut exister deux propositions mentales distinctes qui correspondent à la même proposition parlée «Deus est». La première comprend comme terme l'essence divine elle-même ou l'acte mental par lequel cette essence est appréhendée par intuition intellectuelle. La seconde comprend comme terme le concept composé propre que l'homme ici-bas peut former pour parler de Dieu [3]. Une fois cette précision donnée, on peut suivre Scot

1. À ce sujet, voir R. Schmidt, *The Domain of Logic According to Saint Thomas Aquinas*, The Haghe, Nijhoff, 1966, p. 270-294, notamment p. 29.

2. Ord. d. 22, q. un., OTh IV, p. 55 : « Ideo dico aliter ad istud articulum quod viator potest imponere nomen ad distincte significandun Deum vel divinam essentiam. Hoc patet quia quicumque potest vere intelligere aliquid esse distinctum ab alio, potest instituere nomen ad illud distincte significandum. Sed viator potest vere intelligere et scire Deum esse distinctum ab omni alio, igitur etc. » Ockham reprend Scot, Ord. d. 22, q. un., n. 5-6, éd. Vat. V, p. 343.

3. Ord. d.3, q. 4, OTh II, p. 440 : « Et secundum hoc dico quod alii termini sunt in ista propositione "Deus est" quam nos habemus modo de facto, et alii termini sunt in illa propositione quam videns essentiam divinam potest formare, praedicando illud esse quod est divina essentia de ipsamet divina essentia ».

qui pense que seule la première proposition est une proposition connue par soi. Il faut donc bien garder en mémoire qu'il est impossible psychologiquement et épistémologiquement que la même proposition soit connue par soi et ne soit pas connue par soi [1].

Avant d'amender la définition que Scot donne de la proposition connue par soi, il reste à rectifier deux autres aspects de la réponse que Scot apporte à la question de savoir si la proposition « Deus est » est connue par soi. Il peut s'agir de simples imprécisions ou d'erreurs philosophiques. Premièrement, Scot, d'après Ockham, semble dire que, lorsqu'un esprit forme la proposition « Deus est », il prédique une propriété, l'existence, de son sujet, Dieu, de telle sorte que la propriété d'exister se distingue d'une quelconque façon de Dieu. Cependant, cent thalers possibles ne seront jamais les cent thalers réels qui sont dans ma poche. Il est possible que Scot n'ait pas fait pareille erreur ; dans le doute, il faut bien préciser qu'en aucun cas il ne faut distinguer Dieu de sa propriété d'exister [2].

Deuxièmement, Scot n'est pas cohérent avec lui-même lorsqu'il affirme que la proposition « Deus est » qui est concue par l'homme ici-bas est démontrable, affirmation dont il se sert pour étayer l'idée que cette proposition n'est pas connue par soi. Reprenons l'argument de Duns Scot. Certains attributs, comme la sagesse ou la bonté, peuvent être démontrés de Dieu dans une démonstration « propter quid » par l'intermédiaire de la proposition « Deus est » comme moyen. Donc, la proposition dans laquelle on énonce de Dieu qu'il existe n'est pas connue par soi et elle est, par conséquent, démontrable dans une démonstration « *propter quid* ».

D'après Ockham, Scot a fait une erreur dans son raisonnement. Si la propriété d'existence convient à tout attribut divin, c'est effectivement parce que cette propriété convient premièrement à son sujet, le terme « Dieu ». Mais la relation à poser entre la propriété d'existence et les autres attributs divins est une relation de plus commun à moins commun, du moins une relation qui préserve la transitivité de la prédication, à défaut d'être une relation de synonymie. Cela n'implique pas que le terme plus commun, « être », puisse servir de moyen pour prouver un terme moins commun, « bon », du sujet premier « Dieu » [3]. Il faut comprendre, au contraire, que les deux propositions « Dieu est » et « Dieu est bon » sont tout

1. Ord. d.3, q. 4, OTh II, p. 440 : « Secundum hoc dico quod illa propositio quam de facto habemus non est per se nota, sed propositio utraque quam format beatus, sive praedicando esse quod est Deus de divina essentia sive illud quod nos praedicamus, est per se nota. »

2. Ord. d. 3, a. 4, OTh II, p. 437 : « Si sic intelligat et accipiat aliquod esse proprium Deo quod prius competit Deo quam aliquod aliud praedicamentum, inter quae tamen est aliqua distinctio, hoc non est verum, quia si non est aliqua distinctio inter divinam essentiam et bonitatem illam vel sapientiam illam quae est realiter divina essentia, multo magis vel aeque non est aliqua distinctio inter essentiam divinam et esse quod est realiter ipsa divina essentia. »

3. Ord. d. 3, q. 4, OTh II, p. 437-438 :« [...] accipit maiorem falsam, scilicet quod "quidquid primo et immediate convenit alicui, de quolibet quod est in eo et contentum sub eo potest demonstrari propter quid per illud cui primo convenit tamquam per medium". »

autant connues par soi l'une que l'autre, donc toutes deux sont indémontrables [1]. La position de Scot revient à dire que l'on peut prouver la proposition « tout continu est plus grand que sa partie » par l'intermédiaire de la proposition analytique « tout tout est plus grand que sa partie », ce qui est bien entendu impossible [2]. Tout prédicat connu par soi de son sujet l'est de n'importe quel terme inclus dans le sujet [3]. Qu'il y ait des rapports sémantiques d'inclusion qui soient exprimables en termes de conséquence formelle n'implique en rien que l'une se démontre par l'intermédiaire de l'autre [4].

Ces rectifications n'atteignent en rien le cœur de la position scotiste qui, comme nous l'avons vu, fait l'objet d'une appréciation positive de la part d'Ockham. Ockham est d'accord avec Scot sur le fond, à ceci près que la condition d'une connaissance distincte et non pas confuse n'a pas à être mentionnée. Il peut arriver que les termes d'une proposition connue par soi soient connus de façon distincte et non pas confuse, c'est-à-dire de telle façon que tout ce qui est intrinsèque à la chose pour laquelle les termes supposent soit connu.

Il n'en reste pas moins que, de droit, des choses simples peuvent être les référents des termes de proposition connue par soi. Or, dans ce cas, il n'est ni nécessaire ni même correct de parler de connaissance distincte des termes. En effet, si une chose est simple, elle est soit totalement connue, soit totalement ignorée [5]. Elle ne peut pas être connue de façon plus ou moins distincte. La clause proposée par Duns Scot n'étant pas universellement valide, il faut y renoncer.

Ockham n'en reste pas à cet argument qui s'appuie sur sa propre théorie du concept et que Scot pourrait ne pas accepter. Il s'attaque à la cohérence interne de la définition scotiste de la proposition connue par soi. Pour Scot, le concept de *quid nominis* d'une chose est au concept distinct de cette chose ce que le défini est à la définition. C'est pourquoi Scot, d'après Ockham, affirme que l'on peut connaître par soi quelque chose de la définition que l'on ne connaît pas du défini [6].

1. Ord. d. 3, q. 4, OTh II, p. 438 : « Cuius ratio est, quia nulla propositio per se nota est demonstrabilis, nec a priori nec a posteriori, etiam secundum eum, quia ex hoc quod quaelibet talis propositio est demonstrabilis probat quod non est per se nota. »

2. Ord. d. 3, q. 4, OTh II, p. 438 : « [...] sicut enim haec est nota ex terminis, secundum eum, "omne totum est maius sua parte", ita haec est nota ex terminis "omne continuum est maius sua parte". »

3. Ord. d. 3, q. 4, OTh II, p. 438 : « [...] et universaliter, vel frequenter, quando aliquod praedicatum est per se notum de suo primo subiecto, est per se notum de quolibet contento in se cognito. »

4. Ord. d. 3, q. 4, OTh II, p. 438 : « Sed nunc est ita quod aliquando sicut propositio in qua praedictur aliquod praedicatum de subiecto cui primo convenit est nota ex terminis ita propositio in qua praedicatur idem praedicatum de contento sub illo communi est nota ex terminis ; sicut enim haec est nota ex terminis. »

5. Ord. d. 3, q. 4, OTh II, p. 459 : « Minor probatur, quia simpliciter simplex in re aut totaliter cognoscitur, aut totaliter ignoratur. »

6. Ord. d. 3, q. 4, OTh II, p. 435 : « Primum [dubium] est quia videtur dicere quod aliquid est per se notum de definitione, quod tamen non est per se notum de definito, quod non est verum. »

Il en résulte que la proposition « toute figure plane composée par deux intersections de deux droites a trois angles » est une proposition connue par soi, alors que la proposition « tout triangle a trois angles » ne l'est pas [1]. En effet, « figure plane, etc. » est la définition de « triangle », et, à suivre Scot, seule une définition peut faire l'objet d'une connaissance distincte. Or nos intuitions nous poussent à dire que ces propositions sont épistémiquement équivalentes ou bien, si elles ne le sont pas, que la proposition « tout triangle a trois angles » a plus de chance d'être connue par soi que la proposition « toute figure plane, etc., a trois angles ». Scot défend une thèse contre-intuitive.

D'après Ockham, cette thèse ne devrait même pas être défendue par Scot lui-même. Il n'est pas vrai, selon les principes de Scot, qu'un concept composé comme une définition réelle puisse être un terme dans une proposition connue par soi, alors que le défini ne l'est pas. En effet, Scot estime que l'union des parties de la définition réelle ne peut pas être connue par soi [2]. La raison en est que cette union n'est connue que par expérience : on peut connaître tous les termes qui composent une définition sans connaître que ces termes s'ordonnent de façon à composer une définition. Cette union est contingente, parce que les parties de l'essence exprimée par la définition sont unies de façon contingente. Telle forme et telle matière, si elles s'unissent, forment nécessairement une essence donnée. Mais il n'est pas nécessaire que cette forme et cette matière s'unissent [3]. Par conséquent, on ne voit pas comment une proposition dans laquelle une définition serait prédiquée pourrait être connue par soi.

Il ne sert à rien de dire, comme Scot semble le faire, que cette union, aussi contingente soit-elle, est potentiellement nécessaire. Cette potentialité ne rendra pas davantage analytique la proposition dans laquelle une définition réelle est un terme [4]. La distinction faite par Scot entre connaissance par le *quid rei* et connaissance par le *quid nominis* n'est pas cohérente.

Dans une question ultérieure de la distinction 3 de l'*Ordinatio*, Ockham avance un autre argument contre l'idée que connaître distinctement revient à disposer d'un concept de *quid rei* et non pas seulement d'un concept de *quid*

1. Ord. d. 3, q. 4, OTh II, p. 435 : « [...] non est possibile quod haec sit per se nota "omnis figura plana etc habet tres angulos" etc, et tamen quod haec non sit per se nota "omne animal rationale est risibile", et non haec "omnis homo est risibilis". »

2. Ord. d. 3, q. 4, OTh II, p. 435 : « Cuius ratio est, quia sicut ipse accipit, numquam praedicatum est per se notum de aliquo subiecto composito nisi sit per se notum partes suas uniri, sed de nulla definitione potest esse per se notum partes illas uniri, igitur nulla talis potest esse per se nota. »

3. Ord. d. 3, q. 4, OTh II, p. 436 : « Si autem sit definitio proprie dicta, oportet quod detur per partes exprimentes partes realiter distinctas definiti, sicut in distinctione octava patebit, sed tales partes possunt cognosci, quamvis non sit per se notum illas uniri. Praeterea, quaelibet talis unio est contingens, igitur nulla est per se nota. »

4. Ord. d. 3, q. 4, OTh II, p. 436 : « Similiter, posito quod non deberet exprimi unio actualis, adhuc videtur quod non sit per se nota talis unio, quia quando aliqua unio actualis est contingens non videtur quin aliquis possit dubitare de unione etiam potentiali ».

nominis. On peut connaître distinctement une chose composée sans disposer de sa définition réelle. La raison en est que la définition réelle contient comme partie un concept générique et qu'il n'est pas nécessaire d'en disposer pour connaître distinctement une chose composée. Pour connaître une chose composée distinctement, il suffit de connaître tout ce qui lui est intrinsèque, et ceci peut être antérieur à toute connaissance définitionnelle de la chose, puisque l'on peut ignorer à quel genre elle appartient [1].

Il ne faudrait pas en conclure que les définitions réelles sont épistémiquement inutiles [2]. Elles peuvent aider à augmenter l'information dont on dispose au sujet d'une chose, par exemple lorsqu'un scientifique s'appuie sur une définition réelle pour en déduire que telle chose définie de telle manière doit être composée de parties de telle raison [3].

Scot n'est donc pas cohérent avec lui-même quand il affirme qu'une définition peut faire partie d'une proposition connue par soi, alors que son défini ne le peut pas. Scot a fait, d'après Ockham, une grave erreur en philosophie de la logique. Si l'on accepte de reconnaître que certaines propositions sont connues par soi, c'est pour garantir, comme Frege avec la proposition analytique, la substitution *salva veritate* de certains termes dans des propositions afin de mener à bien des démonstrations. En effet, si les propositions analytiques sont en nombre très limité, il vaut mieux avoir des moyens solides pour en augmenter le stock disponible, à moins de risquer de ne pas pouvoir démontrer grand-chose. La définition scotiste de la proposition connue par soi est inapte à rendre compte de l'utilité principale de cette notion.

L'erreur de Scot trouve sa source dans la manière dont il conçoit la thèse de l'univocité de l'être entre Dieu et les créatures, en particulier dans la classification des concepts qu'il introduit pour défendre l'idée que la communauté entre l'étant, Dieu et les créatures est une communauté de prédication, de nature logique, et non pas une communauté ontologique. Pour Scot, les concepts de l'homme ici-bas sont des concepts simples qui ne sont pas absolument simples. Ils sont analysables en concept d'étant et en concepts essentiels ou quidditatifs, comprenant les concepts de genres et les concepts de différences essentielles qui les

1. Ord. d. 3, q. 5, OTh II, p.478-479 : « Et quando dicitur quod cognoscere distincte habetur per definitionem etc, dico quod ista propositio non est universaliter vera, quia aliquando ante omnem definitionem habetur cognitio rei distincta. Hoc patet, quia notitia rei intuitiva potest esse distinctam sed notitia talis intuitiva rei potest haberi ante omnem notitiam definitivam etc. »

2. Ord. d. 3, q. 5, OTh II, p.479 : « Aliquando definitio facit ad notitiam alicuius rei quia investigata definitione et aliqua re singulari oblata, cognoscit intellectus illam rem habere tales partes vel tales quod non faceret si ignoraret illam definitionem. »

3. Ord d. 2, q. 4, OTh II, p. 131 : « [...] si illi praesentetur aliquis homo cuius nullam notitiam prius habuit, virtute notitiae praedictae definitionis talis cognoscit quod iste homo, quem in se non cognovit nisi confuse quia non apprehendit distincte quamlibet partem eius habet partes realiter distinctas scilicet corpus et animam intellectivam. »

contractent [1]. Ces parties des concepts correspondent à des parties de la chose conçue. Comme les différences essentielles ne sont pas connaissables à l'homme après la Chute, ces concepts demeurent des concepts de *quid nominis* et non des concepts de *quid rei.*

D'après Ockham, Scot fait une erreur lorsqu'il affirme que les différences ne sont pas connaissables naturellement par l'homme ici-bas par un concept quididatif simple [2]. Il se trompe également lorsqu'il affirme que le concept d'étant est présent virtuellement dans tous les concepts d'espèce spécialissime. Il se trompe d'abord parce que, nous l'avons vu au chapitre précédent, il est possible de former des concepts génériques de choses simples, concepts qui par définition ne peuvent pas être composés [3].

Il se trompe ensuite en faisant appel à l'idée que le concept d'étant n'est pas contenu réellement mais seulement virtuellement dans les concepts de genre et d'espèce. L'idée d'une contenance virtuelle est un non-sens. Si un concept d'espèce spécialissime est composé, alors il est composé des mêmes parties que le concept composé qui est sa définition réelle. Cela implique qu'un concept d'espèce spécialissime connu de façon distincte et sa définition seraient identiques, ce qui est faux [4].

La classification des concepts qui sous-tend la thèse scotiste de l'univocité du concept d'étant à Dieu et aux créatures est trop mal conçue pour que l'on puisse y prêter la moindre attention. D'après Ockham, Scot a mis en place un appareil théorique compliqué qu'il ne maîtrise pas très bien, ce qui n'est pas étonnant puisque cet appareil s'appuie sur une notion de différence essentielle qui est contradictoire en elle-même.

1. Ord. d. 3, q. 8, OTh II, p. 529 : « Nam omne per se intelligibile aut includit essentialiter rationem entis, sicut omnia genera et species et individua et omnes partes essentiales eorum, aut continetur virtualiter vel essentialiter in includente essentialiter rationem entis, sicut differentiae ultimae includuntur in aliquibus istorum essentialiter et passiones virtualiter. » Voir aussi Ord. d. 3, q. 5, OTh II, p. 443.

2. Ord. d. 2 q. 9, OTh II p. 317 : « Certum est quod differentiae ultimae aliquo modo cognoscuntur a nobis. »

3. Ord. d. 3, q. 5, OTh II, p. 446 : « Contra istam opinionem : primo, quod ponit de conceptu simpliciter et non simpliciter simplici, innuens quod nullus conceptus specie vel generis est simpliciter simplex, non est verum, quia de re simpliciter simplici non est impossibile habere conceptum simpliciter simplicem ; sed aliqua res est simpliciter simplex, sicut alias habet declarari [Ord. d. 8, q. 1], igitur etc. »

4. Ord. d. 3, q. 5, OTh II, p. 447 : « [...] si conceptus specie non sit simplex sed compositus, oportet quod habeat omnes easdem partes quas habet definitio [...] et non est maior ratio quod una pars definitionis sit pars conceptus specie quam alia, igitur definitio et definitum non essent distincti termini, quod alibi negat. »

La définition ockhamiste de la proposition connue par soi

La définition

Avec ces clarifications préliminaires en tête, il est à présent possible de nous tourner vers la définition ockhamiste de la proposition connue par soi. Ockham, nous l'avons vu, propose dans le *Prologue* de son *Ordinatio* une théorie de l'assentiment basée sur une dichotomie entre deux types d'assentiment, celui qui trouve sa justification dans un assentiment antérieur, et celui qui trouve sa justification dans l'appréhension des termes de la proposition formée par l'esprit.

Cette précision donnée, revenons à l'idée que la définition ockhamiste de la connaissance évidente immédiate se rapproche de la définition de la proposition analytique comme celle qui est vraie en vertu de la seule signification de ses termes. Cette idée ne peut être défendue. Ockham l'énonce en réponse à l'objection qu'il se fait à lui-même après avoir donné sa définition : si l'on suivait cette définition de l'assentiment immédiat, alors toute proposition à laquelle un intellect peut assentir de façon immédiate serait connue par soi. Par conséquent, les principes de la science ne seraient pas de nature empirique [1]. Ockham serait un exemple paradigmatique de philosophe rationaliste.

Ockham accorde l'objection mais il refuse la conséquence qui en est tirée. Si l'on entend par « proposition connue par soi », non seulement une proposition qui est connue avec évidence aussitôt que ses termes sont appréhendés si la proposition est formée, mais encore une proposition connue *a priori*, indépendamment de l'expérience ou, du moins, dont la connaissance est justifiée indépendamment de l'expérience, alors l'objection est inopérante. Il est impossible de dériver de la définition de la proposition connue par soi (comme proposition vraie à laquelle l'esprit assentit nécessairement aussitôt que les termes sont appréhendés si la proposition est formée) la thèse selon laquelle cette proposition est connue avec évidence indépendamment de l'expérience. Cette thèse requiert des hypothèses supplémentaires sur la manière dont les termes sont appréhendés par l'esprit.

Dans le *Prologue* de l'*Ordinatio*, Ockham stipule que les propositions connues par soi ont pour termes des concepts qui sont appréhendés par intuition ou par abstraction :

> Il faut dire qu'une proposition est connue par soi si elle est connue avec évidence à partir de n'importe quel type de connaissance des termes de cette proposition, abstractif ou intuitif. Mais cela n'est pas possible d'une proposition contingente, parce qu'un certain type de connaissance des termes suffit à causer la connaissance évidente d'une vérité contingente, en l'occurrence une connaissance de type

1. Ord. Prol, q. 1, OTh I, p. 6 : « Si dicatur quod notitia evidens veritatis contingentis numquam causatur sufficienter ex notitia incomplexa terminorum, quia tunc sciretur cognitis terminis. Sed omne tale est principium per se notum, secundum Philosophum I Posteriorum. Sed nulla veritas contingens est per se nota ; igitur etc. »

intuitif, comme cela apparaîtra plus loin, tandis qu'un certain type de connaissance ne suffit pas, en l'occurrence une connaissance de type abstractif [1].

Autrement dit, lorsqu'un esprit forme la proposition « un tout est plus grand que la partie » après avoir appréhendé ses termes, qu'il soit en contact épistémique avec un tout ou qu'il l'ait été ne change rien à la qualité de son assentiment : dans tous les cas la proposition sera connue par soi. Il n'en va pas ainsi des propositions contingentes, comme « Socrate existe » ou « Socrate est blanc ». Pour que l'esprit assente à une proposition de ce genre aussitôt qu'il en a appréhendé les termes et qu'il a formé la proposition, il faut qu'il soit en contact épistémique direct avec les référents de ces termes. Il faut donc qu'il en ait une connaissance intuitive.

Par conséquent, l'objection doit être refusée. La définition de l'assentiment évident immédiat qui est donnée dans le *Prologue* de l'*Ordinatio* est plus large que celle de la proposition connue par soi. Elle est satisfaite par l'assentiment évident à un type de proposition qui ne peut pas être connue avec évidence si les termes sont appréhendés et si la proposition est formée. Si je conçois la proposition « Socrate est blanc » alors que je n'ai pas de connaissance intuitive de Socrate ni de sa blancheur, je n'y assentis pas nécessairement. Je peux douter de cette proposition. Cette proposition ne peut pas être une proposition connue par soi.

Ces remarques préliminaires conduisent Ockham à expliciter la nature exacte de son désaccord avec Duns Scot. Scot croit qu'une connaissance distincte des termes est requise pour qu'un énoncé d'identité comme « Deus est » soit une vérité connue par soi. Mais, d'après Ockham, il se trompe : la connaissance distincte des termes de la proposition n'est une condition ni nécessaire ni suffisante pour que l'intellect y assente avec évidence de façon immédiate.

Bien au contraire, pour qu'une proposition soit connue par soi, il suffit que l'appréhension de ses termes (avec la formation de la proposition) cause de façon nécessaire l'assentiment à la proposition. Que les termes soient connus de façon distincte ou confuse, ou bien de façon parfaite ou imparfaite, ce qui revient au même, ne change rien à la nature de l'assentiment donné à la proposition [2]. Il n'est pas nécessaire de connaître toute la logique pour assentir avec évidence et de façon immédiate à la proposition qui énonce le principe de non-contradiction ou le principe du tiers-exclu, ni même de connaître toute la physique pour assentir

1. Ord. Prol., q. 1, OTh I, p. 5 : « Dicendum quod propositio per se nota est illa quae scitur evidenter ex quacumque notitia terminorum ipsius propositionis, sive abstractiva sive intuitiva. Sed de propositione contingente hoc non est possibile, quia aliqua notitia terminorum sufficit ad causandum notitiam evidentem veritatis contingentis, scilicet intuitiva, sicut post patebit, aliqua autem non sufficit, scilicet abstractiva. » Voir aussi Ord. Prol, q. 2, OTh I, p. 86 ; Quaest. Var. II, OTh VIII, p. 46.

2. Ord. d. 3, q. 4, OTh II, p. 438-439 : « [...] ad hoc quod propositio sit per se nota oportet quod quaecumque notitia terminorum, sive perfecta sive imperfecta, sive confusa sive distincta – dummodo illi idem termini qui prius apprehendantur et non alii – sive abstractiva sive intuitiva, sit sufficiens cum formatione propositionis ad causandum notitiam evidentem illius propositionis. »

avec évidence et de façon immédiate à la proposition qui énonce que tout corps est mobile.

Ockham estime que seule une contrainte sémantique doit intervenir dans la définition des propositions connues par soi : ce qui est en jeu est la signification des termes et non la modalité par laquelle ils sont connus, en l'occurrence confusément ou distinctement. Mais dans ce cas, pourquoi la proposition « Deus est » n'est-elle pas connue par soi pour l'homme après la Chute, comme le pense Ockham ?

La réponse à cette question montre que la définition ockhamiste de la proposition connue par soi, comme les définitions de l'analycité de Frege et de Kant, n'est pas elle-même dépourvue de contraintes épistémiques. En effet, si par impossible il existait un monde qui ne comprenne pas de corps, mais seulement des esprits et des qualités, aucun esprit ne pourrait connaître avec évidence de façon immédiate la proposition « ce corps se meut », puisque dans ce cas aucun corps n'existerait. Par conséquent, la proposition « tout corps est mobile » ne serait pas pour ces esprits une proposition connue par soi.

En effet, Ockham précise, dans la définition de la proposition connue par soi, que n'importe quelle connaissance des termes suffit, avec la formation de la proposition, à causer l'assentiment évident à une proposition connue par soi. En vérité, ce n'est pas n'importe quelle connaissance des termes qui est requise, mais une connaissance intuitive ou abstractive des termes. Puisque toute connaissance abstractive d'un terme suppose une connaissance intuitive de ce terme, la proposition « tout corps est mobile » ne peut pas être connue par soi par n'importe quel esprit.

A fortiori, puisque le terme « Dieu » ne peut pas être connu de façon intuitive par l'homme ici-bas, la proposition « Deus est » ne peut pas être, pour l'homme, une proposition connue par soi [1]. Ainsi, une même proposition parlée peut être connue par soi et ne pas être connue par soi en raison de certaines contraintes épistémiques, comme le pense Scot.

La question de la possibilité d'un discours vrai sur Dieu tenu par l'homme après la Chute a donc conduit Ockham à préciser les conditions nécessaires de l'assentiment évident et immédiat à une proposition. Il existe des termes parlés qui ne peuvent pas être connus intuitivement ni abstractivement, en l'occurrence les termes qui correspondent, dans l'esprit de certains locuteurs, à des concepts composés propres. Disposer d'un concept composé propre pour désigner une chose avec laquelle on n'a jamais été en contact épistémique revient à connaître une chose par un concept et non en soi. L'existence de la chose connue par ce type de concept n'est pas garantie. Seule sa possibilité l'est quand le concept composé

1. Ord. d. 3, q. 4, OTh II, p. 440 : « Secundum hoc dico quod illa propositio quam de facto habemus non est per se nota, sed propositio utraque quam format beatus, sive praedicando esse quod est Deus de divina essentia sive illud quod nos praedicamus, est per se nota. »

propre est formé de concepts acquis par contact épistémique direct avec d'autres choses qui tombent sous ces concepts.

Ainsi, on pourra dire que connaître une chose par un concept et non en soi peut être, comme le veut la tradition, une forme de connaissance pré-propositionnelle au même titre que la connaissance intuitive ou que la connaissance abstractive, du moins dans le cas où ce concept est composé de concepts acquis par connaissance intuitive [1]. Cependant, au sens propre, il ne faut pas parler de connaissance de ces termes. Ces termes sont appréhendés sans nécessairement donner lieu, si la proposition est formée, à un assentiment évident.

Le concept composé propre qui correspond au terme « Deus » pour l'homme ici-bas est un cas paradigmatique de terme qui ne peut pas entrer dans une proposition connue par soi. Il existe une multitude d'exemples de ce type de concept qui ne sont pas de nature théologique. Le terme « lion », pour un locuteur qui n'a jamais vu de lion, ne pourra jamais faire partie d'une proposition connue par soi. De même, un terme de couleur ne pourra jamais faire partie d'une proposition connue par soi pour un aveugle de naissance [2].

Il y a donc une limitation dans l'entreprise de clarification menée par les deux théologiens franciscains au sujet des propositions connues par soi. Ni Scot ni Ockham ne parviennent à supprimer de la définition de la proposition connue par soi toute contrainte épistémique. Cependant, chez Ockham, la contrainte est seulement qu'une proposition ne peut pas être connue par soi par quelqu'un qui ne peut pas la former, parce qu'il n'a pas les concepts qui la constituent.

Il en résulte que l'analycité ne peut pas être la propriété d'une proposition ou d'un certain type de vérités (les vérités logiques ou mathématiques par exemple), indépendamment de la manière dont l'esprit conçoit les termes qui composent cette proposition. En effet, puisque nous parlons plus distinctement que nous ne concevons, il faut reconnaître, comme Scot, qu'une même proposition parlée peut être, pour un locuteur donné, une proposition connue par soi et, pour un autre locuteur, ne pas l'être. La seule contrainte à poser pour la signification distincte d'une chose qui n'est pas appréhendée de façon distincte réside dans la nécessité que le locuteur puisse l'identifier de manière minimale, de façon à ce qu'il ne la confonde pas avec autre chose [3].

1. Ord. d. 3, q. 2, OTh II, p. 401 : « Ideo dico aliter ad quaestionem quod aliqua res potest cognosci in se, ita quod nihil aliud, nec distinctum ratione nec distinctum ex natura rei, terminet actum intelligendi nisi ipsamet res, et hoc sive cognoscatur abstractive sive intuitive. Aliter potest aliquid intelligi non in se sed in aliquo conceptu sibi proprio, et hoc maxime est verum quando cognoscitur ille conceptus de aliquo ente verificari. »

2. Ord d. 3, q. 2, OTh II, p. 403 : « Igitur universaliter nulla res potest in se cognosci in se nisi primo cognoscatur et si creatura non potest cognosci in se nisi primo cognoscatur intuitive, multo magis nec Deus. »

3. Ord. d. 22, q. un., OTh IV, p. 55 : « Vox aliqua potest aliquid distincte significare quod numquam fuit distincte intellectum. »

Ceci dit, cette limitation n'a pas seulement des effets théoriques négatifs. Grâce à la thèse de l'univocité de l'étant à Dieu et aux créatures, Ockham est en mesure de minimiser les impacts de la limitation introduite par la possibilité de signifier des choses qui n'ont jamais été perçues par les sens et par intuition intellectuelle. En effet, dans les œuvres de maturité, Ockham est en mesure d'affirmer que le concept d'étant est connu, vraisemblablement par connaissance abstractive, en même temps qu'une chose singulière est connue de façon intuitive [1].

Par conséquent, les propositions nécessaires dans lesquelles le terme d'étant figure peuvent être connues par n'importe quel intellect, qu'il soit celui d'un enfant après sa naissance ou qu'il soit celui d'une petite vieille. De façon analogue mais moins assurée, il y a beaucoup de chances que des termes très généraux comme «tout» et «partie» appartiennent au bagage épistémique de tous les locuteurs.

Ainsi, certaines propositions peuvent être connues par soi quel que soit le bagage épistémique d'un locuteur donné. Ces vérités analytiques sont indépendantes d'une quelconque contrainte épistémique. Il s'agit, sans aucun doute, du principe de contradiction de certains principes euclidiens comme « le tout est plus grand que sa partie». Celui qui enseigne, comme le veut Aristote, doit de toute nécessité disposer de ces propositions [2], qu'il est impossible de contredire dans des conditions normales [3]. Ockham est parvenu à circonscrire de la façon la plus étroite possible la contrainte épistémique à intégrer à la définition de la proposition connue par soi, ce à quoi Scot n'était pas parvenu.

Cette idée confirme l'interprétation qu'Ockham propose du premier chapitre du livre I de la *Physique*, chapitre qui a été l'objet d'interprétations diverses au sujet de la question de savoir si le singulier est intelligible [4]. Quand Aristote et Averroès affirment que l'ordre de la connaissance va de l'universel au particulier ou du confus au distinct, ils ne parlent pas de l'ordre de formation des concepts ni même de l'induction, si l'on entend par là, comme Aristote dans les *Topiques*, une

1. Quodl I, q. 13, OTh IX, p. 78: «Semper tamen imprimitur conceptus entis, quia quando obiectum est debito modo approximatum, simul causatur a re singulari extra conceptus specificus et conceptus entis.»

2. SL III-2, 4, OPh I, p. 510: «Propositio autem requisita ad demonstrationem, non tamquam pars, subdividitur, quia quaedam est talis quod necesse est docendum habere eam, cuius modi sunt tales "quidlibet est vel non est", "de quolibet affirmatio vel negatio" et huiusmodi. Quaedam sunt tales quas non est necesse quemlibet docendum habere, sed necesse est aliquos artifices speciales eas habere, sicut est de istis "aliquid est mobile", "si ab aequalibus aequalia demas" etc.»

3. BS, II, 1, OPh VI, p. 27-28: « Quinto notandum quod "per se notum" potest esse dupliciter, scilicet stricte cui nullus intellectus bene dispositus potest contradicere, ut "omne totum est maius suae parte".»

4. Pour une analyse du commentaire d'Ockham au premier chapitre du premier livre de la *Physique*, voir E. Sylla, «The A Posteriori Foundations of Natural Science. Some Medieval Commentaries on Aristotle's *Physics*, Book I, chapter 1 and 2», *Synthese* 40, 1979, p. 147-187.

forme de raisonnement non syllogistique. Ils parlent, en fait, de l'ordre à suivre lorsque l'on expose une doctrine [1].

La raison en est que les membres de leur auditoire ne disposent pas tous du même bagage épistémique. On a plus de chance d'être compris si l'on commence son enseignement par les vérités les plus générales sur les concepts les plus généraux, que ceux-ci soient dérivables du concept d'étant ou qu'ils le soient des termes génériques dont il est peu probable que les locuteurs ne disposent pas. C'est la raison pour laquelle Aristote ouvre sa *Physique* avec une étude des principes de la nature, plutôt qu'avec une étude de la physiologie du lion. Bien sûr, cela n'invalide pas la thèse selon laquelle le singulier est le premier connu.

Ce qui est en jeu est d'un tout autre ordre, comme Ockham l'explique de façon imagée. On n'est pas en contact avec les mêmes animaux en Angleterre et en Grèce [2]. Pour arriver aux connaissances les plus générales, mieux vaut commencer avec les animaux de chez nous, plutôt qu'avec les propriétés spéciales du lion ou de l'ours [3]. Le texte liminaire de *Physique* I, 1 a une portée méthodologique et non pas doctrinale, ce que ni Thomas d'Aquin ni Scot n'ont, d'après Ockham, compris. Le premier chapitre du livre I de la *Physique* n'apporte aucune information sur la question de savoir si le singulier est intelligible de droit ni sur celle de savoir si des propositions sont connues par soi ou non. Par contre, ce chapitre montre qu'il est possible de supputer l'existence, chez tous les locuteurs, d'un bagage épistémique d'une nature telle que certaines propositions seront nécessairement analytiques ou connues par soi pour tous les locuteurs.

Il est donc possible de maintenir la thèse selon laquelle est connue par soi toute proposition dont l'assentiment est causé par la connaissance de ses termes [4]. Au sens propre, la thèse ne concerne qu'un nombre restreint de propositions portant sur l'étant ou les concepts les plus généraux que tout homme ne manque pas de former au cours de sa vie. Cependant, il n'en est pas moins vrai que certaines propositions comme « Deus est » ou comme « un corps est mobile » sont connues par soi de droit. Il est contingent qu'un locuteur n'ait jamais vu de corps se mouvoir ou que Dieu ne se révèle pas en pleine lumière à un homme après la Chute.

1. Ord. d. 3, q. 6, OTh II, p. 500 : « Per hoc, respondendo ad argumenta, dico quod intentio Philosophi et Commentatoris, ibidem, est dare ordinem libri Physicorum ad alios libros naturales. »

2. Ord. d. 3, q. 6, OTh II, p. 501-502 : « Et tamen utraque notitia incipit a notitia singularium, sed notitia universalium in diversis hominibus incipit a notitia diversorum singularium diversarum specierum, sicut addiscens in Graecia incipit a notitia animalium singularium quae ibi inveniuntur, et forte multa eorum non inveniuntur in Italia, et e converso est de studente in Italia vel Francia vel Anglia, et sic de aliis regionibus. »

3. Ord. d. 3, q. 6, OTh II, p. 502 : « Sed notitia de homine vel de asino oportet quod incipiat a notitia singularium speciei humanae vel asininae, et multi possunt attingere ad notitiam scientificam proprietatum animalis de animali qui non possunt attingere ad notitiam proprietatum specialium leoni vel ursi, et sic de aliis. »

4. Quodl. II, q. 3, OTh IX, p. 118 : « [propositio] per se nota, quia componitur ex notitiis incomplexis causantibus assensum evidentem in quocumque intellectu fuerint. »

Ainsi, de droit, tout assentiment à une proposition connue par soi trouve sa source dans la possibilité d'un contact épistémique direct avec les choses signifiées par les termes de ce type de proposition. Le contact épistémique direct n'est pas la justification du fait que l'assentiment à des propositions connues par soi est évident. Il en est une pré-condition accidentelle, qui concerne directement la question de la formation des concepts, non celle de l'assentiment évident à une proposition.

Il reste à se demander si toute proposition connue par soi, ou analytique, est nécessaire et si toute proposition indémontrable est une proposition connue par soi ou analytique.

La distinction entre vérités connues par soi et vérités connues par induction

Dans la question 2 du *Prologue* de l'*Ordinatio*, Ockham a pour objectif de montrer que les principes de la science ne sont pas des propositions connues par soi. Sa position a deux conséquences principales. La première est qu'il existe des propositions nécessaires indémontrables qui ne peuvent être connues que par expérience et qui ne sont pas des propositions connues par soi. La seconde est que toute propriété n'est pas démontrable de son sujet premier.

Dans cette question, Ockham définit la science de la façon suivante :

> Une proposition connaissable au sens propre de « science » est une proposition nécessaire, dont on peut douter, destinée à être rendue évidente par des propositions nécessaires évidentes qu'on lui applique par un discours syllogistique [1].

Ockham commente sa définition en précisant qu'elle ne s'applique pas aux propositions connues par soi parce que, par définition, les propositions connues par soi ne peuvent pas être soumises au doute [2]. Les propositions connues par soi ne sont pas démontrables au sens propre. La conséquence est qu'aucune proposition par soi ne peut être démontrable au moyen de propositions venant d'une science subalternante comme la métaphysique [3].

1. Ord. Prol, q. 2, OTh I, p. 76 : « Propositio scibilis scientia proprie dicta est propositio necessaria dubitabilis nata fieri evidens per propositiones necessarias evidentes per discursum syllogisticum applicatas ad ipsam. »

2. Ord. Prol, q. 2, OTh I, p. 76 : « Secunda condicio, quod sit "propositio dubitabilis", patet : quia per hoc excluditur propositio per se nota quae quamvis sit necessaria et possit esse evidenter nota, quia tamen non est dubitabilis ideo non est scibilis scientia proprie dicta. » Voir aussi Ord. d. 3, q. 4, OTh II, p. 437 : « Cuius ratio est, quia nulla propositio per se nota est demonstrabilis, nec a priori nec a posteriori. »

3. ExpPhys I, 2, OPh IV, p. 44 : « Verumtamen sciendum quod prima principia non possunt fieri nota evidenter per quamcumque scientiam commune, quia prima principia cuiuscumque scientiae vel sunt per se nota et per consequens demonstrari non possunt nec per consequens possunt fieri nota notitia evidenti ex aliis, aut non sunt per se nota et tunc non possunt fieri nota evidenter nisi per expe-

Ockham précise également que cette définition ne s'applique pas à un autre type de principes de la science, les principes premiers qui ne sont pas des propositions connues par soi ou vérités analytiques [1]. En l'occurrence, des propositions comme « une chaleur peut chauffer », « la gravité incline vers le bas » sont des vérités nécessaires qui ne sont pas connues par soi et qui ne sont pas démontrables. La raison en est qu'elles ne sont connues avec évidence que par expérience [2].

Comment comprendre cette dernière idée ? Il faut d'abord noter que ce type de proposition nécessaire et universelle ne peut pas être connu avec évidence du fait de la seule connaissance incomplexe des termes si la proposition est formée. Ce type de proposition n'est pas pour autant démontrable. Son évidence est garantie par la formation d'un raisonnement dont elle est la conclusion. Ce raisonnement est une conséquence qui tire sa validité d'un moyen dit extrinsèque, selon lequel tous les effets de même raison ont des causes de même raison.

Ainsi, « connu par expérience » équivaut à « connu par induction », du moins pour les propositions générales. L'induction est un raisonnement ampliatif qui ne requiert pas une énumération complète [3]. Sa validité dépend d'une proposition nommée « moyen extrinsèque » [4].

Le moyen extrinsèque « les effets de même raison ont des causes de même raison » doit être une proposition connue par soi, ce qu'Ockham semble reconnaître [5]. Dans le cas contraire, Ockham n'échappe pas au « problème de l'induction » attaché au nom de David Hume, selon lequel tout principe avancé pour justifier une induction suppose une induction, ce qui implique une circularité

rientia, quae non habetur per scientiam commune quamcumque. Et ita nulla principia prima cuiuscumque scientiae subalternantis possunt demonstrari. »

1. Ord. Prol, q. 2, OTh I, p. 77 : « Tertia condicio, quod "sit nata fieri evidens per propositiones evidentes applicatas ad ipsam per discursum syllogisticum", patet : quia per illam distinguitur ab aliquibus principiis primis quae non sunt per se nota, et per consequens sunt dubitabilia. »

2. Ord. Prol, q. 2, OTh I, p. 83 : « Unde sciendum quod aliqua conclusio est demonstrabilis per principia per se nota, ita quod ultimate resolutio stat ad principia per se nota, aliqua autem stat ad principia non per se nota sed ad principia nota tantum per experientiam. Sicut multae sunt passiones quae non possunt esse notae de suis subiectis nisi per experientiam tantum : sicut quod calor est calefactivus, quod gravitas inclinat deorsum. »

3. Ord. Prol, q. 2, OTh I, p. 91 : « Dico quod intentio Aristotelis est quod necessarium non potest demonstrari per contingens tamquam per aliquam praemissam in demonstratione. Per notitiam tamen evidentem alicuius contingentis et notitiam unius veritatis necessariae, non ordinatas in modo et figura, potest accipi notitia evidens conclusionis demonstrabilis per modum declaratum. [...] Sicut sequitur formaliter : haec herba sanat, igitur omnis herba eiusdem specie sanat. »

4. Ord. Prol, q. 2, OTh I, p. 91 : « Et tenet ista consequentia non per aliquod medium intrinsecum quo adiuncto esset syllogismus, sed tenet per medium extrinsecum, scilicet per illud : omnia agentia eiusdem specie specialissimae sunt effective effectium eiusdem rationis. »

5. Ord. Prol, q. 2, OTh I, p. 87 : « Est autem sibi notum quod omnia individua eiusdem rationis habent effectus eiusdem rationis in passo aequaliter disposito ». Voir aussi p. 91 : « [...] Ista notitia non sufficit nisi evidenter sciatur quod omnia individua eiusdem rationis sunt nata habere effectus eiusdem rationis in passo eiusdem rationis et aequaliter disposito. »

vicieuse [1]. Cette interprétation doit, de toute façon, être adoptée, étant donné que, pour que l'évidence de la proposition « une chaleur peut chauffer » soit garantie, il faut que les prémisses dont la proposition découle soient évidentes.

Ce qui nous importe est cependant de voir que tous les principes indémontrables ne sont pas des propositions connues par soi ou vérités analytiques : certains principes sont des propositions qui « ne peuvent être analysées en principes connus par soi » [2]. Dans tous les cas, l'assentiment au principe est immédiat, de façon universelle pour la proposition connue par soi, avec des exceptions pour le principe connu par induction. Ces exceptions concernent des agents épistémiques qui suspendent leur assentiment au principe, au motif qu'il contredit d'autres opinions qu'ils défendent par ailleurs [3]. C'est en ce sens que les parménidiens ont nié que le mouvement existe ou que les principes sont contraires [4].

Ainsi, les propositions connues par soi et les vérités d'expérience ont en commun, du fait qu'elles ne sont pas démontrables, une forme d'immédiateté. Cependant, elles se distinguent par leur origine ou formation. Ockham oppose les vérités connues par induction aux vérités analytiques, au motif que les premières ne sont acquises que par expérience, tandis que les secondes peuvent l'être « par enseignement » ou « à partir des termes » [5].

Au sens littéral, ces propos sont inexacts. Les vérités connues par induction tirent leur évidence d'un raisonnement non syllogistique et d'un contact épistémique direct avec des accidents. Les vérités analytiques requièrent un contact épistémique direct avec au moins une chose quelconque, si l'on en reste au principe de non-contradiction. En un sens, on peut donc dire qu'elles sont connues par expérience, comme les vérités connues par induction. Cependant, l'expérience comprise en ce sens est une condition *sine qua non* de la formation d'une proposition quelle qu'elle soit. C'est la raison pour laquelle le contact

1. Pour une introduction au problème de l'induction, voir J. Vickers, « The Problem of Induction », *Stanford Encyclopedia of Philosophy Online*, 2014, http://plato.stanford.edu/entries/induction-problem/. Pour l'induction d'après Ockham, voir notamment J. Weinberg, *Abstraction, Relation and Induction*, Madison, University of Wisconsin Press, 1965, p. 121-153 ; *id.*, « Ockham's Theory of Scientific Method », in *Ockham, Descartes and Hume : Self-knowledge, Substance and Causality*, Madison, the University of Wisconsin Press, 1977, p. 22-32.

2. ExpPhys I, 2, OPh IV, p. 45 : « Similiter falsum est quod illi [probablement Gilles de Rome] dicunt, scilicet quod omnis scientia resolvit in principia per se nota, sed aliqua tantum sunt nota per experientiam sine qua evidenter cognosci non possunt. »

3. ExpPhys I, 12, OPh IV, p. 127 : « Aliqua autem [principia per se nota] quamvis non quilibet intellectus necessario assentiat eis, tamen propter multa singularia evidentia intellectus quasi cogitur assentire eis in tantum quod quamvis aliqui aliquando negent talia principia, tamen in aliis locis quando non advertunt quod sunt contra opiniones alias eorum, quasi a veritate coacti assentiunt eis, et hoc aliquando in se aliquando in antecedentibus suis. »

4. ExpPhys I, 12, OPh IV, p. 127 : « Et de talibus est ista propositio "principia sunt contraria". »

5. Quodl V, q. 2, OTh IX, p. 481 : « Praeterea, in hoc differunt principium et conclusio quia principium tantum potest cognosci ex terminis vel per experientiam sine demonstratione, conclusio autem potest cognosci evidenter experientia et demonstratione. »

épistémique direct n'est pas une condition nécessaire, au sens propre, de l'assentiment évident aux propositions connues par soi. Il en est une pré-condition ou une condition psychologique, au même titre que la formation de la proposition, de la même manière qu'un acte de la volonté est une pré-condition psychologique de la formation d'une proposition. Ainsi, la définition ockhamiste de la proposition connue par soi peut être rapprochée de la définition de la proposition analytique comme une proposition qui est vraie à partir de la seule signification des termes.

Nous pouvons conclure que les vérités connues par soi et les vérités connues par induction ne se distinguent pas parce que les premières seraient connues *a priori*, indépendamment de l'expérience, alors que les secondes seraient connues *a posteriori*, par expérience. Elles se distinguent parce que l'expérience fait partie de la justification de l'évidence des vérités connues par induction, alors qu'elle ne fait pas partie de la justification de l'évidence des vérités connues par soi, qui sont donc analytiques.

Un lien nécessaire entre analycité et nécessité

Bien que les vérités analytiques et les vérités connues par induction se distinguent par ce qui les justifie, elles ont cependant en commun une propriété modale, celle d'être nécessaires. Ockham le justifie non pas, comme il en a l'habitude, en recourant à une étude des modalités de leur connaissance, mais en expliquant que cette propriété est une conséquence logique de la fonction des principes premiers dans la théorie aristotélicienne de la science.

Les principes premiers ont pour fonction de servir de prémisses dans un raisonnement syllogistique dont la conséquence est nécessaire et connue avec évidence, parce que les prémisses sont connues avec évidence. Il en résulte que les prémisses d'une démonstration doivent être nécessaires [1]. Il faut insister ici sur le fait que cette condition est de nature très différente de celle des conditions que nous avons étudiées jusqu'à présent. Elle est indépendante des conditions requises pour que l'assentiment évident aux vérités analytiques et aux vérités connues par induction soit justifié.

Cependant, Ockham propose un second argument dans le *Prologue* de l'*Ordinatio*. Il pense pouvoir, dans la première question du *Prologue*, affirmer que les propositions contingentes ne peuvent pas être des propositions connues par soi, au motif que les propositions contingentes ne sont pas composées de termes qui, aussitôt qu'ils sont appréhendés par l'esprit et si la proposition est formée, contraignent l'intellect à assentir avec évidence à la proposition. La proposition « Socrate est blanc » ne peut être connue avec évidence et de façon immédiate qu'en présence de Socrate. Si un témoin me rapporte cette vérité, ou bien si j'imagine que Socrate est blanc alors que je ne suis pas en contact

1. SL III-2, 5, OPh I, p. 511-512 : « Una proprietas communi omni propositioni requisitae ad demonstrationem est necessitas. »

épistémique direct avec Socrate, je ne donnerai pas mon assentiment évident de façon nécessaire à la proposition « Socrate est blanc » si je la forme[1]. Il semble que cet argument tiré des conditions épistémiques sous lesquelles un assentiment peut être dit évident soit plus convaincant que l'argument précédent, tiré de la théorie aristotélicienne de la science.

Il faudrait en conclure qu'il existe un lien privilégié entre l'analycité et la nécessité, en raison de la nature de l'analycité. En fait, il semblerait qu'Ockham ait commis l'erreur de vouloir rester trop fidèle à la théorie de la science aristotélicienne. Il avait les ressources pour reconnaître la possibilité de propositions analytiques contingentes et la possibilité de propositions universelles contingentes connues avec évidence par induction.

Nous allons montrer qu'Ockham parvient à cette idée à la suite de son étude de l'épistémologie des définitions réelles. Dans notre interprétation, Ockham aurait dû réviser certains passages de l'*Ordinatio* et de la *Somme de Logique* après son étude, en SL III-2, 29-31, des modalités de la connaissance évidente des énoncés d'identité dans lesquels une définition réelle est prédiquée de son défini. Ockham avait, en effet, toutes les ressources théoriques pour mener à son terme l'intention scotiste d'intégrer la contingence dans la théorie aristotélicienne de la science.

Commençons par présenter le problème que pose la thèse selon laquelle ce type d'énoncé d'identité est un principe de la science. Ockham affirme, dans la cinquième question du *Prologue* de son *Ordinatio*, que les définitions réelles ne peuvent pas entrer dans la conclusion d'une démonstration au sens strict[2]. Admettons que les énoncés d'identité dans lesquels une définition réelle est prédiquée de son défini puissent faire fonction de prémisses dans une démonstration.

Supposons, donc, que la proposition « un homme est un animal rationnel mortel » puisse être la mineure d'un syllogisme démonstratif. Elle est donc un principe, un principe étant par définition toute proposition qui n'est pas une conclusion et qui est requise pour une démonstration, que cette proposition soit une prémisse explicite dans la démonstration ou qu'elle soit requise pour la démonstration sans être une prémisse de la démonstration. Plus encore, si elle est immédiate, elle est un principe premier[3].

Dans cette hypothèse, et si l'on suit les classifications des principes premiers qu'Ockham propose dans la *Somme de Logique*, ces énoncés sont soit des propositions connues par soi, soit des vérités connues avec évidence par

1. Ord. Prol., q. 1, OTh I, p. 6-7 : « Unde si aliquis videat intuitive Sortem et albedinem exsistentem in Sorte, potest evidenter scire quod Sortes est albus. Si autem tantum cognosceret Sortem et albedinem existentem in Sorte abstractive, sicut potest aliquis imaginari ea in absentia eorum, non sciret evidenter quod Sortes esset albus, et ideo non est propositio per se nota. »

2. Ord. Prol, q, 5, OTh I, p. 173 : « Dico quod definitio exprimens quid rei numquam potest demonstrari de definito, quia semper illa propositio est immediata. »

3. SL III-2, 4, OPh I, p. 511 : « Principia dicuntur illae propositiones quae non sunt conclusiones et tamen requiruntur ad demonstrationem, sive sint partes demonstrationis sive non sint partes eius. »

induction[1]. Rappelons que ces dernières propositions sont des propositions nécessaires dont un intellect peut douter, à la différence des vérités analytiques qui sont indubitables.

Or Ockham ne dit jamais que les énoncés d'identité de ce type sont des propositions connues par soi ou des propositions connues avec évidence par induction. La raison en est d'abord que ces propositions ne sont pas nécessaires mais contingentes. Ces énoncés ne sont donc ni des principes ni des conclusions. Ockham le reconnaît lui-même explicitement[2]. La proposition « un homme est un animal rationnel mortel » est une proposition contingente et, prise littéralement, elle ne peut en aucun cas être considérée comme nécessaire[3]. En effet, puisqu'il est contingent qu'un homme existe (Ockham admettant que toute proposition affirmative catégorique dont le sujet n'existe pas est fausse) et puisque toute proposition nécessaire, par définition, est toujours vraie (c'est-à-dire qu'elle est vraie si elle est formée)[4], cette proposition est contingente. Ce type de proposition n'aurait aucune place dans la théorie de la science.

Dans ces conditions, ces énoncés sont-ils l'objet de simples croyances ou peuvent-ils être connus avec évidence ? Pour répondre à cette question, examinons la définition bien connue qu'Ockham propose, dans son prologue à *l'Expositio* sur la *Physique*, du terme « science », construite par spécification progressive.

Au premier sens, très large, est une connaissance ou une science toute proposition qui est l'objet d'une croyance acquise par témoignage[5]. En un deuxième sens, une connaissance est une connaissance évidente donnant lieu à un assentiment médiat ou immédiat suite à la connaissance des termes incomplexes

1. SL III-2, 4, OPh I, p. 511 : « Et vocantur principia prima, quae subdividi possunt : quia quaedam principia prima sunt per se nota, quibus scilicet intellectus statim assentit ipsis terminis apprehensis, ita quod si sciatur quid significant termini, statim sciuntur. Quaedam autem principia prima non sunt per se nota sed tantum per experientiam, quia possunt dubitari, sed tamen per experientiam fiunt nota, sicut est de ista propositione "omnis calor est calefactivus". »

2. SL III-2, 5, OPh I, p. 512-513 : « [...] nulla propositio de illis quae important praecise res corruptibiles, mere affirmative et mere categorica et mere de praesenti, potest esse principium vel conclusio demonstrationis, quia quaelibet talis est contingens. »

3. SL III-2, 5, OPh I, p. 513 : « Si enim aliqua talis esset necessaria, hoc maxime videretur de tali "homo est animal rationale". Sed haec est contingens, quia sequitur "homo est animal rationale, igitur homo est animal" et ultra "igitur homo componitur ex corpore et anima sensitiva". Sed haec est contingens, quia si nullus homo esset, ipsa esset falsa propter falsam implicationem. [...] Et ideo dico quod nulla talis potest esse principium vel conclusio demonstrationis. »

4. SL II, 9, OPh I, p. 275, l. 72-74. Pour le problème engendré par une telle définition de la nécessité *de dicto*, voir P. Spade, « Les modalités aléthiques selon Ockham », *Histoire Epistémologie Langage* 3, 1981, p. 29-34.

5. ExpPhys., Prol. OPh IV, p. 5 : « [...] scientia uno modo est certa notitia alicuius veri, et sic sciuntur aliqua per fidem tantum. » Pour un commentaire de ce texte, voir C. Panaccio, « Le savoir selon Guillaume d'Ockham », *in* R. Nadeau (dir.), *Philosophies de la connaissance*, Québec, PUL, 2009, p. 91-109.

qui forment la proposition à laquelle l'esprit assentit [1]. Dans un troisième sens, une connaissance évidente est la connaissance de quelque chose de nécessaire, comme le sont les principes et les conclusions de la science [2]. En un quatrième et dernier sens, une connaissance est la connaissance évidente d'une vérité nécessaire, connaissance destinée à être causée par la connaissance évidente de prémisses nécessaires disposées selon un raisonnement syllogistique [3].

Supposons qu'un énoncé d'identité du type «un homme est un animal rationnel» puisse être connu avec évidence. La définition réelle étant indémontrable de son défini, elle ne peut pas avoir l'évidence des propositions qui sont les conclusions d'une démonstration scientifique. L'énoncé d'identité dans lequel une définition réelle est prédiquée de son défini n'est donc pas une connaissance évidente du quatrième type. Cet énoncé n'est pas une proposition nécessaire d'après Ockham. Il ne peut donc pas être connu par une connaissance évidente du troisième type. Il est par suite connu par une connaissance évidente du deuxième type.

Ockham précise bien que l'assentiment évident du deuxième type, causé par l'appréhension des termes à la condition que la proposition soit formée, peut être médiat. On peut donc comprendre que cet assentiment est conditionné par l'appréhension des termes de la proposition, si la proposition est formée et à la condition qu'au moins un des termes de la proposition soit appréhendé de façon intuitive. Par exemple, si j'appréhende les concepts dont je dispose déjà «homme» et «animal» et que j'ai l'intuition intellectuelle distincte de Socrate, connaissance intuitive par laquelle je connais toutes ses parties essentielles, j'assentis avec évidence à la proposition «un homme est un animal rationnel mortel» si je forme la proposition.

Est-ce à ce type de situation qu'Ockham pense lorsqu'il affirme que l'assentiment évident à une proposition contingente peut être causé par l'appréhension des termes de la proposition, si la proposition est formée ? C'est possible, même s'il ne faut pas exclure qu'Ockham pense également à des propositions contingentes singulières. Rappelons qu'une proposition est contingente si elle n'est ni nécessaire ni impossible [4].

1. ExpPhys., Prol. OPh IV, p. 5 : «Aliter accipitur scientia pro evidenti notitia, quando scilicet aliquid dicitur sciri non tantum propter testimonium narrantium, sed etsi nullus narraret hoc esse, ex notitia aliqua incomplexa terminorum aliquorum mediate vel immediate assentiremus ei.»

2. ExpPhys., Prol. OPh IV, p. 5 : «Tertio modo dicitur scientia notitia evidens alicuius necessarii. Et isto modo non sciuntur contingentia, sed principia et conclusiones sequentes.»

3. ExpPhys., Prol. OPh IV, p. 6 : «Quarto modo dicitur scientia notitia evidens veri necessarii nata causari ex notitia evidenti praemissarum necessariarum applicatarum per discursum syllogisticum. Et isto modo distinguitur scientia ab intellectu qui est habitus principiorum, et etiam a sapientia, sicut docet Philosophus in VI Ethicorum.»

4. Voir SL II, 27, OPh I, p. 334. À ce sujet, voir M. Roques, «Contingence et déterminisme dans le commentaire de Guillaume d'Ockham au *Peri Hermeneias*. Essai de reconstruction», *Medioevo*, 2015.

De plus, par définition [1], une connaissance abstractive est une connaissance en vertu de laquelle il n'est pas possible de connaître avec évidence une proposition contingente vraie au présent [2]. Par conséquent, pour qu'un énoncé d'identité du type « un homme est un animal rationnel » soit connu avec évidence, il faut que la connaissance des termes qui est la cause de l'assentiment évident à la proposition si elle est formée soit intuitive. Il faut, en tout cas, qu'au moins un des termes de la proposition soit connu de façon intuitive.

Cette condition est trop forte pour être psychologiquement plausible. Dans ce cas, on ne dit en effet pas tant que l'on sait que tout terme d'une espèce naturelle donnée est définissable par telle définition, mais que l'on sait qu'un individu avec lequel on est en contact épistémique direct satisfait la définition réelle qui est prédiquée mentalement du défini.

La situation épistémique serait la suivante : du fait que j'ai une connaissance intuitive de Socrate et que je dispose des termes « animal » et « rationnel », j'assentis immédiatement avec évidence à la proposition « Socrate existe » si je la forme. De plus, en vertu de cet assentiment immédiat et de ma connaissance des termes « animal » et « rationnel », j'assentis immédiatement à la proposition « un homme est un animal rationnel » si je la forme.

Nous souhaiterions pouvoir cependant affirmer qu'une condition nécessaire pour donner un assentiment évident à cette proposition est bien une connaissance intuitive d'un individu qui satisfait la définition de l'homme, mais que cette connaissance intuitive n'est pas nécessairement actuelle au moment où l'on donne son assentiment à la proposition. Une connaissance intuitive passée suffirait. Autrement dit, nous souhaiterions affirmer que les justifications requises pour que cette proposition soit connue avec évidence sont identiques à celles qui sont requises pour qu'une proposition soit connue par soi, sans avoir à renoncer à la thèse selon laquelle cette proposition est contingente.

Dans ces conditions, comment contourner la difficulté rencontrée du fait que ce type d'énoncé d'identité est contingent ? Il suffirait de dire que la contingence en question est de nature épistémique et non pas logique ou métaphysique. Nous souhaitons, en effet, pouvoir affirmer qu'il est contingent qu'un intellect connaisse une proposition de ce type, parce qu'il est contingent que cet intellect soit entré en contact épistémique direct avec au moins un référent des termes de cette proposition. Or c'est précisément la thèse à laquelle Ockham parvient dans les chapitres de *la Somme de Logique* consacrés à la question de savoir comment une définition réelle peut être connue avec évidence de son défini.

Pour comprendre pourquoi et comment Ockham parvient à cette thèse, nous nous proposons de revenir sur le statut des définitions dans la théorie de la

1. Voir Ord., Prol. q. 1, OTh I, p. 31 : « Notitia autem abstractiva est illa virtute cuius de re contingente non potest sciri evidenter utrum sit vel non sit. »

2. Ord., Prol., q. 1, OTh I, p. 31 : « Similiter per notitiam abstractivam nulla veritas contingens, maxime de praesenti, potest evidenter cognosci. » Voir aussi Quodl. V, q. 5, OTh X, p. 495-500.

science. La question n'a pas manqué de donner lieu à un débat parmi les commentateurs des *Seconds Analytiques* de la fin du XIIIe siècle et du début du XIVe siècle. La prise de position d'Ockham dans ce débat se démarque de celle de ses contemporains par sa radicalité.

LE STATUT DES DÉFINITIONS RÉELLES DANS LA THÉORIE DE LA SCIENCE

Le rapport entre un sujet et sa propriété

Le syllogisme scientifique est défini par Ockham, comme par toute la tradition aristotélicienne médiévale, comme un syllogisme qui fait savoir[1]. Ce type de syllogisme, nous l'avons vu, comprend comme prémisses deux propositions nécessaires dont la connaissance est cause suffisante de la connaissance de la conclusion (si la conclusion est formée), sauf dans le cas où d'autres prémisses implicites sont également requises pour que la conclusion soit connue[2].

Il semblerait qu'Aristote ait envisagé deux types de syllogismes scientifiques, les premiers comme prémisses des propositions par soi sur le premier mode, les seconds comportant comme prémisses des propositions par soi sur le second mode. Une proposition est par soi sur le premier mode lorsque le prédicat est une partie de la définition du sujet. Une proposition est par soi sur le second mode lorsque le sujet est une partie de la définition du prédicat[3].

Les syllogismes du premier type seraient construits par spécification croissante. Un exemple classique de ce genre serait le suivant : tout triangle a la somme de ses angles égaux à deux angles droits ; tout isocèle est un triangle ; tout isocèle a la somme de ses angles égaux à deux angles droits. Ce type de syllogisme a un intérêt épistémique limité et, surtout, il ne satisfait pas au requisit aristotélicien selon lequel connaître, c'est connaître par la cause.

En réponse à cette objection, Aristote envisage, au second livre des *Analytiques Postérieurs*, un second type de syllogisme scientifique. Dans ce type de syllogisme, nommé au XIVe siècle « démonstration la plus puissante », on démontre une propriété de son sujet par un moyen terme qui est une définition

1. SL III-2, 1, OPh I, 505 : « Oportet autem in principio scire quod, secundum doctrinam Aristotelis, demonstratio est syllogismus faciens scire. » Pour une introduction à la théorie ockhamiste de la démonstration, voir D. Webering, *The Theory of Demonstration according to William Ockham*, St. Bonaventure (N.Y.), The Franciscan Institute, 1953.

2. SL III-2, 1, OPh I, p. 506 : « Omnes enim recte loquentes de demonstratione per demonstrationem intelligent syllogismus compositum ex duabus praemissis necessariis notis, per quas scitur conclusio quae aliter foret ignota, nisi forte in eodem tempore simul concurrant cum illis praemissis alias praemissae sufficientes ad causandum notitiam eiusdem conclusionis. »

3. SL III-2, 7, OPh I, p. 515 : « Praeter istos modos "per se" sunt aliqui alii modi dicendi per se, scilicet quando aliquid praedicatur per se de altero. Et sunt duo modi, quorum unus est quando praedicatum ponitur in definitione subiecti, alius quando subiectum ponitur in definitione praedicati. »

causale. Par exemple, on montre par la définition de l'éclipse comme interposition d'un corps opaque qu'il y a une éclipse de lune quand le soleil s'interpose entre la lune et la terre. C'est pourquoi Ockham rappelle que, dans la démonstration la plus puissante, les termes sont un sujet, une propriété et une définition [1].

À l'époque d'Ockham, il semble être une vérité partagée par tous qu'un syllogisme scientifique est un syllogisme dans lequel une propriété est démontrée de son sujet premier. La raison en est que le terme de « propriété » semble avoir été employé dans une acception très large, si bien que tous les termes plus communs que d'autres termes peuvent être considérés comme des propriétés des termes moins communs. Par exemple, on pourra dire que la mortalité est une propriété démontrable de l'humanité par un moyen, l'animalité. Il semble donc que le premier type de syllogisme envisagé par Aristote ait été ramené au second type de syllogisme.

Certains, comme Jean de Reading, s'interrogent alors sur la nature des rapports requis entre la propriété et son sujet pour qu'une propriété soit démontrable de son sujet. Jean de Reading arrive à la conclusion que, dans toute démonstration, la propriété démontrée de son sujet lui est réellement identique et formellement distincte [2]. D'autres, comme Duns Scot, arrivent à l'idée que toute propriété est incluse virtuellement dans son sujet. Ils en déduisent que la connaissance de toute propriété est incluse virtuellement dans celle de son sujet [3].

Ockham n'est pas du tout d'accord avec cette intention d'homogénéiser les rapports à poser entre les trois termes d'une démonstration, que l'on nomme le sujet, le moyen et la propriété. Il estime que Jean de Reading développe une ontologie inutile pour comprendre ces rapports. Le terme « propriété » est un terme équivoque. Dans un premier sens, une propriété est une chose qui est dite convenir à autre chose. Dans un second sens, une propriété est un terme qui se prédique de son sujet par soi sur le second mode [4]. C'est le second sens du terme qui est le plus pertinent en théorie de la démonstration, et non le premier, comme le pense Jean de Reading.

Scot, quant à lui, fait une erreur en épistémologie lorsqu'il énonce que la connaissance d'un sujet implique la connaissance virtuelle de ses propriétés. Il est un fait d'expérience que la connaissance d'une chose n'implique pas la

1. SL III-2, 2, OPh I, p. 507 : « Termini autem illi qui demonstrationem potissimam ingredi possunt, sunt praecise subiectum, passio et definitio. »

2. Ord. Prol, q. 3, OTh I, p. 131.

3. Ord. Prol, q. 9, OTh I, p. 227 : « Circa primum est una opinio quod "ratio primi subiecti est continere in se virtualiter primo omnes veritates illius habitus". » Ockham résume la position de Scot, Ord. Prol, p. 3, qq. 1-3, nn. 142-149, éd. Vat. I, p. 96-101.

4. Ord. Prol, q. 3, OTh I, p. 133-134 : « Ideo ad quaestionem istam dico quod passio potest accipi multipliciter. Uno modo pro aliqua re quae dicitur alicui rei competere. Alio modo accipitur passio pro illo quod praedicatur de aliquo secundo modo dicendi per se. [...] Sed isto [primo] modo non accipitur passio communiter in scientiis. » Voir aussi Quodl. V, q. 18, OTh IX, p. 550.

connaissance d'une chose qui en est réellement distincte [1]. Il en résulte que la connaissance d'un sujet n'implique pas nécessairement la connaissance de la proposition dans laquelle un terme de propriété de ce sujet est prédiqué de ce sujet [2].

D'ailleurs, une connaissance intuitive d'un terme est souvent requise pour connaître une vérité nécessaire. Par exemple, si l'on ne savait pas par expérience qu'un homme donné rit, on ne saurait pas que la capacité de rire est un propre de l'homme [3]. De plus, si toute propriété était démontrable de son sujet premier, alors les vérités connues par induction et les vérités analytiques seraient démontrables, ce qui n'est pas possible [4].

La thèse centrale qu'Ockham oppose à ces auteurs est que toute propriété n'est pas démontrable de son sujet premier [5]. Est premier tout sujet d'une propriété qui lui convient, abstraction faite de toute autre propriété [6]. En particulier, aucun terme de propriété qui se réfère à une chose inhérente dans le référent d'un sujet ne peut être démontré du terme qui se réfère à ce sujet [7]. Certaines propriétés sont des termes connotatifs ou relatifs accidentels. Ces termes accidentels ne sont pas démontrables du terme qui se réfère à leur sujet premier [8]. Ce n'est que par expérience qu'il est possible de connaître que les termes qui se réfèrent à ces propriétés se prédiquent par soi sur le second mode des

1. Ord. Prol, q. 9, OTh I, p. 240-241 : « Ideo quantum ad istum articulum dico primo quod universaliter numquam notitia unius rei extra incomplexa est causa sufficiens etiam cum intellectu, respectu primae notitiae incomplexae alterius rei. »

2. Ord. Prol, q. 9, OTh I, p. 244-245 : « Tertio, dico quod etiam non semper notitia distincta subiecti et notitia distincta passionis immediate continent virtualiter notitiam illius propositionis immediatae. »

3. Ord. Prol, q. 9, OTh I, p. 245-246 : « Eodem modo est de homine et risibili, quia si nunquam aliquis per experientiam cognosceret hominem ridere, nescieret utrum homo esset risibilis an non. »

4. Ord. Prol, q. 2, OTh I, p. 83 : « Ad aliam probationem dico quod non omnis passio est demonstrabilis de suo subiecto, sed aliqua passio non potest sciri inesse suo subiecto nisi praecise per experientiam. Et hoc non tantum est verum de propositione per se nota in qua praedicatur passio de suo subiecto, sed etiam de propositione frequenter non per se nota, sicut de ista "calor est calefactivus" et sic de similibus. »

5. Ockham donne une synthèse de sa position en SL III, 2, 12, OPh I, p. 525-527. Pour un commentaire de ce texte, voir E. Moody, *The Logic of William of Ockham*, New York, Russell and Russell, 1955, p. 245-247.

6. Ord. Prol, q. 4, OTh I, p. 144 : « Et voco subiectum primum illud cui potest competere omni alio circumscripto, et nulli ipso circumscripto. »

7. Ord. Prol, q. 4, OTh I, p. 144 : « Est igitur prima conclusio quod nulla passio importans aliquam rem absolutam formaliter inhaerentem est demonstrabilis de suo subiecto primo. »

8. SL III-2, 12, OPh I, p. 525-526 : « [...] aliqua passio importat in recto praecise illud idem quod importat subiectum et aliquam formam realiter inhaerentem sibi in obliquo ; aliqua autem passio praecise importat in recto illud quod importatum per subiectum et in obliquo aliquam rem non inhaerentem nec essentialem sibi ».

termes qui se réfèrent à leur sujet premier [1]. Par exemple, les termes « disposé à être coloré » et « créateur » ne sont pas démontrables des termes se référant à leur sujet premier, respectivement un corps et Dieu. Ockham limite donc le champ du démontrable. En ce qui concerne la théologie, il affirme contre Scot que les attributs divins ne sont pas démontrables de Dieu dans une démonstration *propter quid* [2].

D'autres propriétés sont des termes qui expriment les parties du référent du sujet, comme les propriétés mathématiques ou comme certaines propriétés des substances naturelles, par exemple la corruptibilité. Seul ce type de propriété est démontrable de son sujet premier [3]. Il est possible en effet de connaître sans expérience, en recourant à un syllogisme qui fait savoir, que telle propriété se prédique par soi sur le second mode d'un sujet qui est son sujet premier. C'est la raison pour laquelle on dit communément que les démonstrations mathématiques ne requièrent pas ou presque pas de recours à l'expérience.

Lorsque l'on montre qu'un triangle a trois angles, il n'est pas nécessaire de postuler que le référent de la propriété « avoir trois angles » est réellement distinct du référent du sujet, un triangle, et que quelque chose dans le triangle est à proprement parler la cause efficiente qui explique pourquoi le prédicat de la conclusion, « avoir trois angles », se prédique véridiquement et nécessairement du triangle. La propriété échoit nécessairement au sujet (s'il existe un triangle) en raison de la structure méréologique du triangle. En ce sens large, on peut reconnaître à ce moyen le statut de cause, au sens de raison explicative [4].

Le privilège accordé à ce type de propriété dans la théorie de la démonstration provient du fait que ces propriétés sont démontrables de leur sujet premier par une définition qui révèle la structure méréologique de leur sujet [5]. En effet, passer d'une connaissance confuse d'une chose à une connaissance distincte de cette

1. SL III-2, 12, OPh I, p. 526-527 : « De prima passione dico universaliter quod nulla talis passio potest demonstrari de subiecto suo primo, quia talis passio, si primo ignoretur de suo subiecto primo, non potest sciri de eo nisi per experientiam tantum. »

2. Ord. Prol, q. 2, OTh I, p. 103 : « [...] attributa non possunt de Deo demonstrari propter quid, et hoc de Deo distincte cognito, quomodo loquitur doctor iste, quia nullus conceptus quidditativus potest demonstrari demonstratione propter quid de illo quod immediate continetur sub eo, quia talis propositio est immediata ».

3. Ord. Prol, q. 5, OTh I, p. 165-166 : « Secundo, dico quod demonstrationis aliquando medium est definitio et aliquando non. Exemplum primi : sicut habere tres demonstratur de triangulo, et esse corruptibile de substantia composita. »

4. Ord. Prol, q. 3, OTh I, p. 142-143 : « [...] non oportet quod praedicatum distinguatur a subiecto nec quod sit effectus realis subiecti, sed sufficit quod sit causa alicuius quod importatur per praedicatum. [...] Et hoc extendendo causam ad partes integrales, quae aliquo modo dicuntur causae totius. »

5. Ord. Prol, q. 4, OTh I, p. 157-158 : « [...] est maior ratio quod una passio sit demonstrabilis quam alia, quia aliqua passio praesupponit subiectum suum habere partes realiter distinctas sine quibus nullo modo posset sibi competere, et per distinctam notitiam illarum partium devenitur in notitiam passionis de subiecto, et ideo illa est demonstrabilis per definitionem exprimentem illas partes tamquam per medium. »

même chose requiert d'utiliser comme moyen une définition qui exprime la structure méréologique du référent du sujet. Comme les choses simples n'ont pas de définition réelle, aucun prédicat n'est démontrable d'un sujet premier qui aurait un tel type de chose comme référent. Plus généralement, tout type de prédicat qui n'implique pas que le référent du sujet ait des parties réellement distinctes les unes des autres est indémontrable de son sujet premier [1].

Ceci explique qu'Aristote dise qu'une propriété est démontrable de son sujet par l'intermédiaire d'une définition et que les démonstrations mathématiques soient privilégiées sur les autres [2]. Il faut comprendre que toute propriété démontrable de son sujet l'est par l'intermédiaire d'une définition et que les objets mathématiques ont le privilège d'être tous, ou quasiment tous, des structures complexes divisibles en parties [3]. Ces développements fort condensés conduisent Ockham à expliquer comment comprendre les affirmations d'Aristote sur les rapports entre définition et démonstration.

Le débat sur la démonstration la plus puissante

Dans la question 5 du *Prologue*, Ockham prend parti au sujet de la querelle qui anime la communauté des commentateurs des *Seconds Analytiques* depuis Robert Grosseteste et Albert le Grand. Cette querelle, bien connue des médiévistes, porte sur la nature du moyen terme dans une démonstration et, en particulier, dans la démonstration dite la plus puissante [4].

Ockham donne du débat la version suivante [5]. Tout le monde s'entend sur le fait que le moyen terme d'une démonstration est une définition. La querelle porte, d'après lui, sur la question de savoir quel est le moyen terme de la démonstration la plus puissante [6].

1. Ord. Prol, q. 4, OTh I, p. 158 : « Aliqua autem passio, quantum est ex se, nulla praesupponit distinctionem partium quin simpliciter potest poni quacumque illarum partium circumscripta, et ideo nihil est exprimens quaecumque intrinseca suo subiecto cui prius vel notius conveniat quam subiecto, et ideo talis non est demonstrabilis. »

2. SL III-2, 12, OPh I, p. 527 : « Et quia in paucis scientiis habemus demonstrationem proprie a priori nisi in mathematicis in quibus communiter passio demonstratur de subiecto suo primo per definitionem subiecti tamquam per medium, ideo frequenter dicit Aristoteles indistincte quod passio est demonstrabilis de subiecto et quod definitio est medium. »

3. SL III-2, 12, OPh I, p. 527 : « Et tales sunt demonstrationes mathematicae, propter quod in eis parva vel nulla requiritur experientia, et demonstratur in eis semper vel frequenter per definitionem subiecti tamquam per medium. »

4. Pour les références bibliographiques, voir chap. premier, p. 10, n. 40.

5. Pour la conception ockhamiste de la *demonstratio potissima*, voir L. M. De Rijk, « Der Streit über das *medium demonstrationis*: die Frucht eines Misverständnisses ? », *in* K. Jacobi (ed.), *Argumentationstheorie. Scholastische Forschungen zu den logischen und semantischen Regeln korrekten Folgerns*, Leiden, Brill 1993, p. 451-463.

6. Ord. Prol. q. 5, OTh I, p. 159 : « Ad istam quaestionem est opinio communis quod in omni demonstratione medium est definitio, sed de medio demonstrationis potissimae sunt diversae opiniones. »

Aristote avance une distinction entre connaître par un fait et connaître par une cause lorsqu'il traite de la problématique de la subalternation en *Analytiques Postérieurs* I, 13. Il reprend cette distinction en *Analytiques Postérieurs* II, 16 lorsqu'il aborde la possibilité de ce qui a été nommé le syllogisme de l'essence [1]. Dans le premier cas, la distinction sert à expliquer comment une même proposition peut appartenir à des sciences distinctes [2]. Dans le second cas, la distinction sert à exposer deux manières de connaître une même proposition.

Ockham identifie le second cas à la distinction entre les différentes questions qui peuvent être posées au sujet d'une proposition pour parvenir à la connaître [3]. Le moyen, ici, ne se limite pas aux prémisses explicites dont la connaissance est la cause de la connaissance de la conclusion. Le moyen peut comprendre les connaissances acquises par induction [4], qui ne peuvent pas servir de prémisses dans une démonstration, bien que leur connaissance soit une cause nécessaire de la connaissance de la conclusion. Par exemple, la proposition « toute chaleur chauffe » ne peut pas être un moyen dans une démonstration et, pourtant, elle est requise pour démontrer que tout feu chauffe [5].

Cette interprétation du texte aristotélicien a pour avantage d'intégrer dans la théorie de la science une théorie des principes de la démonstration qui ne souffre pas des ambiguïtés laissées à la postérité par Aristote, notamment en ce qui concerne le statut des principes connus par induction, l'un des enjeux centraux des réflexions sur la théorie de la science au début du XIV e siècle.

Il n'en reste pas moins que, pour les contemporains d'Ockham, la distinction entre *quia* et *propter quid* est une distinction entre deux types de démonstration, la démonstration par le fait et la démonstration par la cause. La démonstration la plus puissante est un certain type de démonstration par la cause.

Il est admis communément qu'au sens le plus propre, c'est-à-dire dans une démonstration *propter quid*, par la cause, le moyen terme est une définition [6].

1. À ce sujet, voir notamment L. Blake, « Aristotle on Demonstrating Essence », *Aperion* 19, 1985, p. 116-132 et, plus récemment, M. Deslauriers, *Aristotle on Definition*, Brill, Leiden/ Boston, 2007 (chap. II, « The Four Types of Definition », p. 43-80).

2. Pour l'interprétation d'Ockham, voir SL III-2, 21-22, OPh I, p. 539-543.

3. SL III-2, 23, OPh I, p. 546 : « Ex praedictis patet quod omnis quaestio vel quaerit si est medium devenendi in notitiam primi quaesiti, sicut quaestio quia est et quaestio si est, vel quaerit quia est illud medium, sicut quaestio quid est et quaestio propter quid est. »

4. SL III-2, 23, OPh I, p. 546 : « Sed sciendum est quod medium hic non accipitur pro medio syllogistico, sicut dicit Lincolniensis, sed vocatur hic medium omne illud per quod devenit ratio in notitiam prius ignoti. Et ita experientia potest hic vocari medium. »

5. SL III-2, 4, OPh I, p. 510 : « Verbi gratia, ista est una propositio prima, per experientiam praecise nota "omnis calor est calefactivus" quae non potest esse pars demonstrationis, saltem potissimae et universalis, virtute tamen istius tenent tales demonstrationes "omne calidum est calefactivum ; omnis ignis est calidus ; igitur omnis ignis est calefactivus". »

6. Ord. Prol, q. 5, OTh I, p. 158 : « Ergo omnis quaestio est de definitione tamquam de medio. Sed omnis conclusio demonstrationis est quaeribilis ; igitur habet terminari per definitionem tamquam per medium. »

Les prémisses d'une démonstration par la cause doivent satisfaire cinq conditions : elles doivent énoncer la cause du fait exprimé dans la conclusion, elles doivent être dans la première figure, universelles, affirmatives et ostensives. Une démonstration par la cause l'est au sens le plus propre, c'est-à-dire est une démonstration la plus puissante, si les prémisses satisfont une sixième condition : le moyen terme est une définition dite formelle depuis Grosseteste [1]. Toute la question est de savoir ce qui est défini dans le moyen terme, le sujet ou la propriété.

Ockham prend pour opposant Richard de Conington [2]. Ce dernier soutient que, dans la démonstration la plus puissante, le moyen terme est la définition de la propriété qui est prédiquée dans la conclusion de la démonstration [3]. Ockham n'a aucun mal à réfuter la position de Richard de Conington. La raison en est que ses prises de position sont facilement déductibles des thèses qu'il a soutenues, dans la question précédente du *Prologue*, sur la question des rapports entre les termes qui composent une démonstration, en l'occurrence le sujet et la propriété.

Son propos repose sur le principe fondamental selon lequel une propriété est indémontrable de son sujet premier ou adéquat, excepté dans certains cas où la propriété est un terme connotatif et où le sujet doit être conçu comme ayant des parties distinctes [4]. L'exception est mentionnée pour garantir notamment la possibilité de démontrer les propriétés mathématiques de leurs objets, comme nous l'avons vu.

Ockham soutient qu'en ce qui concerne la démonstration la plus puissante [5], que l'on trouve en mathématiques principalement, c'est la définition du sujet qui est le moyen terme de la démonstration [6]. Le logicien ne se heurte à aucun obstacle pour établir sa position. Il rencontre davantage de difficultés lorsqu'il tente de faire entrer dans sa propre typologie de la définition les deux types de définition dont il est, d'après Richard de Conington, question dans le débat, la définition dite formelle et la définition dite matérielle.

1. Ord. Prol, q. 5, OTh I, p. 159-160 : « [...] sed in II libro ponit sextam conditionem" : quod medium in ea sit definitio formalis. »

2. Sur Richard de Conington, voir V. Doucet, « L'œuvre scolastique de Richard de Conington, O.F.M. », *Archivum Franciscanum Historicum* 29, 1936, p. 396-442 ; S. Brown, « Sources for Ockham's *Prologue* to the *Sentences* », *Franciscan Studies* 26, 1966, p. 36-65. Richard de Conington suit l'opinion d'Albert le Grand et de Gilles de Rome.

3. Ord. Prol. q. 5, OTh I, p. 159 : « Una opinio est quod medium in tali demonstratione est definitio passionis, non subiecti. »

4. Ord. Prol. q. 4, OTh I, p. 144.

5. Ord. Prol. q. 5, OTh I, p. 165 : « Ideo dico ad istam quaestionem primo quod demonstratio potissima est illa quae est propter quid, universalis utraque universalitate – de qua dictum est prius – et affirmativa ; et ex hoc sequitur quod sit in prima figura eo ipso quod est propter quid ; et quia est propter quid sequitur quod sit per causam ; similiter quia est affirmativa praecise sequitur quod est ostensiva. »

6. Ord. Prol. q. 5, OTh I, p. 166 : « Tertio, dico quod quando medium est definitio, est definitio subiecti non passionis. [...] Huiusmodi autem demonstrationes fiunt in mathematicis. »

L'argumentaire de Richard est centré autour de la question de la nature et du statut des définitions dites matérielle et formelle. Cette question surgit dans le débat après que Thomas d'Aquin a revalorisé le statut du quatrième sens de « par soi » exposé par Aristote au début des *Seconds Analytiques*. Thomas distingue en effet les propriétés essentielles (par soi au second sens) des propriétés naturelles (par soi au quatrième sens). Cette distinction, d'après D. Demange, est « l'une des clefs de la théorie de la *demonstratio potissima* » [1].

En ce qui concerne notre propos, Richard de Conington estime que, dans une démonstration par la cause ou démonstration la plus puissante, il faut exposer dans la mineure la cause formelle de l'inhérence du référent de la propriété dans le référent du sujet. Or, d'après Ockham, la définition du sujet expose tout au plus la cause efficiente ou la cause matérielle de l'inhérence du référent de la propriété dans le référent du sujet. La définition du sujet ne peut donc pas entrer dans la mineure de la démonstration la plus puissante [2].

Dans sa réponse à Richard de Conington, Ockham est contraint de s'expliquer sur la nature et le statut de ces définitions dites « causales » et de les intégrer à sa propre typologie des définitions, qui ne comprend initialement que les seules définitions réelles et définitions nominales. Ockham cherche ainsi à s'approprier une terminologie qui lui est étrangère. Cette tentative d'appropriation occupe une place importante dans la question 5 du *Prologue* de l'*Ordinatio*. Ockham y revient dans la *Somme de Logique*. En effet, les chapitres de SL III-2 qui traitent de l'épistémologie de la définition sont consacrés aux conséquences épistémologiques de cette tentative d'appropriation.

Dans la question 5 du *Prologue*, Ockham commence par définir la définition formelle comme une définition qui exprime les parties essentielles ou intrinsèques de la chose définie et la définition matérielle comme une définition qui exprime des choses extrinsèques de la chose définie [3].

À partir de là, Ockham procède en deux étapes pour intégrer la définition formelle et la définition matérielle dans sa propre typologie de la définition, sous couvert de l'hypothèse qu'une définition réelle n'est pas démontrable de son défini [4].

Il commence par distinguer deux types de définition nominale. Une définition nominale exprime le sens d'un terme ou bien est un discours dont la vérité s'ensuit

1. D. Demange, *Jean Duns Scot. La théorie du savoir*, Paris, Vrin, 2007, p. 90-114.

2. Ord. Prol., q. 5, OTh I, p. 160.

3. Ord. Prol., q. 5, OTh I, p. 170 : « Dico ergo quod definitio formalis semper datur per intrinseca et essentialia § hoc est per conceptus exprimentes principia intrinseca § definitio autem materialis datur per extrinseca rei cui primo competit definitio. »

4. Ord. Prol., q. 5, OTh I, p. 173 : « Dico quod definitio exprimens quid rei numquam potest demonstrari de definito, quia semper illa propositio est immediata. »

de la vérité d'un argument antérieur [1]. Il est impossible de démontrer une définition nominale au premier sens de son défini, à moins de commettre une pétition de principe. Par contre, à partir d'une définition nominale, il est possible de déduire certaines propriétés du terme défini [2]. En ce sens, une définition nominale au second sens est déductible par démonstration – en un sens très large de « démonstration » – d'une définition nominale au premier sens [3].

En un second temps, Ockham identifie les définitions nominales au second sens à des définitions matérielles. Il en conclut qu'en ce sens les définitions matérielles sont démontrables de leur défini en prenant pour moyen une définition nominale au premier sens. Par exemple, de la définition nominale d'une maison comme ce qui protège des intempéries, on peut déduire certaines de ses propriétés matérielles, comme le fait que cet artefact est constitué de corps solides. Ces propriétés matérielles peuvent être considérées comme formant une définition matérielle de la maison [4]. On peut parler de démonstration complète, comme Aristote, car la démonstration donne toutes les causes nécessaires, à savoir la cause matérielle et la cause finale [5].

Cette définition matérielle n'est pas vraiment assimilable à une définition qui dit ce qu'est la chose (*quid rei*), donc à une définition réelle. La définition matérielle est, certes, démontrable, en un sens large de démonstration, de son défini, à partir d'une définition nominale du défini. En aucun cas, cependant, ces démonstrations n'ont de valeur informative. Elles ne font pas savoir. Ces syllogismes valides ne sont pas démonstratifs au sens propre car la question « si est » n'a pas été traitée [6].

Ainsi, si l'on considère de façon analogue les rapports entre les différentes définitions réelles d'une substance, on peut dire qu'une définition réelle est démontrable en un sens très large de son défini par une autre définition réelle de ce

1. Ord. Prol., q. 5, OTh I, p. 173 : « Sed loquendo de definitione exprimente quid nominis, distinguo de ea, quia dupliciter accipitur. Vel pro aliqua oratione quam omnes loquentes de nomine intelligunt per nomen ; vel pro oratione cuius veritas sequitur ex veritate prioris rationis. »

2. Ord. Prol, q. 5, OTh I, p. 173 : « Prima definitio non potest demonstrari de definito, quamvis posset demonstrari de subiecto ; et ita est principium demonstrationis. Secunda definitio potest demonstrari. »

3. Ord. Prol, q. 5, OTh I, p. 174 : « Tamen est advertendum quod ista demonstratio non est "simpliciter demonstratio" et universalis. »

4. Ord. Prol, q. 5, OTh I, p. 173-174 : « Verbi gratia, omnes per domum intelligent aliquid prohibens nos a frigore etc., et illa definitio non potest demonstrari de domo, sed est principium. Sequitur autem "prohibet nos a talibus tempestatibus etc. ; igitur componitur ex corporibus solidis : sed nonnisi ex lignis et lapidibus", – ponatur quod non essent alia corpora potentia prohibere. »

5. Ord. Prol, q. 5, OTh I, p. 174 : « Et ita secunda ista definitio quae non exprimit quid rei alicuius potest demonstrari per priorem et erit conclusio demonstrationis. Ex istis autem componitur una completa exprimens omnes causas eius necessarias, quia exprimit finem et materiam. »

6. Ord. Prol, q. 5, OTh I, p. 174 : « Sed istae demonstrationes non sunt "simpliciter" et universales, quia non faciunt scire, sed tantum inferunt conclusionem ex praemissis ; quia, secundum Aristotelem II Posteriorum, impossibile est cognoscere "quid est" nisi cognoscendo "si est". »

même défini. Il n'en reste pas moins que lesdits syllogismes de l'essence ne sont pas des démonstrations au sens propre [1].

L'argumentaire d'Ockham repose sur les deux notions de définition nominale et de définition réelle, qu'il tient pour acquises dans la question 5 du *Prologue*. Dans l'acception qu'Ockham privilégie dans son commentaire aux *Seconds Analytiques* de la *Somme de Logique*, une définition nominale est la définition d'un terme qu'un locuteur propose à un autre locuteur qui ignore le sens du terme [2]. Ockham suit Aristote et affirme qu'une définition nominale est une proposition immédiate donc indémontrable [3]. De plus, faire entrer une définition nominale à titre de moyen dans une démonstration, c'est commettre une pétition de principe [4].

Le raisonnement avancé pour rendre raison du fameux «syllogisme de l'essence» est donc bancal, puisqu'il repose sur l'idée qu'une définition nominale peut être utilisée comme moyen pour prouver une autre définition nominale du sujet, alors qu'Ockham affirme par ailleurs qu'une définition nominale ne peut servir de moyen dans une démonstration. De plus, l'extension de ce cas par analogie aux différentes définitions réelles d'un sujet est fort douteuse puisqu'il affirme qu'une définition réelle est une proposition immédiate, donc indémontrable. Enfin, la définition matérielle étant définie comme ce qui exprime des choses extrinsèques au défini et la définition formelle comme ce qui exprime des choses intrinsèques au référent du défini, on aurait attendu que ce soit la définition formelle qui soit considérée comme plus ou moins analogue à une définition réelle, plutôt que la définition matérielle.

L'interprétation qu'Ockham propose du texte aristotélicien paraît donc bancale. Ockham reprend la question dans les chapitres XXXIII et XXXIV de SL III-2.

Les définitions matérielle et formelle dans la Somme de Logique

Nous avons vu que, dans le *Prologue* de *l'Ordinatio,* Ockham identifie les définitions formelles à des définitions nominales. Le résultat de cette

1. Ord. Prol, q. 5, OTh I, p. 174 : « Similiter, potest dici quod aliquo modo quid rei est demonstrabile per quid nominis. Supponentes enim quod per hominem intelligatur aliqua substantia substantia composita, potens intelligere et velle, potest concludi quod componitur ex corpore et anima intellectiva. »

2. SL III-2, 28, OPh I, p. 555 : « Et ideo quando quis addiscit significata vocabulorum, tunc addiscit definitiones exprimentes quid nominis, quamvis non addiscat definitiones exprimentes quid rei. »

3. SL III-2, 34, OPh I, p. 570 : « Et est dicendum quod generaliter definitio exprimens quid nominis non potest demonstrari de definito, sed ista praesupponitur omni demonstrationi et omni syllogismo. »

4. SL III-2, 12, OPh I, p. 525 : « Unde universaliter quando pro medio accipitur definitio exprimens quid nominis tantum, in tali illatione est petitio principii. »

identification est plutôt incertain étant donné qu'une définition nominale ne peut pas, d'après l'interprétation qu'Ockham en donne, entrer dans une démonstration au sens propre. Dans les deux chapitres de la *Somme de Logique* consacrés à la connaissance de la définition des termes connotatifs, Ockham cherche à effacer la maladresse commise dans le *Prologue* de l'*Ordinatio* sans avoir à identifier les fameuses définitions formelles à des définitions réelles.

Pour rendre son propos cohérent avec la théorie de la définition nominale qu'il défend, Ockham doit rendre viable l'idée qu'un terme connotatif peut avoir plusieurs définitions. L'entreprise n'est pas gagnée d'avance. L'unicité de la définition nominale pour tout terme connotatif est l'un des postulats essentiels de la théorie ockhamiste de la signification. L'importance de ce postulat est bien connue des spécialistes d'Ockham engagés depuis plus de vingt ans dans un débat à ce sujet, qui touche à la nature et au statut du langage mental [1].

De plus, les termes connotatifs qui ont une définition nominale ne peuvent pas avoir de définition réelle. Ockham reconnaît explicitement que la définition matérielle à laquelle il a eu recours dans le *Prologue* de l'*Ordinatio* n'est pas la définition réelle d'un terme connotatif définissable par une définition nominale [2].

Ockham n'entend aucunement renoncer au principe de l'unicité de la définition d'un terme connotatif. S'il faut qu'une définition d'un terme connotatif soit un moyen dans une démonstration dont une autre définition est une conclusion, alors la définition figurant dans la conclusion, qui exprime le *quid rei* du terme sujet, n'est pas au sens le plus strict une définition du sujet [3].

Il procède à un ajustement provisoire de sa théorie en s'appuyant sur deux types de termes connotatifs, ceux qui désignent des objets impossibles comme « chimère » ou « vide » [4] et ceux qui désignent des artefacts comme « maison » ou « scie » [5]. On ne peut renoncer en aucun sens, même large, à l'unicité de la définition nominale dans le cas des objets impossibles. La définition nominale d'un

1. Voir J. Trentman, « Ockham on Mental », *Mind* 79, 1970, p. 576-590 ; P. Spade, « Ockham's Distinction Between Absolute and Connotative Terms », *Vivarium* 13, 1975, p. 55-76 ; C. Normore, « Ockham on Mental Language », *in* J.-C. Smith (ed.), *Historical Foundations of Cognitive Science*, Dordrecht, Reidel, 1990, p. 53-70 ; C. Panaccio, « Guillaume d'Ockham, les connotatifs et le langage mental », *Documenti e studi* 11, 2000, p. 297-316.

2. SL I, 10, OPh I, p. 35-36 : « [...] proprie loquendo unius nominis habentis definitionem exprimentem quid nominis est una definitio explicans quid nominis, sic scilicet quod talis nominis non sunt diversae orationes exprimentes quid nominis habentes partes distinctas ».

3. SL III-2, 33, OPh I, p. 568-569 : « Propter quod frequenter dixi quod tale connotativum non habet definitionem nisi exprimentem quid nominis tantum et non definitionem exprimentem quid rei, quia talis oratio non est propriissima definitio talis definiti ; immo forte non est proprie definitio sua, et propter hoc talis definitio vocatur ab aliquibus definitio materialis. »

4. SL III-2, 33, OPh I, p. 568 : « [...] quaedam enim sunt talia de quibus significative sumptis impossibiliter praedicatur esse, cuiusmodi sunt "chimaera", "hircocervus", "vacuum", "corpus infinitum" et huiusmodi. »

5. SL III-2, 33, OPh I, p. 568 : « Alia sunt de quibus non impossibiliter praedicatur esse, cuiusmodi sunt "album", "nigrum", "risibile", "calefactivum", "creativum" et huiusmodi. »

terme impossible fixe l'extension du terme de façon arbitraire [1]. Cette justification d'ordre sémantique renforce la thèse selon laquelle il n'y a de science et de démonstration que de ce qui existe ou de ce qui peut exister [2].

Le cas des artefacts et plus généralement de tous les objets qui n'ont pas d'unité constitutive sur le plan ontologique est différent du cas des objets impossibles. Apprendre à quelqu'un la définition nominale de la scie n'est pas tout lui apprendre sur la scie. Ockham se saisit de l'idée que la définition nominale des artefacts est une définition fonctionnelle qui ne mentionne pas la constitution matérielle de l'artefact défini. Il peut alors rapprocher le concept de constitution matérielle du concept de partie intégrale [3]. Il peut, par suite, introduire le concept de définition matérielle et qualifier la définition matérielle de définition réelle au sens impropre [4]. La définition matérielle de la scie fait connaître quelle chose naturelle est la scie, c'est-à-dire quelle est sa constitution matérielle. Le fer est en ce sens le «ce qu'est» (*quid est*) la scie. Ockham précise donc la portée de l'analyse qu'il a proposée dans le *Prologue* de l'*Ordinatio*.

Il est manifeste que l'analyse d'Ockham ne peut valoir que pour les termes connotatifs désignant des artefacts ou pour certains termes collectifs. En effet, il serait très surprenant de répondre à quelqu'un qui demande ce qu'est la paternité que c'est un homme. La signification première de ce terme relatif n'exprime pas la constitution matérielle de la paternité, si tant est que parler de la constitution matérielle de la paternité ait un sens. Il en va de même pour le terme relatif concret «père». Répondre à quelqu'un qu'un père est un homme qui a engendré ne consiste pas à exprimer la constitution matérielle d'un père, qui est plutôt un homme fait de chair et d'os, ainsi que d'une âme intellective.

Ockham est dès lors en mesure de maintenir que la définition matérielle d'un artefact est déductible de sa définition nominale, fonctionnelle, qui sera plus générale et donc inclura sa définition dite réelle en un sens impropre. Le texte

1. SL III-2, 33, OPh I, p. 568 : « Prima habent praecise definitiones exprimentes quid nominis et nullo modo exprimentes quid rei ; sicut "chimaera" habet definitionem exprimentem quid est illa res quae est chimaera, quia nulla talis res est nec esse potest. »

2. Ord. Prol. q. 5, OTh I, p. 175 : « Hoc est, non potest sciri "quid est" sine notitia qua scitur hoc esse vel fuisse vel futurum esse, quia aliter naturaliter non potest sciri esse possibile in rerum natura, et quod "quid nominis" non includit contradictionem. » Voir aussi SL III-2, 25, OPh I, p. 550-551.

3. SL III-2, 33, OPh I, p. 569 : « Verbi gratia hoc nomen "serra" potest dupliciter definiri. Uno modo sic "serra est aliquid quo possumus ligna dividere". Sit ita quod haec sit definitio sua exprimens quid debemus intelligere per hoc nomen "serra" ; ita quod si sit aliquid cui non convenit haec oratio, eo ipso non significatur hoc nomine, saltem in recto. Ista oratione nota de hoc definito "serra" possum ignorare an serra sit aër vel aqua, lignum vel lapis, caro vel os, et ita ignoro qualis res est serra et nescio quid est serra. »

4. SL III-2, 33, OPh I, p. 569 : « Quae tamen non est definitio proprie dicta, quamvis exprimat quid est serra, hoc est, quamvis exprimat quae res est serra ; et hoc quia si esset aliquid aliud a ferro quo possemus dividere ligna, illud esset serra, et tamen non esset ferrum quo possumus dividere ligna. »

aristotélicien et l'interprétation de Grosseteste peuvent garder une cohérence minimale, bien qu'Ockham demeure très circonspect à ce sujet [1].

Le chapitre XXXIX de SL III-2 est justement dédié à la justification de la lettre du texte d'Aristote et de ce qu'en a dit son commentateur Robert Grosseteste [2]. Ockham se demande comment les définitions des termes connotatifs sont connues. L'enjeu est de concilier la thèse selon laquelle une définition nominale ne peut en aucun cas entrer dans une démonstration et la thèse aristotélicienne selon laquelle il existe une forme de définition qui ne diffère de la démonstration que par la position. Il est donc question du fameux syllogisme de l'essence.

Ockham peut soutenir que, parfois, une définition matérielle est démontrable d'une définition formelle, à la condition bien entendu d'identifier la définition formelle à la définition nominale d'un terme connotatif [3]. La raison en est que d'une définition nominale il est possible de déduire en partie, sans recours à l'expérience, la nature des causes constitutives d'un artefact. Ces causes sont exprimées dans une formule non propositionnelle qui est nommée « définition matérielle » et qui en un sens large peut être considérée comme une définition *quid rei* [4]. Cette déduction n'est pas une démonstration au sens propre.

Dans la *Somme de Logique*, Ockham en arrive encore une fois à la conclusion implicite qu'il n'y a pas de syllogisme de l'essence, tout en étant beaucoup plus précis sur le statut des définitions formelle et matérielle. Par ailleurs, il renonce à faire une analogie qui permettrait de passer des termes connotatifs aux termes absolus substantiels, seuls à même d'avoir une définition réelle [5].

Ockham est parvenu à maintenir jusqu'au bout qu'une définition réelle au sens propre n'est pas démontrable. Si une définition réelle n'est pas démontrable de son défini, par exemple par l'intermédiaire d'une autre définition du même défini, comment est-elle connue ?

Ockham examine cette question dans les chapitres XXIX à XXXII de la *Somme de Logique, III-2*. Nous allons voir qu'il parvient à l'idée que la connaissance d'un énoncé d'identité dans lequel une définition réelle est prédiquée de son

1. SL III-2, 33, OPh I, p. 559 : « Istae autem duae definitiones serrae – si sint definitiones, quia exempla ponimus, non ut ita sint, sed ut sentiant qui addiscunt – sic se habent quod quidquid significatur per definitionem secundam, significatur etiam per definitionem primam, quamvis generalius. »

2. Pour l'interprétation que Robert Grosseteste donne du texte aristotélicien, voir l'article de P. Pérez-Ilzarbe, « Definition and Demonstration : Aristotle, Averroes, Grosseteste », *in* A. Storck (éd.), *In Aristotelis Analytica Posteriora : estudos acerca da recepção medieval dos Segundos Analíticos*, Linus Editories, Porto Alegre, 2009, p. 71-110.

3. SL III-2, 34, OPh I, p. 571 : « Et sic se habent quod definitio materialis potest demonstrari quandoque per definitionem formalem. »

4. SL III-2, 34, OPh I, p. 571 : « Ista conclusio ignota fit nota non per experientiam sed per propositiones notas, dispositas in modo et in figura, et ita una definitio demonstratur per aliam de definito. »

5. SL III-2, 34, OPh I, p. 571 : « Sed hoc numquam verum est nisi quando definitum est connotativum, cuiusmodi sunt omnia nomina artificalium. »

défini, qui est contingent, obéit aux mêmes contraintes épistémiques que celles auxquelles obéit la connaissance des propositions connues par soi.

L'ÉPISTÉMOLOGIE DE LA DÉFINITION RÉELLE

La formulation du problème dans la Somme de Logique

Dans la *Somme de Logique*, Ockham se demande « comment il est possible de connaître avec évidence une proposition dans laquelle une définition est prédiquée du défini » [1]. Il cherche à mettre en place les conditions requises pour que soit rendue possible une situation épistémique dans laquelle un sujet connaîtrait avec évidence une définition de son défini.

Commençons par analyser la question inaugurale posée par Ockham en nous concentrant sur le cas des définitions réelles, à supposer qu'une définition réelle ne puisse pas être démontrée de son défini. Ockham demande comment il est possible de connaître avec évidence la proposition dans laquelle une définition réelle est prédiquée de son défini. Les termes qui requièrent une explication sont les suivants : la possibilité et le défini.

La possibilité en question doit être très vraisemblablement interprétée en un sens épistémique. Il faut supposer qu'ait lieu une situation épistémique dans laquelle un agent connaît avec évidence une définition du défini. Il faut se demander alors quels sont les mécanismes gnoséologiques à l'œuvre dans cette situation. Cette possibilité n'est pas remise en cause par les textes dans lesquels Ockham, suivant la tradition, dit que la connaissance des choses telles qu'elles sont et la connaissance évidente des définitions réelles ne sont pas possibles à l'homme ici-bas [2]. Ockham se demande quels sont les mécanismes gnoséologiques requis pour qu'une définition réelle soit connue avec évidence et de façon immédiate du défini, que la situation épistémique envisagée ait effectivement lieu ou non. L'essentiel est que la situation épistémique envisagée soit possible naturellement.

Le résultat des mécanismes gnoséologiques à l'œuvre dans cette situation épistémique est un assentiment immédiat à la proposition. Ockham estime qu'une

1. SL III-2, 28, Oph I, p. 555.

2. SL III-2, 31, OPh I, p. 562 : « Si autem partes rei non omnes intuitive videantur, sed totum videatur intuitive, non tamen talis videns possit discernere inter omnes partes totius – si tamen hoc sit possibile – tunc illa pars quae est genus accipitur per notitiam illam et per notitiam alterius vel aliorum singularium. » Ord. d. 3, q. 2, OTh II, p. 412 : « Ad tertiam probationem dico quod nulla substantia corporea exterior potest a nobis in se naturaliter cognosci ». Voir aussi Ord. d. 8, q. 3, OTh III, p. 206. Pour la même thèse, mais cette fois-ci au sujet de la connaissance de la notion générale de substance, voir Ord. d. 3, q. 2, OTh II, p. 416. Pour les substances particulières, voir Rep. IV, q. 16, OTh VII, p. 348. Pour la question de la connaissance des substances, voir C. Panaccio, *Ockham on Concepts*, *op. cit.*, p. 126-127.

définition réelle est indémontrable de son défini, donc que son évidence ne provient pas de l'évidence d'autres propositions qui seraient des prémisses d'une démonstration. L'assentiment donné à un énoncé d'identité dans lequel une définition reélle est prédiquée de son défini est consécutif à la connaissance évidente des termes si la proposition est formée, que cette connaissance soit abstractive ou bien intuitive. La structure épistémique de l'assentiment évident donné à ce type d'énoncé d'identité en ferait une proposition analytique.

Le texte de la *Somme de Logique* va apparemment dans le sens d'une telle interprétation. Ockham procède de façon systématique par analyse, en examinant comment sont connus les termes composant une proposition dans laquelle la définition réelle est prédiquée du défini. Il estime donc qu'il suffit de rendre compte des modalités de la connaissance des termes de la proposition pour rendre compte des modalités de la connaissance de la proposition.

Cela n'est, bien sûr, pas totalement suffisant. Il faut expliciter la nature de la cause de l'assentiment à une telle proposition, autrement dit confirmer que la connaissance évidente des termes est la cause de l'assentiment à la proposition si la proposition est formée. Or, dans son étude des modalités de la connaissance du genre, Ockham recourt à une explication qui manifeste très clairement que c'est la connaissance des parties de la proposition en question qui est la cause de l'assentiment immédiat à la proposition si elle est formée. De plus, dans le chapitre consacré à la connaissance de la définition par addition, Ockham rend raison de la méthode qu'il adopte en rappelant que, pour savoir comment une telle définition est connue du défini, il faut examiner comment les parties de la proposition sont connues du défini [1].

Il faudrait en conclure qu'en se posant la question de savoir comment une proposition dans laquelle une définition réelle est connue avec évidence de son défini, Ockham se demande comment il est possible de justifier l'idée qu'une telle proposition est une proposition connue par soi, c'est-à-dire une vérité analytique.

Or Ockham ne qualifie jamais une telle proposition de proposition connue par soi. Et pour cause : comme nous l'avons vu, Ockham estime que toute proposition connue par soi est nécessaire. Un énoncé d'identité dans lequel une définition réelle est prédiquée de son défini est une proposition contingente. L'aporie à laquelle on aboutit n'est pas surprenante.

On peut passer à une autre question pour tenter de sortir de l'aporie. Que faut-il entendre par « défini » lorsque l'on se demande comment une définition réelle peut être connue avec évidence de son défini ? Ockham entend « défini » en deux sens. En un premier sens, le défini est l'individu dont les parties essentielles sont exprimées dans la définition sous un mode ou sous un autre [2]. En ce sens, on peut

1. SL III-2, 32, OPh I, p. 566-567 : « Et ideo ad sciendum quomodo talis definitio scitur de definito, videndum est quomodo diversae partes diversimode sciuntur de eodem. »

2. SL I, 29, OPh I, p. 91 : « Sciendum est autem quod "definitum" dupliciter accipitur. Uno modo pro illo cuius partes vel essentia per definitionem exprimuntur, et sic definitio est ipsarum substan-

dire, à l'encontre d'Aristote, que l'individu est définissable[1]. Là n'est pas l'essentiel pour notre propos. Ce qui nous importe à présent sont les conséquences épistémologiques d'une telle affirmation. En un second sens, le défini est l'espèce convertible avec la définition. En ce second sens, le défini est un concept commun qui dénote l'ensemble des individus dont les parties essentielles sont exprimées par la définition[2].

L'interprétation à donner à la question qui ouvre l'examen des rapports entre définition et défini est très différente en fonction de l'acception de « défini » que l'on choisit. Si l'on entend « défini » au sens d'individu désigné par le terme défini, on se demande si, aussitôt qu'un sujet épistémique a un contact épistémique direct avec Socrate, ce sujet connaît ou du moins peut connaître avec évidence et sans raisonner que Socrate est un animal rationnel mortel, à supposer qu'il possède les concepts d'animal, de rationnel et de mortel. Si l'on entend « défini » au sens d'espèce, alors on se demande si, à supposer qu'un sujet épistémique connaisse tous les concepts qui composent la proposition mentale dans laquelle la définition « animal rationnel mortel » est prédiquée du concept spécifique « homme », il assentit ou, du moins, il peut assentir immédiatement à cette proposition.

La question est ambiguë dans les deux cas. L'ambiguïté provient de l'indécision qui pèse sur les causes de l'assentiment évident présumé à la proposition dans laquelle la définition est prédiquée du défini. On pourrait penser que la volonté a un rôle à jouer dans cet assentiment. L'esprit peut assentir mais n'assentit pas nécessairement aussitôt qu'il a connaissance des termes qui forment la proposition en question. Une interprétation du « potest » dans l'énoncé de la question inaugurale comme ayant une portée large pourrait signifier qu'il faudrait que le sujet veuille connaître la proposition pour que le mécanisme de l'assentiment s'enclenche. Dans cette interprétation, nous prendrions en compte une pré-condition psychologique de l'assentiment, ce qui n'est pas philosophiquement intéressant. Il serait préférable de donner une interprétation épistémique du « potest », selon laquelle il faut que soient réunies certaines conditions épistémiques pour que l'esprit assente à la proposition, s'il l'a formée.

Nous reviendrons en conclusion sur cette hypothèse de lecture[3]. Nous pouvons dès à présent noter que le cas du concept spécifique reste le cas le plus

tiarum singularium, sicut ista definitio "animal rationale" est definitio omnium hominum, quia essentia omnium hominum per istam definitionem importatur. »

1. SL I, 29, OPh I, p. 91 : « Et isto modo accipiendo definitum, concendendum est quod substantia particularis definitur. »

2. SL I, 29, OPh I, p. 91 : « Aliter accipitur "definitum" pro aliquo convertibili, de quo definitio adaequate praedicatur. Et sic definitum est una dictio convertibilis cum definitione, significans illud idem praecise quod significat definitio. Et isto modo non definiuntur singularia sed praecise species, quia sola species est convertibilis cum definitione et nullum singulare. » Voir aussi Quodl. V, q. 20, OTh IX, p. 557-558.

3. Voir p. 148-149.

intéressant car c'est celui dont la portée est la plus vaste. C'est bien sûr celui qu'Ockham choisit explicitement, même s'il ne le précise pas au seuil de son examen mais indirectement par la suite [1].

Nous avons expliqué en quel sens comprendre la manière dont Ockham réinterprète la question « qu'est-ce que c'est ? » dans son commentaire aux *Seconds Analytiques*. Cependant, nous ne savons pas pourquoi Ockham substitue à la problématique aristotélicienne des rapports entre définition et démonstration une question épistémique, celle de la possibilité d'une connaissance évidente et non discursive d'un énoncé d'identité dans lequel une définition réelle est prédiquée de son défini. Nous allons donc étudier la manière dont Ockham conçoit l'épistémologie de la définition réelle dans les trois chapitres qu'il consacre, dans la *Somme de Logique*, à ce sujet.

Les modalités de la connaissance du genre

Le raisonnement d'ensemble d'Ockham dans les chapitres XXIX à XXXI de SL III-2 est le suivant. Il faut prouver que la définition réelle ne peut pas être démontrée de son défini [2]. Il suffit pour cela qu'une partie au moins de la définition ne puisse pas être démontrée du défini. Il faut donc montrer qu'une partie de la définition est connue avec évidence et sans raisonnement du défini [3].

On peut concéder qu'une démonstration *a posteriori* de la définition du défini est possible lorsque le défini n'est pas un concept simple, acquis par intuition, mais un concept composé propre, acquis dans une communauté linguistique [4]. Un concept composé propre est une description définie d'ordre conceptuel qui est pour Ockham un désignateur rigide, c'est-à-dire un terme qui désigne le même individu dans toutes les situations dans lesquelles il est employé. L'enjeu rejoint ici la question contemporaine de la « pensée singulière » (*singular thought*), c'est-à-dire la question de savoir s'il existe des concepts singuliers ou bien si les concepts qui correspondent aux noms propres du langage parlé sont nécessairement descriptifs [5].

1. SL III-2, 31, OPh I, p. 562.

2. SL III-2, 31, OPh I, p. 562 : « Ex praedictis patere potest quod definitio non potest a priori demonstrari de specie definita. Definitio enim de nullo potest prius et notius praedicari quam de definito, et per consequens per nullum medium potest demonstrari de definito a priori. »

3. SL III-2, 31, OPh I, p. 562 : « [...] quamvis una pars talis definitionis esset demonstrabilis a posteriori de subiecto, tamen alia pars non est demonstrabilis de tali subiecto, nec a priori nec a posteriori. »

4. SL III-2, 31, OPh I, p. 562 : « Verumtamen de subiecto, quale nos habemus de facto, non est forte inconveniens definitionem posse demonstrari, saltem large accipiendo demonstrationem. »

5. Voir notamment à C. Normore, « The Invention of Singular Thought », *in* H. Lagerlund and O. Pluta (eds.), *Forming the Mind : Conceptions of Body and Soul in Medieval and Early Modern Thought*, Springer, Dordrecht, 2007 ; H. Lagerlund, « What is Singular Thought ? Ockham and Buridan on Singular Terms in the Language of Thought », *in* V. Hirvonen, T. J. Holopainen and

Le contenu représentationnel d'un concept composé propre est suffisant pour fixer la référence d'un terme avec lequel on n'a pas été en contact épistémique direct. Le cas du concept composé propre de l'espèce spécialissime rendrait compte de la pratique commune et des contradictions apparentes que l'on peut lire, d'après Ockham, dans le texte aristotélicien. Il n'en reste pas moins qu'une démonstration *a priori* de la définition de son défini est impossible. Cela signifie qu'aucun moyen terme ne peut être avancé pour démontrer la définition du défini.

Chacun des chapitres XXIX à XXXI se présente comme l'étude d'une partie de la définition réelle, en l'occurrence le genre, puis la différence, enfin ce qui aurait dû correspondre à l'union des parties de la définition et qui devient une prise de position sur l'art de définir. Le chapitre XXIX est de loin le chapitre le plus important, puisqu'il est suffisant pour établir la thèse qu'Ockham souhaite soutenir.

Dans le chapitre XXIX, Ockham argumente en faveur de l'idée que le genre ne peut pas être démontré du défini ni *a priori* ni *a posteriori*. La raison en est que la proposition dans laquelle le genre est prédiqué du défini, par exemple « un homme est un animal », est une proposition connue sans raisonnement et par l'intermédiaire d'une connaissance intuitive [1]. La connaissance qu'un sujet épistémique a de cette proposition est donc une connaissance évidente immédiate. Une telle proposition est immédiate car, aussitôt que les termes sont connus, l'intellect assentit à la proposition, à la condition qu'un homme ait été perçu par intuition et qu'une chose d'une espèce différente ait été perçue par intuition [2]. Il s'agit donc d'une proposition connue par soi ou analytique.

Pour expliquer la fonction de l'intuition dans cette connaissance évidente, Ockham rend compte de la genèse des termes génériques à partir de l'intuition des singuliers [3]. Le pivot de cette description de la formation de l'universel à partir du particulier consiste en l'identification de tout procédé discursif à un raisonnement de type scientifique. L'appréhension immédiate (d'un incomplexe ou d'un complexe) d'un côté, l'acte judicatif et la démonstration de l'autre, sont reliés par une opposition sans tiers terme. La spécificité du concept générique par rapport au

M. Tuominen (eds.), *Mind and Modality : Studies in the History of Philosophy in Honour of Simo Knuuttila*, Leiden, Brill, 2006, p. 217-237.

1. SL III-2, 29, OPh I, p. 557 : « Prima pars definitionis, puta genus, nec a priori nec a posteriori potest demonstrari de definito ; sicut quod homo sit animal demonstrari non potest, sed propositio talis sine syllogismo accipitur, mediante notitia intuitiva. »

2. SL III-2, 29, OPh I, p. 557 : « Unde istis conceptibus "homo" et "animal" exsistentibus in intellectu et aliquo homo viso statim scitur quod homo est animal. »

3. On pourra se reporter au commentaire que M. McCord Adams a donné de SL III-2, 29 (*William Ockham*, *op. cit.*, chap. XIII : « Conceptual Empiricism and Direct Realism », p. 526 *sq.*) et surtout à l'analyse plus récente de C. Panaccio, *Ockham on Concepts*, *op. cit.*, p. 131-133.

concept spécifique est que sa formation requiert d'avoir été en contact épistémique direct avec deux individus d'espèce différente [1].

L'assentiment à une proposition comme « un homme est un animal » est à la fois immédiat et conditionné. Il s'agit de ce type de connaissance évidente qui présuppose des connaissances abstractives des termes de la proposition. Ces connaissances abstractives présupposent elles-mêmes des connaissances intuitives. Elles sont nommées « concepts communs » mais aussi « connaissances générales » [2].

Une dernière précision concernant la structure de l'assentiment est nécessaire. Il ne suffit pas qu'un concept générique soit présent à l'esprit pour que l'esprit assente à la proposition dénotant que l'individu de telle espèce qu'il intuitionne appartient à un genre, autrement dit pour que l'esprit catégorise la chose avec laquelle il est en contact épistémique. Il faut aussi que l'esprit veuille faire venir à son esprit le concept spécifique de la chose qu'il voit et qui appartient déjà à son bagage épistémique. Ockham ne prétend pas qu'aussitôt que je forme le concept « animal » parce que je possède le concept d'homme et que je vois un cheval, je forme la proposition « un cheval est un animal » et que j'y assente immédiatement. On peut comprendre ainsi l'intervention du terme « potest » dans la phrase « [Concepto animalis] exsistente in anima potest intellectus componere istum conceptum cum conceptu priori [hominis] ».

Des trois objections qu'Ockham présente pour consolider son discours, c'est la deuxième qui est la plus intéressante pour notre propos [3]. On oppose à Ockham que, si l'assentiment à une proposition dans laquelle le genre est prédiqué du défini est consécutif à la connaissance des termes de la proposition si la proposition est formée, alors cette proposition est une proposition connue par soi, c'est-à-dire une vérité analytique. De plus, une proposition analytique donne lieu à une connaissance indubitable. Or l'expérience commune apprend qu'il arrive que l'on doute de ces propositions. On n'a pas toujours le sentiment de savoir avec évidence comment les concepts et par conséquent les choses sont catégorisables [4]. On peut savoir que Socrate est un homme et douter qu'il soit un animal.

1. SL III-2, 29, OPh I, p. 557 : « Quo existente in anima potest intellectus componere istum conceptum cum conceptu priori, quibus compositis ad invicem mediante hoc verbo "est", statim intellectus assentit illi complexo sine omni syllogismo. Et ita quaelibet talis propositio in qua praedicatur genus de definito propriissime dicto habetur sine syllogismo. » Voir aussi Quodl. I, q. 13, OTh IX, p. 77.

2. SL III-2, 29, OPh I, p. 557 : « Et ista cognitio vocatur conceptus, intentio, passio, qui conceptus communis est omni homini ; quo exsistente in intellectu statim intellectus scit quod homo est aliquid, sine discursu. »

3. SL III-2, 29, OPh I, p. 558, l. 30-40.

4. SL III-2, 29, OPh I, p. 558 : « Praeterea, secundum dicta, qualibet talis propositio esset per se nota, quia quaelibet talis propositio cognosceretur cognitis terminis, secundum istum processum. Et ita ista esset per se nota "homo est animal" et ista "albedo est qualitas" et sic de aliis. Quod videtur manifeste falsum, cum multae tales sint dubiae multis. »

La réponse d'Ockham est très intéressante car elle semble conforter une interprétation externaliste de sa théorie de la signification. Dans cette interprétation, défendue notamment par C. Panaccio, le contenu sémantique d'un mot du langage parlé ne dépend pas seulement des états mentaux du sujet [1].

Dans sa réponse, Ockham concède explicitement qu'une telle proposition est une vérité analytique [2]. Pour réfuter l'objecteur, il faudrait donc expliquer que l'opinion commune se trompe sur ses propres états cognitifs. Le contenu sémantique des mots du langage parlé dépendrait seulement des traits extérieurs du monde et non pas de l'agent qui ne sait pas toujours s'il sait ce qu'il dit. L'esprit ne serait pas toujours transparent à lui-même.

Or ce n'est pas ainsi qu'Ockham procède. Il ne cherche pas à rendre compte de la possibilité d'une erreur dans une attitude propositionnelle. Il distingue deux types de concept qui diffèrent par leur formation. Ockham montre qu'il existe des termes parlés homophones qui correspondent à des pensées différentes [3]. Ces pensées sont convertibles l'une avec l'autre : elles renvoient aux mêmes individus. Elles se distinguent car l'une est un concept spécifique simple, tandis que l'autre est un concept composé [4]. Cela implique, d'après Ockham, que ces pensées peuvent donner lieu à des attitudes propositionnelles et à des inférences épistémiques différentes, l'une étant connue par soi et l'autre non [5].

Ockham prend l'exemple du terme parlé « lion ». Un grand nombre de personnes n'ont jamais vu de lion. On peut enseigner à un agent épistémique qui n'a jamais vu de lion la signification du terme employé par les locuteurs. Dans ce cas, cet agent comprend la proposition dans laquelle le genre « animal » est prédiqué de « lion ». Il a associé au terme parlé une description définie d'ordre conceptuel – un concept composé propre, dans les termes d'Ockham – qui a le même contenu sémantique que le terme parlé qui lui a été appris. Le terme parlé

1. À ce sujet, voir C. Panaccio, « Ockham's Externalism », *in* G. Klima (ed.), *Intentionality, Cognition and Mental Representation in Medieval Philosophy*, New York, Fordham University Press, à paraître ; C. Panaccio, *Ockham on Concepts*, *op. cit.*, chap. IX, « The Meaning of Words », p. 165-179.

2. SL III-2, 29, OPh I, p. 558 : « Ad secundum dicendum quod quaelibet talis propositio mentalis in qua subiciuntur et praedicantur tales conceptus mere absoluti est per se nota, quia statim scitur cognitis terminis. »

3. SL III-2, 29, OPh I, p. 558-559 : « [...] ex quo voces sunt ad placitum, voces mere absolutae possunt imponi eisdem de quibus habemus, vel alii habent, tales conceptus. »

4. SL III-2, 29, OPh I, p. 559 : « Et tunc aliquis, qui talem conceptum mentalem non habet, potest scire significata vocabulorum et simul cum hoc potest nescire eam [propositionem in qua genus praedicatur de definito], eo quod aliquos conceptus mentales non habet ; sed habet conceptus mentales plures, quorum aliqui, si componentur ad invicem, totum resultans ex eis erit convertibile cum illa voce. »

5. SL III-2, 29, OPh I, p. 558-559 : « Et ita talis propositio vocalis non est per se nota, quia non quaelibet notitia qua scitur quid significant termini sufficit ad sciendum talem propositionem. Et sicut illa propositio vocalis non est per se nota, ita illa mentalis quae componitur ex conceptibus compositis non est per se nota, quia potest haberi, quamvis nesciatur. »

est, par contre, associé au concept simple « lion » chez les locuteurs qui ont vu des lions.

Le concept composé « lion » a une fonction identifiante. Il est même vraisemblablement un désignateur rigide qui résiste à tous les contextes opaques pour la plupart des locuteurs. Ce concept est sans doute composé de termes mentaux désignant des accidents qui, réunis, sont propres à une unique espèce. Les concepts qui le composent sont, dans les cas ordinaires, certainement déjà dans la possession de l'agent lorsqu'il apprend la signification du terme qu'il ignorait. Un concept composé propre peut être un terme absolu composé de termes absolus. On peut donc parler d'une représentation mentale prototypique. La formation d'un tel terme mental ne pose apparemment pas de problème à Ockham [1].

Une comparaison de ce type de représentation mentale avec les représentations stéréotypiques d'H. Putnam serait peut-être intéressante. Pour H. Putnam, certains concepts sont des stéréotypes conventionnels, des définitions linguistiques approximatives, produites par une communauté linguistique [2]. Ce sont des paraphrases linguistiques à ne pas confondre avec leur extension, ce qui autorise une certaine indétermination de la signification (qui peut changer). La théorie proposée par Ockham semble aller dans une toute autre direction. L'indétermination en question dans SL III-2, XXIX est apparemment d'ordre épistémique et non pas sémantique.

Dans ces conditions, quelle est l'attitude épistémique de l'agent qui comprend la proposition, bien qu'il n'ait jamais vu de lion ? Ockham estime que ce locuteur possède une croyance, la croyance qu'un lion peut être un animal. Le locuteur n'a pas de garantie épistémique qui lui permette de savoir ni même de croire que le lion est un animal. Il croit seulement à la possibilité que le lion soit un animal. Le locuteur qui n'a pas eu de contact épistémique direct avec un lion ne catégorise pas cette espèce dans un genre, non pas nécessairement parce qu'il ne sait pas qu'un lion est un animal, mais parce qu'il ne sait pas si de tels animaux sont possibles naturellement. Qui garantira qu'un savant fou ne croise pas les espèces dans son imagination et qu'il ne tire pas parti de son autorité pour faire courir le bruit qu'il existe des boucs-cerfs aux confins de la route des Indes ?

De façon plus réaliste, rien n'empêche que la communauté des locuteurs ait transmis le sens d'un terme dont les locuteurs ignorent la catégorisation. En effet, un concept composé propre n'est pas défini par une définition réelle, bien qu'il

1. SL III-2, 29, OPh I, p. 559 : « Et habeo unam propositionem mentalem cuius subiectum est compositum ex multis notitiis incomplexis quarum nulla est simplex et propria leoni. » Pour les enjeux théologiques qui sous-tendent l'idée de concept composé propre, voir J. Biard, *Guillaume d'Ockham et la théologie*, Paris, Cerf, 1999, p. 35-38 sur la possibilité de former un concept propre de Dieu.

2. H. Putnam, « The Meaning of Meaning », in *Language, Mind and Reality. Philosophical Papers*, vol. 2, Cambridge, Cambridge University Press, p. 249-250. Pour une traduction partielle, voir « La signification de signification », trad. fr. D. Boucher, *in* D. Fisette et P. Poirier (dir.), *Philosophie de l'esprit. Problèmes et perspectives*, Paris, Vrin, 2003, p. 41-82.

soit possible que la communauté des locuteurs soit parvenue à trouver la définition réelle d'un défini dont les locuteurs ignorent si le référent existe. Or seule une définition réelle est construite par l'adjonction de différences à un genre. La possession d'un concept composé commun bloque une attitude épistémique de savoir et même certaines attitudes épistémiques de croyance [1].

Ockham peut donc soutenir que toute proposition parlée dans laquelle un genre est prédiqué d'une espèce n'est pas une vérité analytique. Ce faisant, il retrouve la thèse qu'il a soutenue dans la distinction 3 de l'*Ordinatio* sur le statut de la proposition «Deus est» qu'un homme peut former après la Chute. Pour qu'une proposition dans laquelle un terme générique est prédiqué d'un défini soit une vérité analytique, il est requis que les termes soient connus par abstraction. La connaissance abstractive des termes «lion» et «animal» doit reposer ultimement sur une intuition de la chose désignée par le terme spécifique «lion» et sur une intuition d'une chose qui ne lui est pas co-spécifique, comme un homme ou une chèvre. L'opinion commune est donc sauvegardée et non pas réfutée. Les gens savent ce qu'ils pensent lorsqu'ils catégorisent des termes. Lorsqu'ils forment des concepts composés propres, par contre, ils ne le savent pas vraiment ou pas toujours car, dans ce cas, une erreur de catégorisation est possible.

La proposition «un lion est un animal» est une proposition vraie dont le locuteur peut douter s'il possède seulement un concept composé du lion. Or, par définition, une proposition vraie dont on peut douter est démontrable. Faut-il concéder que cette proposition parlée peut être la conclusion d'une démonstration et donc être connue de façon évidente [2] ?

Il n'est pas possible de faire cette concession. Par contre, il est possible de soutenir que l'on peut former à partir de cette proposition un raisonnement qui fait savoir, donc une démonstration [3]. Soit Leo(1) le concept composé propre de lion et Leo(2) le concept simple de lion. Ockham pense que le raisonnement suivant, qui est une démonstration au sens large, peut être formé par un locuteur qui

1. Pour un autre exemple de blocage d'inférence épistémique, voir SL III-1, 4, OPh I, p. 372-373 : «Sit ita quod ista nomina sint synonyma simplicter "gladius" et "ensis", et tamen quod Sortes hoc ignoret, sed sciat significationem istius nominis "gladius" et nesciat quid significet hoc nomen "ensis". Tunc haec est vera "ensis scitur a Sorte esse unum genus armorum" vel "ensis scitur a Sorte esse acutus" vel "ensis scitur a Sorte esse ferum", quia hoc praedicatum vere competit et vere praedicatur de pronomine demonstrante illud pro quo subiectum supponit.» Pour un commentaire de ce texte, voir I. Boh, «Epistemic Logic and Ockham's Theory of Demonstration», *in* W. Vossenkühl Wilhelm und R. Schönberger (eds.), *Die Gegenwart Ockhams*, Weinheim, VCH-Verlagsgesellschaft, 1990, p. 24.

2. SL III-2, 29, OPh I, p. 559 : «Sed numquid propositio mentalis in qua subicitur tale compositum et etiam propositio vocalis sunt demonstrabiles, ex quo sunt dubitabiles ?»

3. SL III-2, 29, OPh I, p. 559 : «Potest dici quod large accipiendo demonstrationem, tales sunt demonstrabiles. [...] Et ita propositio talis, saltem large accipiendo demonstrationem, potest fieri nota per demonstrationem, ex quo potest concludi syllogismo faciente ipsam conclusionem esse evidenter notam quae prius erat dubia vel apparuit esse falsa.»

connaissait l'acception du terme « lion » et qui a désormais un contact épistémique direct avec un lion :

Leo(1) est animal [1].
Leo(2) est Leo(1).
Igitur Leo(2) est animal [2].

La nature de la mineure et ses conditions de vérité pourront laisser certains lecteurs songeurs. Le sujet et le prédicat supposent toujours pour les mêmes individus donc, si l'on suit SL II, 2 [3], la mineure est toujours vraie si l'agent épistémique possède le concept simple de lion et le concept composé de lion. S'il ne possède pas le concept simple de lion, il ne peut pas former mentalement la proposition, donc elle ne peut pas être fausse. La difficulté provient du fait que les conditions de vérité exposées dans la *Somme de Logique* ne s'appliquent pas à ce type de proposition. Ces conditions de vérité ne prennent pas en compte les conditions épistémiques incluses dans les conditions de vérité des propositions mentales.

Ceci dit, par ce raisonnement, le locuteur confirme que la proposition à laquelle il assentit avec évidence et de façon immédiate (portant sur un concept simple de lion) a le même contenu sémantique que la proposition à laquelle il croyait antérieurement (portant sur un concept composé propre de lion). Quelle est la fonction épistémique de ce raisonnement ?

Nous comprenons qu'un locuteur peut hésiter dans l'attitude épistémique à adopter lorsqu'il a eu un contact direct avec un lion alors qu'il connaissait déjà la signification du terme « lion ». Le locuteur possède, à ce moment, à la fois une croyance vraie que le lion peut être un animal et une connaissance évidente que le lion est un animal. Il peut donc aussi posséder, dans un cas limite, la croyance que le lion n'est pas un animal, puisque cette croyance est compatible avec la croyance selon laquelle un lion peut être un animal. Le locuteur peut, ou même, dans certains cas, doit harmoniser son système de croyances afin d'éviter tout conflit psychique, d'où l'intérêt de pouvoir former le raisonnement qu'Ockham présente.

Nous ne voyons pas dans l'argumentaire d'Ockham une preuve en faveur d'une théorie externaliste de la signification et des concepts. Nous n'y voyons pas non plus une preuve en faveur d'une théorie internaliste, comme l'a soutenu

1. Une autre interprétation peut être : Leo (1) potest esse animal.

2. SL III-2, 29, OPh I, p. 559 : « Et hoc, quia conclusio potest esse ignota et dubia et postea, scita propositione maiore in qua praedicatur idem praedicatum de conceptu mentali adquisito per notitiam intuitivam rei et scita minore in qua praedicatur idem conceptus de subiecto conclusionis, potest conclusio fieri nota. »

3. SL II, 2, OPh I, p. 250, l. 15-16.

récemment Sonia Schierbaum[1]. Il semble que l'aspect le plus intéressant de l'argumentaire d'Ockham consiste dans le raisonnement qu'il avance comme exemple d'harmonisation d'un système de croyances, suite à l'acquisition d'une nouvelle connaissance.

Ockham a montré que la proposition dans laquelle un genre est prédiqué d'un concept spécifique simple est une proposition analytique. Il a donc rempli son objectif: une définition réelle n'est jamais démontrable du défini car une des parties de la définition n'est pas démontrable du défini. Cependant Ockham veut clairement aller plus loin et mettre en place les fondements d'une épistémologie de la définition réelle. C'est ce à quoi il s'attache dans les chapitres XXX et XXXI de SL III-2. Nous exposerons préalablement le chapitre XXXII, qui traite de la définition par addition. Dans ce chapitre, Ockham tire les conséquences logiques des acquis du chapitre XXIX.

Une définition par addition est une définition qui n'explique pas seulement ce qu'est la chose. Elle fait intervenir des éléments extrinsèques à la chose définie. Ces éléments extrinsèques sont des propriétés par soi sur le second mode du défini. Savoir comment ces propriétés sont connues du défini est une question qui a déjà été résolue par Ockham dans son étude des rapports entre le sujet et les propriétés[2]. Les propriétés ne peuvent pas être démontrées de leur sujet premier et adéquat. Elles ne peuvent qu'être connues par expérience. D'autres propriétés, par contre, peuvent être démontrées *a posteriori* de leur sujet[3].

Il ne faudrait pas en conclure pour autant qu'une définition par addition serait démontrable, dans certains cas, de son défini. Toute définition réelle contient comme première partie un genre. Un genre n'est démontrable ni *a priori* ni *a posteriori* du défini. Or une définition par addition est une forme de définition réelle. Elle n'est donc pas démontrable de son défini, du moins, Ockham précise-t-il en conclusion, lorsque le défini est affirmatif[4].

1. S. Schierbaum, « Knowing Lions and Understanding "Lion": Two Jobs for Ockham », *Vivarium* 48, 2010, p. 329. S. Schierbaum n'est pas la seule à vouloir montrer qu'il existe des éléments de théorie internaliste de la signification ou de la connaissance dans les œuvres de Guillaume d'Ockham. Voir aussi S. Brower-Toland, « Intuition, Externalism and Direct Reference in Ockham », *History of Philosophy Quarterly* 24, 2007, p. 317-336 et la réponse de C. Panaccio dans l'article « Intuition and Causality : Ockham's Externalism Revisited », *Quaestio* 10, 2010, p. 241-253.

2. SL III-2, 32, OPh I, p. 567 : « Aliae autem partes definitionis diversimode sciuntur de diversis definitis, secundum quod diversae passiones diversimode sciuntur de diversis subiectis. »

3. SL III-2, 32, OPh I, p. 567 : « Sicut enim quaedam passiones demonstratur de subiectis et quaedam non possunt demonstrari de subiectis suis primis, sed tantum possunt per experientiam sciri de subiectis, ita quaedam partes talis definitionis possunt demonstrative probari de definitis et quaedam non possunt demonstrari de eis. »

4. SL III-2, 32, OPh I, p. 566-567 : « Unde illa pars quae explicat essentiam rei, quae est genus, non potest sciri de definito per syllogismo, sed per notitiam intuitivam alicuius rei tantum, sicut dictum est prius. »

Nous en revenons donc à la question au point de départ de notre enquête : si une définition réelle n'est pas démontrable, comment est-elle connue ? Tout se joue dans les chapitres XXX et XXXI de SL III-2, qui traitent des modalités de la connaissance des différences.

La possibilité d'une connaissance évidente d'une définition réelle

Le chapitre XXX porte sur les modalités de la connaissance de la proposition dans laquelle la différence est connue du défini. Soit la proposition dans laquelle un terme de différence comme « rationnel » est prédiqué d'un concept spécifique comme « homme ». Les conditions requises pour que cette proposition soit connue avec évidence et de façon non discursive sont encore plus strictes que dans le cas des termes génériques. Il n'est pas seulement requis que l'agent épistémique ait été en contact direct avec un homme et qu'il ait, par conséquent, formé un concept simple de l'homme. Il faut qu'il ait eu une connaissance nommée « définitive » de l'homme qu'il a vu, c'est-à-dire une connaissance distincte et parfaite de cet homme.

Ockham reprend à Scot la distinction entre connaissance distincte et connaissance confuse tout en l'interprétant de façon différente. Une connaissance distincte d'une chose est celle grâce à laquelle tout ce qui est essentiel à la chose est connu, tandis qu'une connaissance confuse (au sens propre) est une connaissance grâce à laquelle la chose dans sa totalité est connue sans que tout ce qui lui est essentiel soit connu.

Or la connaissance distincte d'une chose est une possibilité logique mais non une possibilité naturelle. La conséquence sur les modalités de la connaissance de la proposition dans laquelle une différence est prédiquée du défini est immédiate : cette proposition ne peut pas naturellement être connue avec évidence et sans raisonnement[1].

Par conséquent, la possibilité de connaître une définition réelle de son défini de façon évidente et sans raisonnement n'est pas une possibilité naturelle. Une des parties de la définition, en l'occurrence la différence, ne peut pas être connue naturellement, de façon évidente et sans raisonnement du défini.

Or, nous l'avons vu, pour qu'une définition réelle soit connue de façon immédiate et évidente de son défini, il faut que chacune de ses parties soit connue de façon évidente et immédiate. L'épistémologie de la définition réelle qu'Ockham propose est donc une épistémologie cohérente mais qui n'est pas naturellement possible. L'homme n'est pas naturellement capable de connaître de façon

1. SL III-2, 30, OPh I, p. 561 : « Oportet tamen scire quod propositio in qua praedicatur differentia de notitia distincta et perfecta, quando scilicet nihil cogniti latet cognoscentem, nullo modo est demonstrabilis, quia forte talis notitia est notitia definitiva [et notitia definitiva scitur evidenter et immediate si notitia definitiva est possibilis in ista via – c'est moi qui précise]. » Voir aussi SL III-2, 31, OPh I, p. 562.

évidente et sans raisonner ce que sont les choses, même s'il est naturellement capable de connaître sans raisonner comment ses concepts et, par conséquent, les choses sont catégorisables (puisque le genre est connu de façon évidente du défini).

Il faut rendre justice à Ockham qui ne va pas laisser à ses adversaires la possibilité de lui objecter que sa théorie de la connaissance rend la différence inconnaissable du défini et, par conséquent, que cette théorie de la connaissance confirme la thèse scotiste selon laquelle les différences ultimes sont inconnaissables naturellement après la Chute.

Ockham développe donc l'idée que la différence peut être démontrée *a posteriori* du défini. Il s'agit d'une preuve par les effets qui se fonde sur le principe selon lequel tout individu d'une même espèce produit les mêmes effets [1]. Si un agent sait ce que signifie le terme « âme sensitive » (terme qui exprime une différence) et qu'il voit un animal dont il forme un concept spécifique simple, il peut déduire de sa connaissance de l'un des effets de cet animal (par exemple se nourrir ou croître) que cet animal possède une âme sensitive [2].

Cet argument donné, il ne reste plus à Ockham qu'à tirer les conséquences de son analyse dans le chapitre XXXI de SL III-2. La connaissance intuitive des parties de la chose définie ainsi que la connaissance intuitive d'un individu d'une espèce différente de celle de la chose définie sont suffisantes pour causer une connaissance évidente de la proposition dans laquelle une définition réelle est prédiquée de son défini [3].

En ce sens, l'épistémologie ockhamiste de la définition réelle implique que les énoncés d'identité dans lesquels une définition réelle est prédiquée de son défini soient des propositions analytiques qui ne sont pas connaissables comme telles à l'homme après la Chute. Cette thèse est-elle compatible avec la thèse selon laquelle une proposition analytique est une proposition nécessaire ?

Plusieurs hypothèses en faveur de la compatibilité peuvent être avancées. La plus vraisemblable consiste à dire que, lorsque l'on affirme que ces énoncés

1. SL III-2, 30, OPh I, p. 561 : « Nam differentia, sicut dictum est prius, importat unam partem in obliquo et ideo quia per effectus demonstrari potest talem rem habere talem partem, ideo per effectus demonstrari potest differentia talis de specie tali. »

2. SL III-2, 30, OPh I, p. 561 :« Verbi gratia si aliquis habeat notitiam propriam animae sensitivae et per consequens sciat quid significat hoc vocabulum "sensitivum" et videat aliquod corpus cuius habeat notitiam simplicem et propriam talibus corporibus, et tamen ignoret an habeat animam sensitivam, iste per aliquos effectus competentes cuilibet tali corpori potest demonstrative probare quod omne tale corpus habet animam sensitivam et per consequens quod est sensitivum. »

3. SL III-2, 31, OPh I, p. 562 : « Sed adhuc non est necesse quod habeat definitionem, qui deficeret sibi genus, quod non potest haberi vel saltem non semper potest haberi nisi per notitiam intuitivam alicuius singularis alterius speciei vel aliquorum singularium diversarum specierum, quo habito potest intellectus istum conceptum praeponere aliis conceptibus demonstrabilibus, et sic habetur definitio. Et si praedicetur de definito, erit illa propositio evidens sine omni syllogismo et ita indemonstrabilis erit. »

d'identité sont contingents, il faut comprendre la modalité du contingent en un sens épistémique et non pas métaphysique. Il est contingent que tel agent épistémique ait été en contact épistémique direct avec deux choses d'espèce différente. Il est également contingent que cet agent connaisse le sens d'un nombre suffisant de termes pour déduire par les effets quelle est la différence essentielle qui entre dans la définition de l'un des termes. Mais, aussitôt ces conditions réunies, l'agent épistémique peut connaître avec évidence une définition réelle d'un défini. La garantie du contact épistémique direct avec les choses neutralise les doutes qui peuvent être soulevés dans une analyse d'ordre strictement métaphysique.

Le reste du chapitre XXXI, portant sur la fonction de l'art de définir dans la connaissance des définitions, va dans le sens de cette hypothèse interprétative. L'art de définir est une opération logique d'ordre métalinguistique qui procède par division réitérée d'un genre ou d'une différence jusqu'à parvenir à une formule linguistique convertible avec le terme spécifique à l'étude [1].

Ockham invalide toute fonction épistémologique de l'art de la définition [2]. Il ne nie pas que cet art logique puisse fournir des informations nouvelles au logicien. L'art de la définition est un moyen de confirmation d'ordre métalinguistique qu'une définition réelle donnée est la définition d'un défini donné. L'art de la définition ne permet pas de faire connaître une définition réelle d'un défini [3]. En d'autres termes, la logique et la métaphysique sont impuissantes à rendre compte de la connaissance des définitions tant qu'elles ne s'appuient pas sur une base empirique.

Conclusion

Pour conclure, on rappellera qu'Ockham soutient qu'une définition, qu'elle soit nominale ou réelle, est indémontrable de son défini, si « démontrable » est entendu au sens strict. Ockham doute d'ailleurs que l'on puisse donner une interprétation cohérente des textes des *Analytiques Postérieurs* qui portent sur les démonstrations mathématiques et sur lesdits syllogismes de l'essence. Ceci manifeste qu'Ockham n'accorde qu'une fonction très restreinte au modèle du raisonnement mathématique dans sa théorie de la science.

L'intérêt du logicien anglais se porte sur les termes d'espèce naturelle qui font l'objet d'une définition réelle. Ockham se demande comment les propositions

1. SL III-2, 31, OPh I, p. 564.

2. SL III-2, OPh I, p. 564 : « Unde per artem definiendi non cognoscitur definitio de definito significative sumpto, in quantum scilicet quid est res, sed hoc potest praecedere artem definiendi. »

3. SL III-2, OPh I, p. 564 : « Hoc tamen generale est quod nihil scitur de definito per divisionem, nisi dicas quod tota oratio nunc scitur de definito per divisionem propter hoc quod primus intellectus non componit talem propositionem, sed quidquid scitur de definito, scitur per aliam viam. Hoc tamen habetur in fine quod scitur quod haec oratio est definitio talis definiti, non tamen per hoc scitur quod haec definitio significative sumpta praedicatur de definito significative sumpto. »

dans lesquelles une définition réelle est prédiquée du défini sont connues. D'après lui, on peut soutenir avec cohérence l'idée que ces propositions sont des propositions analytiques, c'est-à-dire des propositions qui sont connues aussitôt que les termes qui les composent sont connus si la proposition est formée. De plus, ces propositions sont des propositions analytiques qui sont connues *a posteriori*, au sens où un contact épistémique direct avec les référents d'au moins deux termes de chacune de ces propositions est requis pour que la croyance que ces propositions sont vraies puisse être qualifiée de croyance vraie et justifiée. Enfin, ces propositions sont des énoncés d'identité contingents.

L'épistémologie ockhamiste de la définition réelle repose donc sur la possibilité de connaître *a posteriori* certaines propositions analytiques contingentes. Rappelons qu'à la suite de la troisième conférence de *Naming and Necessity* de S. Kripke et des diverses publications d'H. Putnam, il a été fait grand cas de l'idée que les essences sont découvertes et non pas stipulées ou connues *a priori*. Dans cette conférence, S. Kripke s'appuie sur l'argument de la nécessité de l'identité pour montrer, en particulier, qu'il existe au moins trois types de vérités nécessaires qui ne peuvent être connues qu'*a posteriori*, en l'occurrence celles portant sur l'origine, celles relevant de l'appartenance à une espèce naturelle et celles relevant de la composition. Ceci dit, S. Kripke conserve une notion traditionnelle d'analycité et il n'envisage pas la possibilité que des propositions analytiques ne soient pas nécessaires [1]. Dans cette perspective, l'épistémologie ockhamiste de la définition réelle témoigne d'une grande originalité.

Connaître avec évidence les énoncés d'identité dans lesquels une définition réelle est prédiquée de son défini est logiquement possible, mais cela n'est pas naturellement réalisable. Il s'agit d'une hypothèse théorique qui requiert pour sa réalisation que Dieu rende possible une connaissance parfaite de la totalité de la chose définie et de chacune de ses parties.

Une question se pose alors sur la nature de cette possibilité de connaître immédiatement avec évidence une définition réelle de son défini. Est-il au pouvoir de la faculté naturelle qui connaît la chose de la connaître de façon distincte ? Autrement dit, lorsque Dieu intervient pour rendre distincte une connaissance de la chose définie, agit-Il sur le monde extérieur de façon à ce que la faculté exerce ses capacités naturelles ou intervient-Il sur la faculté de façon à lui conférer un pouvoir qu'elle n'a pas naturellement ? Sommes-nous programmés naturellement pour avoir une connaissance intime de ce qu'est la chose ? C'est la naturalisation de l'esprit à laquelle Ockham travaille dans son épistémologie qui est ici en jeu.

1. Pour une introduction à ce sujet, voir notamment A. Bird, « *A Posteriori* Knowledge of Natural Kind Essences », *Philosophical Topics* 35, 2007, p. 293-312.

CHAPITRE IV

MÉTAPHYSIQUE DE LA QUIDDITÉ

Nous avons vu qu'une essence, d'après Ockham, est découverte par expérience. Nous souhaiterions à présent aller plus loin et savoir si une définition réelle peut avoir une fonction explicative. En d'autre termes, nous souhaiterions savoir si une définition réelle, d'après Ockham, peut posséder la fonction d'expliquer, comme chez Aristote, ce qui fait qu'une substance naturelle est ce qu'elle est, son *to ti ên einai*.

Qu'est-ce qu'une essence ou une quiddité ? Nous verrons dans une première partie qu'Ockham cherche à défendre la thèse réductionniste selon laquelle la quiddité d'une substance naturelle est cette substance, ce qui implique, d'après lui, la thèse selon laquelle une substance naturelle est ses parties essentielles, en l'occurrence sa matière et sa forme. Dieu n'a pas idée des définitions réelles et il ne crée pas à proprement parler le composé substantiel : il crée une matière et une forme (également produites par des causes naturelles), qui sont destinées par leur nature à être unies.

Cette thèse réductionniste est fragilisée par un argument scotiste qui trouve sa source dans le cas théologique du *triduum*, au cours duquel l'âme du Christ n'informe pas son corps. Ockham prend l'argument scotiste très au sérieux. Il faut parvenir à rendre compte du fait que Dieu peut séparer la matière et la forme sans les déplacer. Dans une deuxième partie, nous étudierons la première réponse qu'il avance, dans l'*Ordinatio*. Cette solution n'est pas satisfaisante. Un deuxième argument scotiste montre en effet que cette solution ne permet pas de distinguer le composé substantiel de l'agrégat, conçu comme une union arbitraire de choses distinctes.

C'est pourquoi Ockham propose une autre solution dans une *Question variée* vraisemblablement postérieure à la deuxième rédaction de l'*Ordinatio*. Cette solution, fondée sur une distinction entre deux types de nécessité, une nécessité de type logique et une nécessité naturelle, plus faible, sera présentée et évaluée dans une troisième partie. Nous expliquerons pourquoi et comment Dieu peut désunir ce que la nature a uni. Ceci nous amènera, en conclusion générale, à nous demander en quel sens la théorie ockhamiste de la définition réelle peut être qualifiée d'essentialiste.

UNE HYPOTHÈSE MINIMALISTE

Des définitions aux quiddités

Quiddité et essence

Dans la tradition aristotélicienne, une quiddité est ce qui est exprimé par une définition réelle. D'après Ockham, cette relation d'expression est une relation de signification entre un signe et ses signifiés. Par définition, un signe n'est pas ses signifiés, donc une définition n'est pas la quiddité qu'elle signifie [1]. En effet, un terme générique, qui est une partie de la définition, ne fait pas partie de l'essence de la chose définie. De plus, une chose peut être connue de façon distincte sans que sa définition réelle ne le soit [2]. Définition et chose définie appartiennent donc à deux ordres distincts, celui des concepts et celui des choses.

Ockham insiste sur cette idée lorsqu'il précise qu'il n'est pas possible de suivre Averroès qui, dans son commentaire au livre VII de la *Métaphysique*, énonce qu'une définition réelle est identique à la substance de la chose [3] et que la substance de la chose est la forme substantielle de cette chose [4]. Le signifié d'une définition, la quiddité, n'est pas un universel, car une définition signifie des choses singulières [5], en l'occurrence les parties essentielles des substances

1. Ord. d. 2, q. 7, OTh II, p. 252 : « [...] definitiones non sunt substantiae rerum, sed significant substantias rerum [...] ita quod definitiones sunt signa, et substantiae rerum sunt signata, et signum non est signatum. »

2. Ord. d. 2, q. 7, OTh II, p. 257 : « Ad confirmationem dico et concedo, sicut post patebit [Ord. d. 3, q. 5], quod res potest intelligi non tantum confuse sed etiam perfecte et distincte, nullo superiori intellecto. »

3. Ord. d. 2, q. 7, OTh II, p. 265 : « [...] de virtute sermonis non debet concedi quod definitio est idem cum substantia rei, nec realiter nec formaliter, sed per ipsam intelligit unum actum signatum, quod de definitione praedicatur esse idem realiter et omnibus omnis cum definito ; et sic debet exerceri "animal rationale est idem omnibus modis cum homine" et ista est vera. » À ce sujet, voir F. Amerini, « Il problema dell'identità tra una cosa e la sua essenza. Note sull'esegesi medievale di *Metafisica* Zeta 6 », *Documenti e studi* 13, 2002, p. 435-505.

4. Ord. d. 2, q. 7, OTh II, p. 264 : « [...] Philosophus et Commentator per quidditates substantiarum intelligunt formam quae est altera pars compositi, sicut patet commento 21, et commento 9 et 7, et commento 44, et in multis aliis locis. »

5. Ord. d. 2, q. 7, OTh II, p. 252 : « [...] ipsa universalia non sunt significata per definitiones sed sunt signa et partes definitionis significantes ipsa particularia, quia inter particulare et universale nihil est medium. »

naturelles, leur matière et leurs formes substantielles [1]. Au sens propre, les quiddités sont les parties essentielles d'une substance naturelle, et ces parties, la matière et la forme, sont des substances [2].

Une fois cette distinction fondamentale rappelée, nous pouvons nous demander à quelle science appartient de faire l'étude de ce qu'est une quiddité. Ockham traite indirectement de cette question lorsqu'il se demande à quelle science revient l'étude de la nature des choses. La nature des choses n'est pas l'objet d'étude du logicien, qui traite principalement d'intentions secondes, c'est-à-dire de concepts de second ordre [3]. Le logicien peut, certes, s'appuyer de façon contingente sur sa connaissance de la nature des choses pour expliquer à ses étudiants les règles logiques en recourant à des exemples [4]. Cependant, si la connaissance de la nature des choses était l'objet propre du logicien, celui-ci aurait à connaître l'intégralité des natures pour connaître la logique. C'est impossible ou peu vraisemblable [5].

Ockham explique que la nature des choses est l'un des objets d'enquête soit du métaphysicien, soit de celui qui s'occupe d'une science particulière et non pas universelle. Cette science particulière aurait pour caractéristique de se subalterner d'autres sciences en raison de l'universalité de son objet [6]. Quelle est sa nature ?

Ockham ne le précise pas, mais on pense bien entendu à la science qui traite des principes de la nature et qui est exposée dans le premier livre de la *Physique* d'Aristote. C'est ici que le Philosophe expose, d'après Ockham, ce qu'est la quiddité d'une substance naturelle. Le Philosophe l'expose aussi dans le livre VII de la *Métaphysique*. L'on comprend dès lors pourquoi l'examen de la nature des choses et, donc, celui des quiddités peuvent faire partie soit de la métaphysique,

1. Ord. d. 2, q. 7, OTh II, p. 252 : « Tertio, habetur quod universalia vere praedicantur de particularibus ; non tamen sunt in particularibus, quia in particulari individuo non sunt nisi materia et forma particularis. »

2. Ord. d. 2, q. 7, OTh II, p. 264 : « Et sic concedo quod quidditates substantiarum sunt substantiae, quia istae quidditates sunt particulares partes particularium. »

3. La définition des termes de seconde intention se trouve en SL I, 65, OPh I, p. X. La distinction entre termes de première et de seconde intention a été longuement discutée par les commentateurs. À ce sujet, voir notamment P. Spade, « Ockham on Terms of First and Second Imposition and Intention, with Remarks on the Liar Paradox », *Vivarium* 19, 1981, p. 47-55 ; C. Michon, *Nominalisme. La théorie de la signification d'Occam*, Paris, Vrin, 1994, chap. VI, p. 236-244.

4. SL III-2, 22, OPh I, p. 543 : « Propter quod dicendum est quod de talibus propositionibus non habet se logicus intromittere nisi forte gratia exempli. Bene enim potest logicus de talibus exemplificare in trandendo notitiam logicae, sed non pertinent ad logicum scire eas. »

5. SL III-2, 22, OPh I, p. 542-543 : « Sequeretur etiam, si tales propositiones [sicut "animal est genus"] per se pertinerent ad logicam, quod logicus non posset perfecte scire logicam nisi cognosceret naturas omnium rerum ».

6. SL III-2, 22, OPh I, p. 543 : « Ideo dicendum est quod tales propositiones vel pertinent ad metaphysicam [...], vel tales pertinent ad unam scientiam specialem, ita quod aliquae pertinent ad unam scientiam specialem et aliae ad aliam, quae quoddammodo subalternantur tam logicae quam aliis scientiis particularibus ».

soit de la physique, soit de ces deux sciences à la fois, comme le suggère Ockham dans la *Somme de Logique*.

Admettons que l'enquête sur la nature des quiddités appartienne à la métaphysique ou à la physique. Qu'entendre plus exactement par le terme « quiddité » ? Est-il synonyme du terme « essence » ? Autrement dit, cette enquête n'est-elle pas de nature théologique ?

« Quiddité » peut revêtir trois acceptions. En un premier sens, est une quiddité tout ce qui fait partie de l'essence des choses définissables, en l'occurrence des substances naturelles. En ce sens, le terme renvoie au seul tout substantiel, c'est-à-dire au composé de matière et de forme. Bien entendu, ce tout substantiel n'inclut pas à titre de partie une haecceité [1].

En un deuxième sens, est une quiddité la forme par laquelle une chose se distingue de toute autre [2]. En ce sens, on peut rendre compte de l'idée aristotélicienne selon laquelle une quiddité se distingue de ce dont elle est la quiddité, et que, dans les substances immatérielles, la quiddité est identique au « ce que c'est » [3]. En effet, on peut reconnaître que la forme distingue davantage que la matière.

En un troisième sens, est une quiddité une définition réelle [4]. Bien qu'Ockham ne le précise pas, il faut comprendre que, d'après lui, le troisième sens du terme est impropre. Le terme « quiddité » est employé couramment en ce sens à son époque, bien que Scot ait déjà reproché à Thomas d'Aquin de ne pas distinguer ce qui est signifié par une définition réelle de la définition elle-même [5].

Ces définitions ne sont pas très explicatives. Elles servent surtout à classer et distinguer les diverses acceptions couramment employées à l'époque d'Ockham. Qu'en est-il, dans ces conditions, du statut ontologique de la quiddité et du rapport entre la quiddité et la chose dont elle est la quiddité ?

1. Rep. IV, q. 13, OTh VII, p. 263 : « Nam quidditas uno modo accipitur pro omnibus quae sunt de essentia rei quae faciunt unum per se. Et isto modo quidditas est totum compositum praecise ex materia et forma, et materia est sic de quidditate et essentia compositi sicut forma. »

2. Rep. IV, q. 13, OTh VII, p. 263 : « Alio modo accipitur quidditas pro forma ultima qua aliquid distinguitur ab omni alio quod non est idem cum illo. »

3. Rep. IV, q. 13, OTh VII, p. 263 : « Et de quidditate sic accepta est verum quod quidditas differt ab eo cuius est quidditas, et quod in separatis a materia est idem quidditas cum eo cuius est, quia illud est simplex, non habens aliquam distinctionem intrinsecam ex partibus intrinsecis. »

4. Rep. IV, q. 13, OTh VII, p. 263 : « Tertio modo accipitur quidditas pro definitione composita ex diversis conceptibus generis et differentiae. Et illa quidditas non est idem realiter cum eo cuius est, quia illa solum habet esse objectivum in anima et nullo modo subiectivum. »

5. Jean Duns Scot, Quaest. Met. VII, q. 7, p. 149-150 : « Dicitur ad questionem quod "quod quid est" est illud quod colligitur ex praedicatis in quid [...] Contra ista [...] si "quod quid est" esset praedicatum in quid, nihil esset formaliter bonum nec ens nisi per considerationem intellectus [...] quod est inconveniens. » Pour un commentaire de ce texte, voir G. Pini, « Scotus's Essentialism. A Critique of Thomas Aquinas's Doctrine of Essence in the *Questions on the Metaphysics* », *Documenti e studi* 14, 2003, p. 227-262.

Pour répondre à cette question, il faut examiner les rapports entre deux termes de signification apparemment très proche, celui de quiddité et celui d'essence. Lorsqu'Ockham recourt à un lexique scotiste pour exprimer ses idées, il affirme que toute entité qui fait partie de l'essence de la chose est une entité quidditative incommunicable [1]. Il précise d'ailleurs que toute entité quidditative est une chose distincte. La communicabilité est au mieux une métaphore par laquelle on exprime le lien particulier qui existe entre la forme d'un composé substantiel et sa matière. Il semble donc que les deux termes de quiddité et d'essence soient substituables l'un à l'autre. Peut-on préciser la nature de leurs rapports ?

Lorsqu'Ockham s'interroge, notamment en SL III-2, XXVII, sur les rapports entre essence et existence [2], il fait clairement savoir que le terme « essence » ou son synonyme « entité » sont des termes de nature théologique. Ils ne sont pas synonymes, car même si le terme « être » peut avoir valeur de nom, il signifie « de façon verbale » ce que le terme « existence » signifie de façon nominale [3]. On remarquera qu'Ockham parle du terme « esse » lorsqu'il a valeur de nom, et non du terme « ens », qui est univoque à Dieu et à la créature. Ce qui est en jeu est en rapport avec la problématique des noms divins et non avec celle de l'univocité [4]. C'est donc sans surprise qu'Ockham en appelle à la notion de connotation pour expliquer la nature du rapport entre essence et existence.

Le terme « existence » et le terme « être » signifient premièrement la chose et connotent que cette chose dépend de façon ordonnée de la cause première, qui est Dieu [5]. Un homme qui ne dépendrait pas de Dieu ne serait pas un homme [6]. Ainsi, les deux termes d'être et d'existence signifient la même chose, quoique de façon différente. L'idée d'une distinction, réelle ou formelle, entre l'être et l'essence n'a aucun sens.

1. Ord. d. 2, q. 6, OTh II, p, 195 : « Videtur igitur dicendum quod omnis entitas, quae est de essentia alicius rei per se unius et existentis per se in genere, est entitas quidditativa, ita quod sive sit communicabilis sive incommunicabilis, nihil refert. Immo verius debet dici, sicut patebit, quod nulla entitas quidditativa realis est communicabilis nisi sicut forma communicatur materiae vel tali modo quo res distincta communicatur rei distinctae. »

2. Pour un commentaire de ce texte, voir H. Klocker, « Two Quodlibets on essence – existence », *The Thomist* 46, 1982, p. 267-282 et P. Boehner, « The Metaphysics of William Ockham », *The Review of Metaphysics* 1, 1947-1948, p. 59-86, rééd. *in* P. Boehner, *Collected Articles of William Ockham*, St. Bonaventure, Franciscan Institute, 1958, p. 375-399.

3. SL III-2, 27, OPh I, p. 554 : « Ideo dicendum est quod entitas et existentia non sunt duae res, sed ista duo vocabula "res" et "esse" idem et eadem significant sed unum nominaliter et aliud verbaliter ; propter quod unum non potest convenienter poni loco alterius, quia non habent eadem officia. »

4. À ce sujet, voir J. Biard, *Guillaume d'Ockham et la théologie*, Paris, Cerf, 1999, p. 20-37.

5. SL III-2, 27, OPh I, p. 554 : « Unde "esse" significat ipsam rem, sed significat causam primam simplicem quando dicitur de ea, non significando ipsam ab alio dependere [...]. Et hoc, quia illae res non sunt res nisi sint sic dependentes et ordinatae ad causam primam, sicut non sunt aliter. »

6. SL III-2, 27, OPh I, p. 554 : « Unde quando homo non dependet ad Deum, sicut tunc non est, ita tunc non est homo. »

Ceci dit, Ockham souligne que, comme ces deux termes n'ont pas la même fonction, ils ne sont pas substituables l'un à l'autre *salva veritate*. Les rapports que ces deux termes entretiennent sont comparables aux rapports entre les deux acceptions du terme « point » qu'Ockham expose au début du *Traité sur la quantité*. Le terme « point » peut avoir valeur de nom ou bien de verbe. Dans ce dernier cas, c'est une expression abréviative [1]. Ainsi, la spécificité des rapports entre être et essence a loin d'avoir disparu de la réflexion ockhamiste sur l'essence.

Attardons-nous sur la manière dont Ockham reçoit la position scotiste de l'indifférence de l'essence. Ockham affirme qu'il est inenvisageable de suivre Scot qui pense qu'une essence est indifférente à l'existence ou à la non-existence. Cela reviendrait à dire qu'une essence pourrait ne pas être une essence, ce qui est absurde [2]. Lorsque les Saints disent que seul Dieu est son être même [3], ils ne présupposent pas que l'essence d'une créature et son existence soient deux choses réellement distinctes l'une de l'autre. Ils se contentent d'affirmer une donnée théologique fondamentale, celle selon laquelle une créature n'existe pas nécessairement parce qu'elle tire son origine d'une cause distincte d'elle et qui produit librement ses effets [4].

Il est indéniable qu'un ange, par exemple, n'a pas toujours été, puisqu'il a été créé par Dieu. Cela n'implique pas qu'il faille distinguer son essence de son existence. Il faut plutôt affirmer que son essence n'a pas toujours été une essence puisque, avant qu'un ange ne soit créé, il était un néant ou du rien [5].

Ainsi, le lexique de l'essence se rattache à la tradition influencée par Avicenne, qui associe la quiddité au possible et à Dieu. Examinons ce qu'Ockham pense des élaborations de Scot et d'Henri de Gand dans ce contexte, afin de mieux cerner l'objet de notre enquête, la nature des quiddités, et afin de préciser en quel sens un ange n'a pas toujours été une essence.

1. TQ, OTh X, p. 22-24. Pour un commentaire de ce texte, voir M. Roques, « Introduction », *in* Guillaume d'Ockham, *Traité sur la quantité et Traité sur le corps du Christ*, Paris, Les Belles Lettres, 2014, p. LXXIX-LXXXIII.

2. SL III-2, 27, OPh I, p. 554 : « Et ideo non est plus imaginandum quod essentia est indifferens ad esse et non esse quam quod est indifferens ad essentiam et non essentiam, quia sicut essentia potest esse et non esse, ita essentia potest esse essentia et potest non esse essentia. »

3. SL III-2, 27, OPh I, p. 555 : « Et ideo non differunt in Deo "quod est" et "quo est", quia non est aliquid aliud a Deo quo Deus est ; sed in creatura differunt, quia illud quod est creatura et quo est creatura sunt distincta simpliciter, sicut Deus et creatura differunt. »

4. SL III-2, 27, OPh I, p. 555 : « Causa autem quare Sancti et alii dicunt Deum esse ipsum esse et non creaturam, est quia Deus sic est esse quod non potest non esse, immo necesse est esse, nec ab aliquo alio est ; creatura autem sic est esse quod non est necessario esse, sicut nec necessario est res, et ab alio est, sicut ab alio est res effective. »

5. Quodl. II, q. 7, OTh IX, p, 143 : « Ad primum istorum dico quod existentia angeli numquam distinguebatur a sua essentia, et tamen aliquando existentia non fuit essentia. Sicut essentia angeli numquam distinguebatur ab essentia, et tamen aliquando essentia angeli non fuit essentia, quia aliquando fuit nihil. »

Ceci est d'autant plus nécessaire que le rejet de la thèse scotiste de l'indifférence de l'essence, en SL III-2, XXVII, se fonde sur l'idée que cette thèse présuppose une distinction réelle entre l'essence et l'existence. Or cela représente, d'un point de vue scotiste, une interprétation inacceptable de la distinction formelle entre l'essence et l'existence.

Possible et quiddité

Ockham affirme que le concevable ne comprend que ce qui est ou peut être et qu'il est soit Dieu, soit une créature. Même l'Antéchrist n'échappe pas à la règle [1]. Décliner les modalités d'être en être intelligible, être possible ou être d'existence revient à accumuler les distinctions *ad hoc* qui occultent la donnée théologique irréfragable selon laquelle Dieu est créateur ou peut l'être. Il n'y a aucune distinction réelle à poser entre essence, existence ou toute autre modalité d'être.

Cela ne revient pas à dire que le pouvoir créateur de Dieu explique suffisamment la valeur de vérité de toute proposition : la contribution des créatures à ce qu'est le monde et à son cours est réelle. En effet, dans la distinction 43 de l'*Ordinatio* [2], Ockham explique que Dieu n'est pas, au sens propre, principe de tout. Dieu n'est au principe que de la substance et des accidents qui inhèrent en elle, et non de toutes les propriétés qui sont prédiquées véridiquement du terme substantiel qui s'y réfère [3].

Ainsi, il ne faudrait pas penser que ce à quoi renvoient certaines expressions, comme le verbe « pouvoir » et les formes nominalisées que l'on peut en dériver, est créé par Dieu au même titre que Socrate ou Platon. L'expression « être possible de Socrate » convient à Socrate de la même manière que « non-âne » lui convient : la proposition « Socrate est l'être possible de Socrate » est tout aussi vraie que la proposition « Socrate n'est pas un âne ». Dans les deux cas, la valeur de vérité de la proposition a pour cause la nature de Socrate, et rien d'autre [4]. Mais cela pourrait rester ambigu. Si l'on voulait être rigoureux, il faudrait reconnaître que dire que l'être possible échoit à une créature n'est pas bien parler. Le possible

1. SL III-4, 6, OPh I, p. 780 : « Sed quidquid imaginabile est vel esse potest vel est Deus simpliciter et nullo modo creatura nec distinctum aliquo modo a Deo vel est creatura Deo vel potest esse creatura Dei, sicut Antichristus, qui quamvis modo non sit creatura, tamen esse potest. »

2. Pour un commentaire de ce texte, on renverra en particulier à A. B. Wolter, « Ockham and the Textbooks : On the Origin of Possibility », *Franziskanische Studien* 32, 1950, p. 70-96 ; L. Alanen, « Descartes, Duns Scotus and Ockham on Omnipotence and Possibility », *Franciscan Studies* 45, 1985, p. 157-188 ; M. McCord Adams, *William Ockham*, *op. cit.*, 1987, vol. 2, p. 1065-1083 ; S. Knuuttila, *Modalities in Medieval Philosophy*, London/New York, Routledge, 1993, p. 138-149.

3. Ord. d. 43, OTh IV, p. 649-650 : « Dicendum quod quidquid creatura habet reale tamquam aliquid sibi inhaerens, habet a Deo tamquam a principio. Sed non quidquid convenit sibi in praedicatione habet principiative a Deo. »

4. Ord. d. 43, OTh IV, p. 650 : « Et ideo "esse possibilis", convenit creaturae ex se, non realiter tamquam aliquid sibi inhaerens, sed vere est possibilis ex se, sicut homo ex se est non-asinus. »

n'est pas un nom, c'est un adverbe ou une copule. Il faudrait donc plutôt dire qu'une créature est possible [1].

Reste à savoir ce qu'il faut entendre par « possible ». La prudence est de mise. Lorsque l'on cherche, comme Scot, à s'appuyer sur une psychologie divine pour montrer que l'impossibilité logique est antérieure à la puissance de Dieu et indépendante d'elle [2], on oublie quelque chose. La philosophie nous enseigne que le terme de puissance s'entend en un sens actif et en un sens passif. En son sens actif, le terme renvoie à l'agent qui a une puissance d'agir. En son sens passif, le terme renvoie à l'objet sur lequel l'agent peut agir. « Puissance » en son sens actif et « puissance » en son sens passif sont des termes relatifs, c'est-à-dire des termes corrélatifs tels que la signification de l'un implique nécessairement celle de l'autre [3].

Plus encore, ces termes relatifs sont des termes relatifs de la deuxième catégorie, celle qui contient les termes relatifs de nature causale, si bien que les référents de ces termes ne peuvent pas exister l'un sans l'autre : ils sont en même temps par nature [4]. Être impossible implique ne pas pouvoir être fait par Dieu et inversement [5]. Par conséquent, la question scotiste n'a tout simplement pas de sens [6].

On pourrait objecter qu'elle a un sens si l'on parle non de l'impossible mais du possible. Ockham répond que cela n'est pas le cas. On impose une dénomination extrinsèque à la créature quand on dit d'elle qu'elle est pensée par Dieu [7]. C'est d'ailleurs ne pas parler correctement que de dire que l'intellect divin produit la créature dans son être intelligible [8]. La réflexion théologique sur le possible a donc des limites qu'il ne faut pas franchir.

1. Ord. d. 43, OTh IV, p. 650 : « Nec est proprius modus loquendi dicere quod esse possibile convenit creaturae, sed magis propre debet dici quod creatura est possibilis, non propter aliquid quod sibi conveniat sed quia potest esse in rerum natura. »

2. Ord. d. 43, q. 2, OTh IV, p. 645 : « Aliter dicitur [a Scoto] quod prima ratio "impossibilis" non est ex parte Dei sed quia illud est impossibile simpliciter propter repugnatiam eius ut fiat. »

3. Ord. d. 43, q.2, OTh IV, p. 648 : « Ideo aliter dico ad quaestionem quod generaliter omnis relativum si convenienter assignetur, correspondebit aliquod correlativum. »

4. Ord. d. 43, q.2, OTh IV, p. 649 : « Et in omnibus relativis quae vocantur relativa secundm potentiam activam et passivam, vel causam et effectum, semper correlativa sunt simul natura. »

5. Ord. d. 43, q.2, OTh IV, p. 649 : « Et ita universaliter quando est aliqua consequentia mutua tenens praecise per naturam correlativorum, non est una propositio magis causa alterius quam e converso. »

6. Ord. d. 43, q.2, OTh IV, p. 649 : « Et quando quaeritur an primo conveniat Deo non posse facere impossibile quam conveniat impossibile non posse fieri a Deo, dico quod non prius convenit Deo non posse facere impossibile quam convenit impossibili non posse fieri a Deo. »

7. Ord.d. 43, q. 2, OTh IV, p. 646 : « Sed creatura per hoc quod intelligitur a Dei, nihil formaliter recipit sed tantum denominatur quadam denominatione extrinseca. »

8. Ord.d. 43, q. 2, OTh IV, p. 646 : « [...] non videtur bene dictum quod intellectus divinus producit creaturam in esse intelligibili. »

Duns Scot et Henri de Gand ont été conduits à greffer sur le lexique aristotélicien de la quiddité et de la forme un lexique théologique qui est, aux yeux d'Ockham, pléthorique et sans valeur explicative, quand il n'est pas dénué de sens. Il faut, en effet, reconnaître que, par des moyens strictement philosophiques, il est impossible de montrer que la thèse averroïste selon laquelle Dieu ne pense rien d'autre que soi est incohérente [1], même si l'on peut avancer des arguments probables, quoique non suffisants, pour montrer qu'Il pense autre chose que soi [2]. Par conséquent, les développements d'Henri de Gand et de Duns Scot sur le statut des objets de la pensée divine ne doivent pas être considérés autrement que comme de pures spéculations qui éloignent du sens propre des termes.

Ce dont Dieu n'a pas idée

On pourrait objecter à Ockham que les autorités théologiques obligent à postuler que Dieu pense ses créatures dans des idées avant qu'Il ne les produise dans leur existence [3]. Autrement dit, si l'on peut admettre que la réflexion sur la nature du possible doit se limiter à des arguments de nature philosophique, la problématique de la nature des idées divines contraindrait à relativiser cette affirmation. Dieu pense-t-il les quiddités ?

C'est ce que croit Henri de Gand, qui conçoit les idées divines comme des rapports d'imitabilité de la créature envers le créateur, rapports de raison non réellement distincts de l'essence divine, par lesquels les essences sont les premiers objets de l'intellect divin [4].

Ockham répond que l'objection se fonde sur une mauvaise lecture des autorités, et, notamment, d'Augustin [5]. Le terme « idée » ne se réfère pas à Dieu ni à un rapport de la créature envers Dieu [6]. Le terme « idée » se réfère à la créature elle-

1. Ord. d. 35, q. 2, OTh IX, p. 440 : « Secundo [dico] quod nec potest probari per rationem quod intelligit omnia a se. »

2. Ord. d. 35, q. 2, OTh IX, p. 440 : « Tertio [dico] quod probabiliter potest probari quod intelligit aliud a se, quamquam contra protervientem non sufficienter. »

3. Pour les idées divines d'après Ockham, voir en particulier A. Maurer, « The Role of Divine Ideas in the Theology of William Ockham », *in* A. Maurer, *Being and Knowing. Studies in Thomas Aquinas and Later Medieval Philosophers*, Toronto, Pontifical Institute of Medieval Studies, 1990, p. 363-381 ; H. Klocker, « Ockham and the Divine Ideas », *The Modern Schoolman* 57, 1980, p. 348-360 ; M. McCord Adams, *William Ockham*, *op. cit.*, vol. 2, p. 1033-1065 ; A. Robert, « Idées humaines, idées divines : Ockham lecteur d'Augustin », *Revue thomiste* 3, 2003, p. 479-493.

4. Ord. d. 35, q. 5, OTh IV, p. 480 : « Illa autem ratio in divina essentia secundum quam sua essentia est ratio qua cognoscit alia a se, nihil aliud est quam imitabilitas qua ab aliis imitetur, quam vocamus ideam, quae est talis ratio sive respectus in divina essentia, non ex se ut essentia est secundum se et absolute – nisi in virtute et quasi in potentia – sed ut est iam cognita et objectum primum intellectus divini secundum actum. » Ockham cite Henri de Gand, Quodl. IX, q. 2.

5. Ord. d. 35, q. 5, OTh IV, p. 485-486.

6. Ord. d. 35, q. 5, OTh IV, p. 487 : « Circa secundum dico quod ista descriptio non convenit ipsi divinae essentiae, nec alicui respectui rationis, sed ipsimet creaturae. »

même, en connotant que cette créature est connue par un principe causal intellectuel qui peut produire quelque chose dans l'être réel [1]. En d'autres termes, le terme « idée » se réfère à la chose qui peut être produite par Dieu [2]. L'idée a une valeur exemplaire pour un être qui, analogue à un artisan, s'appuie pour ainsi dire sur un modèle pour réguler son acte créateur [3].

Sur ces sujets, on ne peut, en s'appuyant sur l'autorité d'Augustin, qu'en rester à des discours de nature analogique, en partant de ce qui est, en l'occurrence des créatures. Il n'est pas donné à la raison humaine de connaître l'intellect de Dieu et la manière dont il fonctionne. Le dogme de la simplicité divine contraint à reconnaître que Dieu intellige tout par une unique intellection indistincte, lui-même et les créatures, plutôt qu'il ne contraint à suivre Duns Scot qui décompose l'acte divin de pensée en instants de nature [4].

L'erreur fondamentale d'Henri de Gand et de Duns Scot consiste à construire une psychologie divine à partir d'une psychologie humaine mal fondée, en y ajoutant une conception de la relation d'ordre essentiel qui est tout simplement erronée [5].

Cependant, si l'on admet que Dieu pense autre chose que Lui-même, et sous toutes les conditions présentées précédemment, on peut répondre à la question de savoir si Dieu a idée des quiddités.

Du fait que les choses, par définition, sont réellement distinctes les unes des autres, il s'ensuit qu'il y a une idée divine distincte pour chaque chose distincte [6]. De cela s'ensuit que Dieu a une idée de la matière, première ou seconde, et de chaque partie essentielle ou intégrale d'un tout [7]. En effet, la matière seconde existe en acte et est réellement distincte de la forme avec laquelle elle forme un composé substantiel. De plus, les parties essentielles et les parties intégrales sont réellement distinctes les unes des autres. Chacune d'entre elles est donc une chose singulière, et en tant que telle Dieu peut en avoir une idée.

1. Ord. d. 35, q. 5, OTh IV, p. 486 : « Et propter hoc habet tantum quid nominis et potest sic describi : idea est aliquid cognitum a principio effective intellectuali ad quod ipsum activum aspiciens potest aliquid in esse reali producere. »

2. Ord. d. 35, q. 5, OTh IV, p. 493 : « [...] istae ideae sunt ipsaemet res a Deo producibiles. »

3. Ord. d. 35, q. 5, OTh IV, p, 490 : « Quia [idea] non est nisi aliquid cognitum ad quod cognoscens aspicit in producendo, ut secundum ipsum aliquid simile illi vel ipsummet producat in esse reali. »

4. Ord. d. 35, q. 4, OTh IV, p. 473 : « Secundo dico quod non sunt talia instantia in Deo. Nec Deus in aliquo instanti imaginabili intelligit essentiam suam quin in eodem intelligit creaturam quamcumque, quia unica est intellectio indistincta omni modo qua intelligit omnia. »

5. Pour la relation d'ordre, voir en particulier Ord. d. 35, q. 3, OTh IV, p. 447-448 : « Ista opinio dicit multae quae non intelligo. »

6. Ord. d. 35, q. 5, OTh IV, p. 493 : « Secunda conclusio est ista quod omnium rerum factibilium sunt distinctae ideae, sicut ipsae res inter se sunt distinctae. »

7. Ord. d. 35, q. 5, OTh IV, p. 493 : « Alia conclusio sequitur quod materiae et formae et universaliter partium essentialium et integralium omnium sunt distinctae ideae. »

Il en résulte aussi que Dieu a des idées des choses singulières, mais non des termes spécifiques[1]. Plus généralement, il en résulte qu'Il n'a pas d'idée des termes communs, si ce n'est en tant que choses singulières existant subjectivement dans l'âme, dans la théorie du concept comme acte[2]. Par conséquent, Dieu n'a pas d'idée des définitions réelles. Les définitions réelles sont de purs produits de l'intellect humain.

Ockham prend soin d'en assurer son lecteur dans la question 8 du deuxième *Quodlibet*, où il s'agit de savoir si tout effet est créé par Dieu. La question soulève deux difficultés d'après Ockham. La première, qui concerne la métaphysique et la sémantique des modalités, réside dans la compatibilité, pour un effet, d'être créé par Dieu et produit concurremment par une cause naturelle[3]. La seconde, qui va droit au cœur de notre enjeu, réside dans la compatibilité, pour une même forme naturelle, d'être créée par Dieu et d'être produite par un agent naturel. Plus encore, à supposer que cette compatibilité soit garantie, peut-on dire qu'un agent produit ou engendre une forme naturelle au moment même où cette forme est créée par Dieu[4] ?

Ockham donne une réponse positive à cette dernière question[5]. Dieu ne crée pas tant des essences qu'Il ne crée *ex nihilo* des formes et une matière qui peuvent former des composés substantiels. En ce sens, la génération et la corruption sont des produits de la nature, avec la coopération de Dieu.

Ainsi, s'il faut prêter une fonction explicative à la quiddité, nous pouvons le faire en nous appuyant sur les seules causes naturelles, puisqu'il est possible à une même forme d'être créée et produite en même temps et puisque Dieu n'est pas responsable de la composition des formes et de la matière qu'Il crée.

La question de savoir quelle fonction prêter à la quiddité prend désormais la forme suivante : comment expliquer qu'un composé substantiel est ce qu'il est, si Dieu crée ses parties essentielles, mais pas le composé lui-même ?

C'est donc sans surprise que nous apprenons que cette question est l'objet du premier livre de la *Petite somme de philosophie naturelle*[6]. Ockham y traite ce qui

1. Ord. d. 35, q. 5, OTh IX, p. 493 : « Quarto sequitur quod ideae sunt primo singularium, et non sunt specierum, quia ipsa singularia sola sunt extra producibilia et nulla alia. »

2. Ord. d. 35, q. 5, OTh IX, p. 493 : « Quinto sequitur quod generis et differentiae et aliorum universalium non sunt ideae, nisi poneretur quod universalia essent quaedam res subiective existentes in anima et solum communia rebus extra per praedicationem. »

3. Quodl. II, q. 8, OTh IX, p. 145 : « Hic sunt duae difficultates reales, et aliae vocales. Prima est, an quilibet effectus simplex sit purum nihil antequam producatur. Et dico quod sic. »

4. Quodl. II, q. 8, OTh IX, p. 146 : « Secunda difficultas est, utrum eadem forma substantialis vel accidentalis simul generetur et creetur. Et dico quod eadem forma creatur a Deo et simul ab agente naturali, non creatur, sed generatur. »

5. Quodl. II, q. 8, OTh IX, p. 146 : « Et dico quod eadem forma creatur a Deo et simul ab agente naturali, non creatur, sed generatur. »

6. On a parfois douté de l'authenticité de la *Petite Somme*. Voir en particulier C. K. Brampton, « Ockham and His Authorship of the *Summulae in libros Physicorum* », *Isis* 55, 1954, p. 416-426 ;

a été appelé par Peter van Inwagen la « question spéciale de la composition », question qui est la suivante : « sous quelles conditions plusieurs choses composent-elles une chose ? » [1].

La réponse d'Ockham montre qu'on peut défendre une position ontologiquement réductionniste sur cette question sans adopter la méréologie extensionnaliste développée notamment par David Lewis [2]. En effet, le tout n'est rien de plus que la somme de ses parties. Mais ce tout n'est pas n'importe quoi, comme l'admet Lewis qui accepterait de faire la somme méréologique de la Tour Eiffel et d'un sandwich, pour reprendre l'exemple de Kit Fine présenté dans le premier chapitre [3]. Ce tout est une substance. C'est ce que nous allons voir à présent.

La suffisance d'une explication par l'origine

L'incohérence de l'hypothèse scotiste d'une forme du tout

Le premier livre de la *Petite somme de philosophie naturelle* a pour sujet l'examen des causes et des parties du composé substantiel [4]. C'est dans ce contexte, au chapitre XIX du premier livre, qu'Ockham se demande si un composé substantiel est quelque chose de plus que ses parties essentielles, la matière et la forme. La question est posée de la façon suivante au début du chapitre XIX du premier livre de la *Summula* :

> Puisque l'on a montré que la matière et la forme sont des principes de ce qui est engendré, il faut examiner si ce sont des principes suffisants de ce qui est engendré, c'est-à-dire qu'il faut examiner si quelque chose d'autre est requis, en l'occurrence une forme du tout, comme certains le prétendent en disant qu'un composé ne signifie pas seulement une matière et une forme, mais aussi une forme qui est appelée forme du tout [5].

J. Miethke, « Ockham's *Summulae in libros Physicorum* : eine nicht-authentische Schrift ? », *Archivum Franciscanum Historicum* 60, 1967, p. 55-78.

1. P. van Inwagen, *Material Beings*, Ithaca, New York, Cornell University Press, 1990.

2. D. Lewis, *Parts of Classes*, Cambridge, Blackwell, 1991. La présentation de référence de la méréologie classique reste à ce jour P. Simons, *Parts. A Study in Ontology*, Oxford, Clarendon, 1987.

3. Voir chap. premier, p. 35.

4. Summula I, 1, OPh VI, p. 155 : « Cum igitur scientia naturalis de compositis habeat considerare, sequitur quod ad considerationem eius pertinent partes compositi et causae eiusdem. Illa autem partes compositi per se sunt materia et forma, quae vocantur principia et causae eius. » Pour un commentaire du premier livre de la *Petite somme*, voir en particulier S. Moser, *Grundbegriffe der Naturphilosophie bei Wilhelm von Ockham. Kritischer Vergleich der Summulae in libros Physicorum mit der Philosophie des Aristoteles*, Innsbruck, Felizian Rauch, 1932.

5. Summula I, 19, OPh VI, p. 205 : « Ostenso quod materia et forma sunt principia generati, videndum est an sint sufficienter principia eius, hoc est an aliud requiratur, scilicet forma totius, sicut aliqui ponunt dicentes quod compositum non tantum dicit materiam et formam sed etiam formam quae dicitur forma totius. »

Il est question de savoir si un composé substantiel est ontologiquement quelque chose de plus que ses parties. Certains contemporains d'Ockham, comme Scot, ont été conduits à donner une réponse positive à cette question en raison d'un argument avancé par Aristote en *Métaphysique* Z, 17 auquel Ockham fait allusion dans l'extrait suivant :

> Ils sont poussés à postuler une telle forme par les arguments d'autorité extraits du VIIe livre de la *Métaphysique* d'Aristote, où ce dernier dit qu'en plus des parties il y a quelque chose d'autre dans le tout qui n'est pas les parties, parce que les parties demeurent lorsque le tout ne demeure pas. En effet, une fois que *b* et a ont été séparés, *b* demeure et *a* demeure, alors que la syllabe "ba" ne demeure pas ; donc "ba" est quelque chose de plus que *b* et *a* [1].

D'après Aristote, si l'on stipulait que le tout substantiel est autre que ses parties comme Platon le fait, alors il faudrait expliquer comment le tout substantiel et ses parties forment un tout et ce à l'infini. Si, cependant, l'on stipule que ce qui rend compte de l'unité du tout est une partie du tout, alors il semble qu'une régression à l'infini survienne également, bien qu'Aristote ne l'explique pas dans les détails. La réponse d'Aristote, assez absconse, consiste à dire que c'est la forme qui rend compte de l'unité du tout [2].

Les prédécesseurs d'Ockham ont compris que le texte aristotélicien pouvait être lu comme un argument en faveur de l'idée qu'un composé substantiel n'est ontologiquement pas réductible à la somme de ses parties. La distinction entre forme du tout et forme de la partie a été introduite par Avicenne pour rendre compte de la solution aristotélicienne [3]. Cette distinction est discutée par les philosophes et théologiens dès Albert le Grand. D'après Thomas d'Aquin [4], par exemple, il faut distinguer la forme du tout, qui est la quiddité de l'espèce, de la

1. Summula I, 1, OPh VI, p. 155 : « Ad quod ponendum movent eos auctoritates Aristotelis, VII Metaphysicae, ubi vult quod praeter partes est aliquid aliud in toto quod non est partes, quia partes manent non manente toto. Dissolutis enim b et a, manet b et manet a, et tamen non manet haec syllaba "ba" ; ergo "ba" est aliquid praeter b et a. »

2. Pour un commentaire de ce texte, voir notamment K. Koslicki, *The Structure of Objects*, Oxford, Oxford University Press, 2008, p. 108-117.

3. Voir par exemple Thomas d'Aquin, *In Sent.* IV, d. 44, q. 1, a. 1, qc. 2, ad. 2 : « Alia opinio est Avicennae, quae verior videtur, quia forma totius non est forma partis tantum, nec forma aliqua alia praeter formam partis, sed est totum resultans ex compositione formae et materiae, comprehendens in se utrumque ; et haec forma totius, essentia vel quidditas dicitur. »

4. Thomas d'Aquin, *In Met* VII, lectio 9, n. 1469, éd. R.-M. Cathala et R. Spiazzi, p. 358-359 : « Unde est alia opinio, quam sequitur Avicenna ; et secundum hanc forma totius, quae est ipsa quidditas speciei, differt a forma partis, sicut totum a parte : nam quidditas speciei, est composita ex materia et forma, non tamen ex hac forma et ex hac materia individua. Ex his enim componitur individuum, ut Socrates et Callias. Et haec est sententia Aristotelis in hoc capitulo, quam introducit ad excludendum opinionem Platonis de idei. » Voir G. Galluzzo, « Aquinas's Interpretation of Aristotle's *Metaphysics*, Book Z », *Rercherches de théologie et philosophie médiévales* 74/2, 2007, p. 423-481 pour une discussion des différents textes de Thomas d'Aquin sur la question.

forme de la partie, qui est l'une des deux parties du composé et qui est individuelle. Gilles de Rome théorise cette distinction dans ses *Théorèmes sur l'être et l'essence*[1].

Le débat peut être résumé de la façon suivante. Si l'on soutient, comme Averroès, que la matière n'entre pas dans la définition du composé, alors il faut soutenir que la forme de la partie (c'est-à-dire la forme substantielle par opposition à la matière) est identique à la forme du tout, c'est-à-dire au composé de matière et de forme ou à la quiddité du composé de matière et de forme. Si l'on soutient que la matière entre dans la définition du composé, alors il faut soutenir que la forme de la partie et la forme du tout sont distinctes l'une de l'autre d'une manière ou d'une autre[2].

C'est cette dernière option que choisit Duns Scot. La forme du tout est distincte de la forme de la partie. Elle est la nature totale, considérée comme quiddité[3] et elle est forme de tout le composé considéré comme étant quidditatif, au sens où l'entend Avicenne quand il parle de la nature indifférente à l'essence et à l'existence[4]. Elle est une troisième entité, non réductible à la matière et à la forme, au sens divisé comme composé[5]. Richard Cross parle de « conception anti-réductionniste de la substance » à ce sujet[6].

Ockham soutient, nous l'avons vu, que la matière entre au même titre que la forme dans la définition du composé. Ockham défend, en effet, l'idée que le tout n'est pas autre chose que ses parties prises ensemble. Par là, il s'oppose résolument à Duns Scot, qui estime que le tout est plus que ses parties, prises ensemble

1. Gilles de Rome, *Theoremata de ente et essentia*, éd. E. Hocedez, théorème 8, p. 39, l. 8-13 : « Omnes res materiales formam partis et formam totius in se habere dicuntur, et quia a forma causatur esse, videbitur ex hoc duplex esse in rebus materialibus reperiri. Sed illorum unum est esse simpliciter, aliud vero non est esse simpliciter sed modum essendi poterit nuncupari. »

2. Pour une présentation des enjeux du débat et de sa fortune médiévale, voir A. de Libera et C. Michon, *L'être et l'essence*, Paris, Seuil, 1996, p. 277 *sq*.

3. Jean Duns Scot, Ord. III, d. 2, q. 2, éd. Wadding, *Opera Omnia* VII, p. 80 : « Si tamen intelligatur forma totius non aliquid constituens totum, sed natura tota ut quidditas, hoc modo bene concedi potest quod forma totius sit aliud a forma partis ».

4. Jean Duns Scot, Ord. III, d. 2, q. 2, éd. Wadding, *Opera Omnia* VII, p. 80 : « Sed respectu cuius est forma ? Respondeo et dico quod respectu totius compositi, non quidem forma informans sed forma qua compositum est ens quidditative. Et hoc modo totum ens formaliter est forma, sicut album dicitur album albedine, [...] sed est ipsum totum praecise consideratum secundum illum modum quo loquitur Avicenna 5. Metaphysicae, "Equinitas est tantum equinitas". »

5. Jean Duns Scot, Ord. III, d. 2, q. 2, éd. Wadding, *Opera Omnia* VII, p. 80 : « Natura tota ex partibus [...] est quoddam ens absolutum tertium aliud a partibus utrisque, et ambabus coniunctim et divisim. »

6. R. Cross, « Duns Scotus's Anti-Reductionistic Account of Material Substance », *Vivarium* 33/2, 1995, p. 137-170. Voir aussi du même auteur *The Physics of Duns Scotus. The Scientific Context of a Theological Vision*, Oxford, Clarendon Press, 1998, chap. V, p. 77-93.

ou séparément [1]. Cela est nécessaire si l'on veut pouvoir distinguer le composé substantiel de l'agrégat [2].

Pour étayer son idée, Ockham avance, comme Aristote avant lui, un argument fondé sur une régression à l'infini [3]. Supposons qu'une forme du tout soit nécessaire, en plus de la forme substantielle, pour rendre compte de l'unité d'une substance naturelle. En outre, supposons que cette forme soit simple.

Il y aurait alors deux formes substantielles dans le composé, la forme de la partie et la forme du tout. Il n'y aurait aucun critère pour déterminer que l'une des deux est davantage que l'autre une forme intégrante. Dans un modèle d'explication qui admet la pluralité des formes, une forme intégrante est une forme qui est supérieure aux autres et qui a la capacité de constituer une forme totale avec les autres formes du composé substantiel [4]. Ces formes sont alors considérées comme des formes partielles parce qu'elles ont un être partiel.

Donc, si les deux formes, la forme du tout et la forme de la partie, sont des formes intégrantes, soit elles constituent une unité par soi avec la matière, soit elles ne constituent pas une unité par soi avec la matière. Si elles constituent une unité par soi avec la matière, soit il faut postuler une troisième forme pour rendre compte de l'unité du composé et ceci à l'infini, soit la forme du tout est sans valeur explicative. Si les deux formes ne forment pas une unité par soi avec la matière, alors la deuxième forme n'a aucune valeur explicative.

Supposons, donc, non pas que cette forme soit simple, mais qu'elle soit composée. Elle ne peut être composée que de matière et de forme, c'est donc le composé lui-même. Ce dernier raisonnement n'est bien entendu pas valide. Un scotiste pourrait également refuser le premier raisonnement.

En effet, un scotiste n'admettrait pas que la forme du tout puisse être dite simple ou composée. Pour Scot, la forme du tout n'est pas une forme, c'est le composé lui-même mais non individualisé [5]. Il n'est pas possible de dire qu'une forme serait plus complète et parfaite que l'âme intellective, si l'on parle d'un

1. Jean Duns Scot, Ord. III, d. 2, q. 2, éd. Wadding, vol. VII, p. 76 : « Ostendo quod totum sit ens aliud ab omnibus partibus coniunctim et divisim. »

2. Jean Duns Scot, Ord. III, d. 2, q. 2, éd. Wadding, vol. VII, p. 76 : « Probo quia alias non esset distinctio totius vel unius : 8 Metaphysicae V, ubi dicitur quod totum vel unum aliud quod est per se unum, aliud totum quod est unum aggregatione ut cumulus vel acervus, et istud totum secundum est suae partes tantum. » Pour un commentaire de ce texte, voir R. Cross, « Duns Scotus's Anti-Reductionistic Account of Material Substance », art. cit., p. 145-146.

3. Summula, I, 19, OPh VI, p. 205-206.

4. Pour les différentes variantes du rapport de subordination entre les formes d'un composé d'après les partisans de la pluralité des formes, voir R. Zavalloni, *Richard de Médiavilla et la controverse sur la pluralité des formes*, Louvain, Éditions de l'Institut Supérieur de Philosophie, 1951, p. 312-317.

5. Jean Duns Scot, Ord. III, d. 2, q. 2, éd. Wadding, vol. VII, p. 79 : « Si intelligatur in toto praeter formam partis (cuiusmodi est in homine anima intellectiva) esse aliam formam quasi supervenientem illi quae sit etiam aliquid ipsius totius, et tamen dicatur forma totius (distinguendo eam contra formam partis) quia completius constituit totum quam illa alia forma, iste intellectus est falsus ».

composé substantiel qui serait un homme. D'ailleurs, Scot a déjà répondu à une objection du même genre faite par Guillaume de Ware [1].

Dans le meilleur des cas, Scot accepterait de considérer la forme du tout comme composée. Il estimerait alors qu'Ockham s'est arrêté trop vite dans sa démonstration, puisque dire que la forme du composé est composée n'implique pas qu'elle soit le composé lui-même. Au contraire, il faudrait que la forme du composé ne soit pas le composé lui-même, si l'on veut pouvoir distinguer le composé substantiel de l'agrégat.

Ockham n'est pas d'accord. On peut tout à fait distinguer le composé substantiel de l'agrégat, si l'on précise que le tout substantiel n'est que ses parties prises ensemble, mais à une condition : matière et forme doivent être dans le même lieu [2]. Ockham insiste : d'après Aristote, il est même impossible que la matière et la forme soient dans le même lieu sans que la forme n'informe la matière [3].

Certes, il suffit que les parties d'un artefact soient séparées localement pour que l'artefact cesse d'être [4]. Mais il ne suffit pas que les parties d'un artefact soient dans le même lieu pour que l'artefact commence à être [5]. Dans le cas de l'artefact, il faut donc ajouter la clause d'un ordre approprié entre les parties pour que la thèse selon laquelle un tout n'est rien de plus que ses parties prises ensemble soit valide [6].

Ockham pense que cette idée peut être généralisée. N'importe quel tout n'est rien de plus que ses parties prises ensemble, mais à une condition, qui varie en fonction de la nature du tout :

> Ainsi donc il est manifeste qu'un tout n'est rien d'autre que toutes ses parties ; cependant ce n'est pas toujours le cas, mais seulement quand elles sont placées ou ordonnées ou unies comme il convient. En effet, il est requis une union différente pour des touts différents : parfois il est requis que les parties soient ensemble

1. Jean Duns Scot, Ord. III, d. 2, q. 2, éd. Wadding, vol. VII, p. 79 : « [...] tunc esset in homine aliqua forma constituens hominem perfectior anima intellectiva, quod est inconveniens. » Pour un commentaire de ce texte, voir R. Cross « Duns Scotus's Anti-Reductionnistic Account of Material Substance », art. cit., p. 156-157.

2. Summula, I, 19, OPh VI, p. 207 : « Ad tertium dicendum quod secundum principia Aristotelis, impossibile est quod haec materia et haec forma quae sunt unum compositum vel quae sunt partes compositi sint exsistentes in rerum natura nisi sint simul localiter. »

3. Summula, I, 19, OPh VI, p. 208 : « Dicendum est etiam quod secundum intellectum Aristotelis, contradictionem includit materiam et formam esse simul localiter et materiam non informari forma. »

4. Summula I, 19, OPh VI, p. 207 : « Dicendum ad primum istorum quod domum destrui non est aliquam rem secundum se totam desinere esse sed tantum partes separari localiter, propter quam separationem localem haec est falsa "domus est", quae prius erat vera. »

5. Summula I, 19, OPh VI, p. 206 : « Sed de artificialibus est aliud, quia [...] solum est illae partes exsistentes quando partes sunt debito modo unitae et localiter situatae et convenienter. »

6. Summula I, 19, OPh VI, p. 208 : « Sic igitur patet quod totum non est nisi omnes partes ; sed non semper, sed solum tunc quando sunt debito modo collocatae vel ordinatae seu unitae. Ad diversa enim tota requiritur diversa unio partium. »

localement, parfois qu'elles ne soient pas distantes de telle sorte qu'il n'y ait aucun intermédiaire, parfois il pourra y avoir un intermédiaire mais il sera requis un ordre approprié, par exemple lorsque plusieurs hommes forment un peuple [1].

Dans ce passage, Ockham décrit diverses conditions nécessaires, plus ou moins fortes, comme la comprésence ou l'absence d'intermédiaire. Ainsi, Ockham soutient que les parties prises collectivement sont une condition nécessaire mais pas suffisante de l'unité d'un tout quel qu'il soit. Il y a différents types d'unité en fonction de la nature des parties, ce qui implique donc d'autres conditions nécessaires, variables [2].

Une condition nécessaire du composé substantiel est que ses parties, la matière et la forme, soient dans le même lieu. Ce n'est pas encore suffisant pour répondre correctement à Scot, car la comprésence est aussi une condition nécessaire d'un composé accidentel comme un homme blanc. Il faut prendre en considération la genèse du composé substantiel pour pouvoir le distinguer de tout autre composé. C'est ce qu'Ockham explique dans l'analyse qu'il propose de la génération du composé substantiel dans le premier livre de la *Petite Somme*.

L'explication par la génération

L'analyse de la génération du composé substantiel appelle certaines considérations méthodologiques en raison du statut épistémique particulier des principes de la nature. Ockham dévie de la position aristotélicienne standard et affirme que la forme n'est pas plus intelligible directement que ne l'est la matière [3]. Il n'existe pas de concept simple et propre de la matière ni de concept simple et propre de la forme [4]. Par contre, la matière et la forme peuvent être connues par l'intermédiaire de concepts composés propres. Ce sont des concepts dont la connaissance dépend

1. Summula I, 19, OPh VI, p. 208 : « Sic igitur patet quod totum non est nisi omnes partes ; sed non semper, sed solum tunc quando sunt debito modo collocatae vel ordinatae seu unitae. Ad diversa enim tota requiritur diversa unio partium : quandoque enim requiritur quod partes sint simul localiter, quandoque quod sint indistantes ita quod nihil sit medium, quandoque poterit aliquid esse medium sed requiritur rectus ordo, sicut plures homines faciunt unum populum. »

2. En ce sens, la position d'Ockham est comparable à celle qu'élabore K. Koslicki dans son ouvrage *The Structure of Objects*. K. Koslicki énonce son objectif ainsi (*op. cit.*, p. 9) : « To this end I develop in what follows a more full-blooded neo-Aristotelian account of parthood and composition according to which objects are structured wholes. It is integral to the existence and identity of an object, on this conception, that its parts exhibit a certain manner of arrangement. »

3. Summula, I, 14, OPh VI, p. 195 : « Oportet autem scire quod hoc non solum verum est de materia sed etiam de forma, quia forma substantialis a nobis per aliam viam cognosci non potest ; immo sicut materia cognoscitur per analogiam ad formam, ita forma substantialis cognoscitur per analogiam ad materiam. »

4. Summula, I, 14, OPh VI, p. 194 : « Quantumcumque materia sit res aliqua actualiter exsistens et necessario distincta a forma, tamen non est per se intelligibilis, hoc est non est intelligibilis cognitione simplici et propria sibi. »

de celle d'autres concepts et auxquels on aboutit en raisonnant sur eux [1]. Ces concepts primitifs sont au nombre de trois : « quelque chose » (*aliquid*), « être privé de quelque chose » (*esse privatum aliquo*), « être le sujet de ceci » (*esse sub isto*) [2].

La connaissance de l'existence et de la nature de la matière et de la forme requiert donc un raisonnement à partir d'une notion très générale, « quelque chose », et à partir de structures prédicatives décrivant les principes contraires, la privation et le sujet-substrat. La notion de privation, loin de disparaître de la physique ockhamiste, est une notion-pivot à partir de laquelle analyser le changement.

La sémantique des concepts de matière et de forme explique pourquoi Ockham, dans le premier chapitre du premier livre de la *Petite Somme*, affirme que l'existence de la matière et celle de la forme doivent être prouvées. Cette preuve, d'après Ockham, est une preuve *a posteriori*, par le fait, et non une preuve *a priori*, par la cause [3]. Le point de départ de cette preuve est un fait d'expérience, le fait de la génération naturelle [4]. On va prouver par les effets que les causes pressenties, en l'occurrence la matière et la forme ainsi qu'une cause extrinsèque efficiente, sont bien les causes de ce fait. Ce fait est l'existence d'un composé substantiel, qui est une réalité brute, indubitable.

Le raisonnement s'appuie alors sur un principe métaphysique, le principe selon lequel rien n'est produit du néant (*ex nihilo nihil fit*) [5]. Ce principe prend la place de l'examen dialectique de l'opinion des prédécesseurs au début du premier livre de la *Physique*. Du principe selon lequel rien n'est produit du néant est déduite l'existence d'un substrat qui n'est pas totalement distinct de ce qui est engendré [6]. Ce substrat est une partie de ce qui est engendré et il est nommé matière. Ce qui n'est pas substrat dans ce qui est engendré est nommé forme [7].

1. Summula, I, 14, OPh VI, p. 194-195 : « Sed tamen habitis conceptibus simplicibus communibus et particularibus aliarum rerum, intellectus potest componere eos ad invicem et per rationem declarare quod tale compositum ex aliquibus conceptibus significat aliquid a parte rei et potest vere stare pro re. »

2. Summula, I, 14, OPh VI, p. 194-195 : « [...] sicut habito isto conceptu "aliquid" et isto "esse privatum aliquo" et isto "esse sub isto", potest intellectus concludere quod est aliquid in rerum natura quod primo privatur forma et postea est sub ea et habet eam, et illud vocatur materia ».

3. Summula, I, 1, OPh VI, p. 155 : « Circa materiam igitur et formam multa sunt inquirenda. Primo ostendendum est quod sunt, a posteriori ; quia a priori hoc probare non possumus. »

4. Summula, I, 1, OPh VI, p. 155-156 : « Quod autem sunt et quod distincta sunt probatur per naturalem generationem. Videmus enim ista corpora naturaliter generari et corrumpi, sicut animalia, plantae, ignis et aer, et huiusmodi, quae quandoque generantur et quandoque corrumpuntur. »

5. Summula, I, 1, OPh VI, p. 156 : « Sed nihil generatur ex nihilo ; igitur omni generationi aliquid praesupponitur. »

6. Summula, I, 1, OPh VI, p. 156 : « Patet igitur, cum omne generatum non fiat ex nihilo, quod omni generationi et generato praesupponitur aliquid quod non est totaliter distinctum a generato. »

7. Summula, I, 1, OPh VI, p. 156 : « Cuiuslibet igitur generati naturaliter sunt duae partes quarum una praesupponitur generationi, quae vocatur materia, et alia quae non praesupponitur, quae vocatur

C'est donc pour rendre compte de la génération qu'il faut postuler que la matière et la forme existent et qu'elles sont réellement distinctes l'une de l'autre [1]. Ce sont des parties de ce qui est engendré. Elles rendent à la fois compte de la genèse du composé et de sa structure essentielle : elles sont des principes de la chose « dans leur être et dans leur devenir » [2]. C'est en ce double sens que la matière et la forme sont des principes de la chose naturelle.

L'existence de la matière est déduite de sa fonction, celle de substrat. L'existence de la forme est déduite par défaut, de la thèse que la matière est une partie du composé substantiel et qu'elle n'est pas tout le composé substantiel. La forme substantielle est ainsi définie de façon négative comme ce qui est requis en plus de la matière pour rendre compte de la structure métaphysique de la substance naturelle. Pour Ockham, la forme substantielle n'est donc qu'une condition *sine qua non* de la génération de la substance naturelle. Cependant, ce n'est pas dire que la forme substantielle perd son statut dans l'explication de la structure métaphysique de la substance naturelle. En ce sens, il n'est pas possible de suivre A. Goddu qui estime que la théorie ockhamiste des principes de la nature rend possible une « sortie de l'hylémorphisme » [3].

Les deux premiers chapitres du premier livre de la *Summula* constituent ainsi un préambule à l'étude des principes de la nature. Ces considérations méthodologiques nous invitent à conclure que le statut épistémologique particulier de l'étude de la génération substantielle implique une relation d'interdépendance ontologique entre le tout et ses parties. Cette relation d'interdépendance est l'objet de la deuxième partie du premier livre de la *Petite Somme* (chapitre XVI à XX). Ockham y analyse le rapport de constitution entre les principes et le composé substantiel, ou, pour reprendre ses propres termes, les principes pris ensemble [4]. Il commence par définir la génération et la corruption au sens strict ainsi :

forma. Propter generationem igitur naturalem oportet ponere materiam et formam et quod sunt et quod distinguuntur. »

1. Pour la distinction réelle entre la matière et la forme d'après Ockham, voir G. White, « Ockham's Real Distinction between Form and Matter », *Franciscan Studies* 44, 1984, p. 211-225. Voir aussi A. B. Wolter, « The Ockhamist Critique » *in* E. McMullin (ed), *The Concept of Matter in Greek and Medieval Philosophy*, Notre Dame, University of Notre Dame Press, 1965, p. 124-146.

2. Summula, I, 2, OPh VI, p. 158 : « Ponit autem Aristoteles quod sunt principia rei naturalis tam in fieri quam in esse : eo enim ipso quod sunt partes rei generatae, sunt principia eius tam in fieri quam in esse, quia res non potest fieri nec sine suis partibus essentialibus, cuiusmodi sunt materia et forma. »

3. A. Goddu, *The Physics of William Ockham*, Leiden, Brill, 1999, p. 107-108.

4. Summula, I, 16, OPh VI, p. 197 : « Hactenus dictum est de singulis principis separatim, nunc videndum est quomodo illa sunt principia generationis et generati et quomodo simul principiant, quia numquam principiat unum sine alio. »

est engendré ce qui est après n'avoir pas été, dont une partie lui préexiste, tandis que cette partie reçoit l'autre partie du composé qui n'était pas antérieurement [1].

Une clause restrictive doit être ajoutée à cette définition : il faut que les parties du composé qui est engendré, en l'occurrence la matière et la forme, soient dans le même lieu et qu'elles commencent à être, prises ensemble [2]. On retrouve donc dans la définition même de la génération la thèse réductionniste qu'Ockham oppose à la forme du tout scotiste. La nature des principes dépend de leur fonction dans la genèse du composé substantiel : ils sont, réunis, la condition suffisante de l'existence et de la nature du composé substantiel. Le statut ontologique et la structure du composé substantiel s'expliquent suffisamment par l'origine du composé. Le composé est ses parties prises ensemble. C'est ce que n'ont pas compris les scotistes qui posent une forme du tout.

Dans l'analyse qu'en propose Ockham, l'hylémorphisme aristotélicien est une doctrine qui n'est pas centrée sur le couple acte – puissance. Cette doctrine, ontologiquement réductionniste, ne repose pas cependant sur le fameux « axiome de la composition sans restriction» de David Lewis, axiome selon lequel n'importe quel objet peut former, avec n'importe quel autre objet, un troisième objet. En maintenant une distinction nette entre création et génération, Ockham atteste de sa volonté de maintenir une base hylémorphique pour répondre à la « question spéciale de la composition ».

Cependant, Ockham a traité la doctrine scotiste de la forme du tout avec une certaine désinvolture. Scot avait de bonnes raisons, philosophiques et théologiques, de choisir une position anti-réductionniste. Certes, il n'est pas donné à Dieu de créer le composé substantiel. Celui-ci est nécessairement engendré naturellement, avec l'aide de Dieu. Mais Scot rappelle, dans son analyse du statut ontologique des relations, qu'il est possible à Dieu de désunir ce que la nature unit de soi-même. Comment rendre compte de la possibilité théologique qu'a Dieu de séparer la matière et la forme tout en les maintenant dans le même lieu, par exemple quand le corps du Christ, lors du *triduum*, a été séparé de son âme intellective ?

1. Summula, I, 16, OPh VI, p. 197 : « "generari" sic [stricte] acceptum potest sic describi : illud generatur quod nunc primo est postquam non fuit, cuius pars praecessit, recipiens aliam partem eiusdem quae prius non fuit. Et illud corrumpitur quod non est postquam fuit, cuius aliqua pars manet, privata altera parte quae tunc non est. »

2. Summula, I, 17, OPh VI, p. 199 : « Et est sciendum quod materiam et formam esse principia generationis et generati non est aliud quam materiam et formam simul in eodem loco et situ exsistere de novo, ita quod materia praesupponatur formae in ea receptae, quae forma, sicut de novo recipitur in materia, ita secundum se totam et quamlibet partem eius fit de novo. »

UNE OBJECTION SCOTISTE EMBARRASSANTE

La contingence de l'identité entre une substance naturelle et ses parties essentielles

La genèse du problème

Ockham prend acte de l'objection scotiste lorsqu'il traite du terme « créature », dans la deuxième question du deuxième livre de la *Reportatio.* S'il est impossible que le composé substantiel soit autre chose que ses parties compré-sentes, comment Dieu peut-il séparer une forme et une matière sans les déplacer localement ? Précisons d'emblée qu'il n'est pas question de la forme intellective du composé humain, qui peut survivre après la destruction du composé. Il est question de ces formes qui cessent d'être lorsque le composé cesse d'être.

Dans cette question de la *Reportatio*, Ockham estime qu'une analyse correcte du terme « créature » suppose d'abord de procéder à une analyse de la relation en général [1]. Il faut neutraliser le recours à une distinction formelle entre la créature et sa création pour penser leur rapport [2] et, donc, il faut montrer la cohérence de la théorie réductionniste selon laquelle « relation » ne dit rien de positif en plus des choses absolues, étant donné que tout peut être expliqué en recourant à des dénominations et connotations distinctes [3]. En particulier, il faut examiner si l'on peut maintenir jusqu'au bout que la relation d'union entre la matière et la forme n'est rien de plus qu'une matière et une forme comprésentes.

Lorsqu'Ockham s'attaque à Scot, il cite sept arguments que son adversaire avance en faveur de sa théorie de la relation réelle. Ces arguments sont d'autant plus importants pour notre propos qu'ils font appel à la relation de composition substantielle :

> Il y a une quatrième position selon laquelle certaines relations sont réellement distinctes de leur fondement, et d'autres non. Lisez Jean Duns Scot. On prouve la première partie de la thèse par plusieurs arguments : [1] par la séparation de la relation et de son fondement, parce que quelque chose peut être blanc sans être semblable à autre chose ; [2] par l'union de la nature humaine au suppôt divin ; [3] par l'inhérence [de l'accident dans son sujet] et leur séparation dans l'Eucharistie ; [4] par la composition des parties ; [5] par l'ordre de l'univers ;

1. Rep. II, q. 2, OTh V, p. 28 : « Primo videndum est de relationibus in communi. »

2. Rep. II, q. 2, OTh V, p. 41 : « Et si tenerem quod relatio esset aliqua res, dicerem cum Ioanne quod esset res distincta a fundamento, et discordando, dicerem quod omnis relatio differt realiter a fundamento, et ita creatio passio sicut quaecumque alia. »

3. Rep. II, q. 2, OTh V, p. 48 : « Tenendo aliam viam, quae probabilior videtur – scilicet quod relatio nihil positivum dicit praeter absolutum – quia sic possunt omnia salvari per denominationem diversam et connotationem sicut satis dictum est supra. »

> [6] par l'union de la forme et de la matière ; [7] par l'exercice du pouvoir causal des causes secondes en fonction de la distance spatiale [1].

Ockham n'est pas d'accord avec Scot. Le premier argument de Scot, que l'on peut nommer l'argument par la séparation, est de loin le plus important. Par cet argument, Scot pense pouvoir montrer qu'il doit exister des relations qui sont réellement distinctes de leur fondement, ce qui implique, d'après lui, que ces relations sont des choses relatives [2].

Les six autres arguments de Scot sont des contre-exemples à une théorie qui n'admettrait pas l'argument par la séparation. Duns Scot présente ces six arguments pour réfuter un adversaire qui, comme Pierre d'Auriol [3], n'admet pas l'existence de relations réelles mais admet l'existence des seules relations de raison, si l'on entend par là que la vérité d'une proposition énonçant l'existence d'une relation requiert nécessairement l'activité de l'intellect. Scot avancerait ces arguments pour montrer qu'il existe certaines relations qui ne doivent pas dépendre de l'activité de l'intellect pour être, quelle que soit la manière dont on les conçoit par ailleurs [4]. Dans le cas contraire, on ne pourrait pas rendre conpte des relations les plus importantes pour la bonne marche de l'univers.

Tout d'abord, Ockham s'attaque à l'argument par la séparation. La réfutation de cet argument comprend en son sein la réfutation de certains des six autres avancés par Duns Scot : l'union des parties du continu [5] et la causalité [6]. Ensuite, Ockham reconnaît la difficulté spécifique de certains des arguments avancés par Duns Scot, tout en neutralisant d'emblée certains d'entre eux, en l'occurrence la proximité spatiale, l'union des parties dans le continu et l'ordre de l'univers.

Restent donc les arguments par la composition substantielle, par l'inhérence de l'accident dans son sujet et par l'union des deux natures. Ockham les rassemble sous une règle générale, la règle selon laquelle il faut poser la production d'un respect réel lorsque le passage d'un contradictoire à l'autre ne s'explique ni par un changement ni par un mouvement local [7].

Quel est le statut ontologique du respect réel auquel Ockham fait allusion dans cette règle générale ? Comment Ockham en est-il arrivé à renoncer à la position

1. Rep. II, q. 2, p. 31 : « Quarta est opinio quod aliquae relationes distinguuntur realiter, et aliquae non. Quaere Ioannem. Primum probatur multipliciter : per separationem relationis a fundamento, quia aliquid potest esse album et non simile ; per unionem naturae humanae ad suppositum divinum ; per inhaerentiam et separationem in Eucharistia ; per compositionem partium ; per ordinem universi ; per unionem formae cum materia ; per causationem causarum secundarum propter approximationem. »

2. Rep. II, q. 2, OTh V, p. 32-40.

3. Pour la doctrine de Pierre d'Auriol, voir M. Henninger, *Relations*, *op. cit.*, p. 150-173.

4. M. McCord Adams, *William Ockham*, *op. cit.*, chap. VII, vol. 1, p. 219-220. Voir Jean Duns Scot, Ord. II, d. 1, q. 4-5, n. 223, éd. Vat., vol. VII, p. 111.

5. Rep. II, q. 2, OTh V, p. 34, l. 6-26.

6. Rep. II, q. 2, OTh V, p. 35-36.

7. Rep. II, q. 2, OTh V, p. 40-41 l. 7.

réductionniste qu'il défend par ailleurs sur la question de la composition substantielle ? Ockham précise sa pensée dans la distinction 30 de l'*Ordinatio*.

Une première solution

Dans la distinction 30 de l'*Ordinatio*, Ockham précise son propos et sérié davantage les problèmes. La question de savoir en quel sens affirmer que Dieu est créateur requiert une analyse conceptuelle préliminaire de ce qu'est la relation [1]. Sur ce sujet, Ockham est plus précis : l'erreur fondamentale de Duns Scot est de croire que les relations du troisième mode sont des relations qui ne sont pas mutuelles, autrement dit des relations telles que leur terme n'est pas le sujet d'une relation converse [2].

D'ailleurs, la relation que Dieu entretient avec sa créature n'est pas une relation du troisième mode. C'est une relation du deuxième mode, vraisemblablement parce que c'est une relation de causalité d'un type spéficique [3]. Rappelons-le : le discours sur Dieu se fait à l'aide de dénominations extrinsèques, les créatures elles-mêmes. Dieu est conçu comme créateur des choses avant d'être conçu comme un être qui pense. On parle donc d'une relation de causalité entre un producteur exceptionnel et ses productions, non d'une relation par laquelle un être pense ses objets.

La question de la nature de la relation requiert à son tour deux examens. Dans un premier temps, il faut se demander si l'on peut soutenir, abstraction faite de toute autorité philosophique ou théologique, la thèse selon laquelle une relation n'est pas quelque chose de distinct de quelque manière que ce soit de toute chose absolue [4]. C'est l'objet des deux premières questions de la distinction 30. Dans la première question, Ockham se concentre sur les relations réelles de la catégorie de relation [5]. Dans la deuxième question, Ockham analyse les respects extrinsèques, autrement dit les respects entrant dans les six catégories mineures, comme le veut

1. Ord. d. 30, q. 1, OTh IV, p. 281-282 : « Sed quia haec quaestio praesupponit de relatione quid sit, ideo quaero primo de relatione. »

2. Ord. d. 30, q. 5, OTh IV, p. 378-379 : « Ex istis auctoritatibus patet quod inter omnia relativa convenienter assignata est convertentia, hoc est, relatio mutua ; quod scilicet sicut unum refertur ad aliud, ita e converso alterum refertur ad ipsum. »

3. Ord. d. 30, q. 5, OTh IV, p. 395 : « Et si quaeratur ad quem modum relativorum pertinent tales relationes, dico quod omnia talia nomina relativa "creans", "gubernans", "conservans", "puniens", "beatificans" pertinent ad secundum modum relativorum et non ad tertium. » Voir aussi Quodl. VI, q. 19, OTh IX, p. 652-655.

4. Ord. d. 30, q. 1, OTh IV, p. 281-282 : « Et primo quaero utrum omni auctoritate fidei et quorumcumque philosophorum exclusa, facilius posset negari omnis relatio esse aliquid a parte rei quocumque modo distinctum ab omni absoluto et absolutis quam teneri. »

5. Ord. d. 30, q. 1, OTh IV, p. 306 : « Ideo dico aliter ad quaestionem quod – quidquid sit de veritate – volens inniti rationi, quantum possibile est homini iudicare ex prius naturalibus pro statu isto, facilius teneret negando omnem talem relationem de genere relationis esse aliam rem – modo exposito prius – quam eius oppositum. »

la tradition qui s'appuie sur le *Liber sex principiorum* pour lire les *Catégories* d'Aristote [1].

Dans un deuxième temps, il faut prendre en considération la théorie aristotélicienne de la relation et évaluer l'interprétation qui en est donnée communément. C'est l'objet de la troisième question de la distinction 30 [2]. C'est aussi celui de la quatrième question de la distinction 30 [3], vers laquelle nous nous tournons. Ockham énonce ainsi la problématique de la question 4 de la distinction 30 :

> Mais, au sujet de certains respects spécifiques, il existe une difficulté spécifique. Ainsi, s'il faut poser certains respects, ce sont ceux-ci : l'union de la nature humaine à la nature divine, l'union de la matière à la forme et inversement, l'union de l'accident à son sujet, l'union d'une partie du continu à une autre. Il n'y a qu'un seul argument pour tous ces cas : il est impossible que des contradictoires se vérifient successivement du même si ce n'est en raison du mouvement local de quelque chose, du passage du temps ou en raison de la production ou de la destruction de quelque chose [4].

Ockham affirme que seul un argument par la vérification successive des contradictoires peut le pousser à « poser certains respects », ce que l'on peut entendre, en un sens minimal, de la façon suivante. Il faudrait poser dans certains cas d'union, comme dans le cas de la composition substantielle, un respect non réductible aux choses absolues.

En effet, quelque chose a nécessairement été produit ou détruit lorsqu'une matière et une forme comprésentes ont été unies ou désunies, tout en restant dans le même lieu. On ne peut pas expliquer ce changement par un simple mouvement local des parties de la substance, puisque la matière et la forme demeurent par hypothèse dans le même lieu. On ne peut pas non plus l'expliquer par le simple passage du temps, puisque par définition cette union ou cette séparation est instantanée. Ce quelque chose qu'il faut poser dans l'ontologie, qu'est-ce ?

Pour répondre à cette question, examinons les explications alternatives qu'Ockham envisage dans la suite de la question. Les quatre cas d'union

1. Ord. d. 30, q. 2, OTh IV, p. 320 : « Secundo quaero utrum per rationem naturalem probari possit six genera, quae ponuntur respectus extrinsecus advenientes, importare aliquas res quocumque modo distinctas a rebus absolutis. »

2. Ord. d. 30, q. 3, OTh IV, p. 335 : « Tertio quia tenetur a multis quod Philosophus posuerit tales respectus esse res alias ab absolutis, quaero utrum de intentione Philosophi fuit ponere quemcumque respectum a parte rei distinctum ab omnibus absolutis et ab omni absoluto. »

3. Ord. d. 30, q. 4, OTh V, p. 366 : « Quarto quaero utrum secundum rei veritatem, quaecumque fuerit intentio philosophorum, respectus debeat poni distingui a parte rei ab absolutis. »

4. Ord. d. 30, q. 4, OTh V, p. 369 : « Sed de aliquibus respectibus specialibus est specialis difficultas. Unde si aliqui respectus sint ponendi, sunt isti : scilicet unio naturae humanae ad divinam, unio materiae ad formam et e converso, unio accidentis ad subiectum, unio unius partis continuis ad aliam. Unde pro omnibus istis est una ratio solum quae est ista : impossibile est contradictoria successive verificari de eodem nisi propter motum localem alicuius, vel propter transitionem temporis, vel propter productionem vel destructionem alicuius. »

représentent, Ockham le précise, des possibilités d'ordre théologique, inconcevables pour Aristote [1]. On peut quand même essayer de donner une explication de chacun des quatre cas qui évite d'avoir à poser quelque chose dans l'ontologie, comme l'énonce la règle [2].

En ce qui concerne la Trinité, l'hypothèse consiste à dire que les trois Personnes Divines sont réellement distinctes l'une de l'autre et ne sont pas, prises ensemble, identiques à l'essence divine [3]. Autrement dit, il suffit de renoncer au dogme de la simplicité divine pour rendre compte de la Trinité, ce qui est assurément envisageable. En ce qui concerne l'Incarnation, il suffit de reconnaître que l'union à expliquer n'est pas une relation, mais une chose absolue. Dieu fait homme serait une chose absolue superpuissante, homme et Dieu, et cela conviendrait à la nature divine bien mieux qu'une simple chose relative [4]. Ockham propose donc deux hypothèses hétérodoxes, qui ne correspondent pas à ce qu'il défend par ailleurs [5].

Qu'en est-il de la relation de composition substantielle ? L'hypothèse consiste alors à dire qu'il ne serait pas possible à Dieu de rendre présentes l'une à l'autre la matière et la forme sans qu'elles ne soient unies l'une à l'autre. Il en va de même pour l'accident et son sujet [6]. Autrement dit, la seule explication envisageable consiste à limiter les possibilités ouvertes à Dieu, ce qui est fort peu satisfaisant.

Ockham le concède implicitement, au terme de la brève question 4, puisqu'il estime qu'il est manifeste que des respects d'union, non réductibles aux choses

1. Ord. d. 30, q. 4, OTh V, p. 370 : « Ideo dico quod sola ista ratio posset movere me ad ponendum tales respectus. Verumtamen Philosophum non moveret, quia ipse negaret omnes minores assumptas, nec possent per rationem probari contra eum. »

2. Ord. d. 30, q. 4, OTh V, p. 370-371 : « Sed tunc est dubium an possent aliquae viae dari ad negandum etiam omnes tales respectus. »

3. Ord. d. 30, q. 4, OTh V, p. 371 : « Sed secundum istam viam oporteret ponere quod in Deo essent tria absoluta realiter distincta, quae non essent formaliter divina essentia, et quod unum illorum esset Pater et non Filius, et aliud illorum absolutorum realiter esset Filius et non Pater, ita tamen quod Pater non plus importaret aliquid praeter illud absolutum a parte rei quam creans importat aliquid a parte Dei praeter Deum qui creat. »

4. Ord. d. 30, q. 4, OTh V, p. 371 : « forte dicerent quod propter aliquam formam absolutam multo perfectionem quam foret talis respectus et multo magis convenientem cum divina natura informante naturam humanam posset dici Deus esse homo veraciter, et hoc non esset aliud quam dicere quod humana natura est unita Verbo vel Deo. »

5. La théologie trinitaire d'Ockham a fait l'objet de nombreuses études. On renverra notamment à M. McCord Adams, *William Ockham*, *op. cit.*, vol. 2, p. 961-1010 ; *id.* « Ockham on Identity and Distinction », *Franciscan Studies* 36, 1976, p. 59-74. Pour la christologie d'Ockham, qui a également fait l'objet de nombreuses publications, voir M. McCord Adams, « Inherence and Subsistance : or, Was Ockham a Nestorian in Christology ? », *Nous* 14, 1982, p. 62-75 ; *id.*, *William Ockham*, *op. cit.*, vol. 2, p. 979-996 ; A. Freddoso, « Human Nature, Potency and the Incarnation », *Faith and Philosophy* 3, 1986, p. 27-53.

6. Ord. d. 30, q. 4, OTh V, p. 372 : « Sed de duabus aliis difficultatibus, esset forte magis difficile, nisi quis diceret quod Deus non posset facere formam esse praesentem intime materiae nisi informaret eam, nec accidens esse totaliter in eodem loco cum subiecto nisi informaret ipsum. »

absolues, doivent être posés [1]. Ces respects extrinsèques d'union n'entrent ni dans la catégorie de relation, ni dans les catégories mineures [2]. Ce sont donc des respects extrinsèques transcendantaux.

Quelles sont les raisons qui obligent à poser ces respects et quelle est leur nature ? Pour répondre à cette question, il faut examiner en détail le principe de vérification des contradictoires qui a été mobilisé dans la question 4, où Ockham envisage des explications extravagantes pour éviter à avoir à poser des entités relatives dans son ontologie.

Un principe restreint de vérifaction

La question 2 de la distinction 30 se présente comme la réfutation du principe à partir duquel Scot déduit que les relations appartenant aux six catégories mineures sont des choses relatives, non réductibles à leur fondement [3]. Le principe général avancé est le suivant :

> En faveur de cette conclusion commune [à toutes les catégories mineures], on peut proposer l'argument général suivant : il est impossible de passer d'un contradictoire à l'autre sans aucun changement, sans aucune production ou ou sans aucune corruption. Il est donc nécessaire qu'ici quelque chose soit acquis ou perdu, détruit ou produit ; et aucune chose absolue ne peut être proposée, donc, etc. [4].

La vérification successive de propositions contradictoires, comme « cet homme est assis », « cet homme n'est pas assis », s'explique, d'après Scot, par un changement (*mutatio*) et tout changement implique soit la production d'une chose, soit la destruction d'une chose. Ici, aucune chose absolue ne peut être proposée. Il faut donc proposer une chose relative, non réductible à son fondement, Socrate. Il faut donc poser que la situation de Socrate (son *habere*) est une chose relative qui a été détruite et remplacée par une autre lorsque la valeur de vérité de la proposition « cet homme est assis » a changé.

1. Ord. d. 30, q. 4, OTh V, p. 373 : « Ad argumentum principale patet quod non possumus salvare omnia sine omnibus respectibus. »

2. Ord. d. 30, q. 4, OTh V, p. 373 : « Tamen sine omni relatione quae ponitur de genere relationis, et sine omni actione et passione tali, et sine "quando", "ubi", "positione" et "habitu" possumus salvare omnia ; non tamen sine parternitate in Deo, nec sine respectu unionis, etc. »

3. Ord. d. 30, q. 2, OTh IV, p. 321 : « Ad quaestionem est opinio quod sicut relationes de genere relationis sunt verae res aliae ab absolutis, ita etiam res aliorum generum sunt verae res aliae a rebus absolutis. »

4. Ord. d. 30, q. 2, OTh IV, p. 321 : « Pro ista conclusione communi potest argui sic in generali : impossibile est transire de contradictorio in contradictorium sine omni mutatione vel productione vel corruptione. Igitur oportet quod hic aliquid adquiratur vel deperdatur, destruatur vel producatur ; et nullum absolutum potest dari ; igitur etc. »

On peut voir ici l'énoncé d'un principe de vérifaction, pour employer un lexique contemporain. D'après un tel principe, la valeur de vérité d'une proposition s'explique par quelque chose dans l'ontologie, un vérifacteur [1].

Ockham n'est pas d'accord [2]. En réponse à Scot, il propose un principe de vérifaction restreint, celui que nous avons rencontré dans la question 4 :

> En réponse à l'argument général avancé pour tous ces respects, ceux qui soutiennent qu'il n'y a aucun respect de ce genre du côté de la chose diraient que le passage d'un contradictoire à l'autre est possible, ou bien en raison de la destruction ou de la production de quelque chose dans quelque chose, ou bien en raison d'un quelconque mouvement local, ou bien même en raison du simple passage du temps, passage actuel – disons si le mouvement donc le temps existent – ou qui le serait si le temps était [3].

Ockham ajoute deux clauses supplémentaires au principe de vérifaction scotiste : le changement de valeur de vérité d'une proposition ne s'explique pas seulement par un changement dans l'ontologie, il peut s'expliquer aussi par un simple mouvement local ou même par le simple passage du temps. Si l'on estime que le principe scotiste de vérification successive des contradictoires correspond à l'énoncé d'un principe de vérifaction, selon lequel il faut poser quelque chose dans l'ontologie pour rendre compte de la valeur de vérité d'une proposition, alors on peut dire qu'Ockham énonce dans cette question de l'*Ordinatio* un principe restreint de vérifaction, celui-là même auquel Chatton opposera son anti-rasoir [4].

1. G. Rodriguez-Pereira définit la vérifaction ainsi dans « Truthmakers », *Philosophy Compass* 1/2, 2006, p. 186 : « The idea of a truthmaker for a particular truth, then, is just some existent, some portion of reality, in virtue of which that truth is true. » À ce sujet, voir notamment K. Mulligan, P. Simons and B. Smith, « Truth Makers », *Philosophy and Phenomenological Research* 44, 1984, p. 287-321 ; H. Beebee and J. Dodd, *Truthmakers : The Contemporary Debate*, New York, Oxford University Press, 2005. En ce qui concerne la philosophie médiévale, Doyle fut le premier, dans une publication, à proposer « vérifacteur » comme traduction de *verificatum* (voir J. Doyle, « Another God, Chimerae, Goat-Stags, and Man-Lions », *Review of Metaphysics* 48, 1995, p. 773, n. 12). Pour une discussion, voir J. Schmutz, « *Verificativum* », *in* D. Calma *et alii* (éd.), *Mots médiévaux offerts à Ruedi Imbach*, Turnhout, Brepols, 2011, p. 739-748.

2. Ord. d. 30, q. 2, OTh IV, p. 321 : « Sed mihi videtur quod ista ratio, nec etiam quaecumque alia, non concludit tales res ponendas. Ideo dico quod per rationem probari non potest quod aliquis talis respectus, qui sit res alia ab omnibus absolutis, sit ponenda. »

3. Ord. d. 30, q. 2, OTh IV, p. 328 : « Ad argumentum generale pro omnibus respectibus dicerent tenentes quod nullus sit talis respectus a parte rei, quod possibile est transire de contradictorio in contradictorium : vel propter destructionem vel productionem alicuius in aliquo, vel propter motum localem alicuius, vel etiam propter solam transitionem temporis aliquando, et hoc vel actualem – puta si motus sit et tempus – vel quae foret, si tempus esset. »

4. Nous défendons une interprétation différente dans notre article « Le Principe d'économie d'après Guillaume d'Ockham », *Franciscan Studies* 72 (2014), mais cela est sans conséquence pour la suite de l'argument.

Dans son commentaire aux *Catégories*, Ockham mentionne ce principe restreint de vérifaction, mais seulement au sujet de trois catégories mineures, en l'occurrence « ubi », « positio » et « habitus ». Ce n'est pas surprenant car ce sont des grandeurs spatiales aisément explicables par un mouvement local, ce qui n'est pas le cas de la catégorie « quando » et des catégories de l'action et de la passion [1]. Dans la question 2 de la distinction 30, par contre, Ockham cherche à inclure l'intégralité des catégories mineures dans le principe de vérification successive des contradictoires. La question 2 de la distinction 30 présente donc un traitement plus abouti et plus systématique.

La question qui se pose est alors de savoir pourquoi cet argument contraint, dans les cas d'union qui ne sont pas explicables par un mouvement local ou le passage du temps, à postuler la production ou la destruction d'un respect et non pas celle d'une chose absolue. Rien, en principe, n'oblige à cela. On a même vu que, dans la question 4 de la distinction 30, Ockham envisageait cette possibilité au sujet de l'Incarnation : l'union de la nature divine à la nature humaine peut être conçue comme une troisième chose absolue, et non comme un simple rapport, bref comme une forme du tout superpuissante.

Prenons l'exemple de la composition substantielle. Pour expliquer la vérification des propositions contradictoires « cette matière et cette forme sont cette substance naturelle », « cette matière et cette forme ne sont pas cette substance naturelle », on pourrait postuler qu'est détruite une chose absolue, la forme du tout. De même pour le rapport entre l'accident et son sujet.

Scot n'a pas limité l'usage du principe de vérifaction aux seules propositions contenant des termes appartenant aux catégories mineures. Il l'a employé aussi pour la défense de sa position anti-réductionniste sur les relations de la catégorie de relation, comme Ockham le rappelle dans la question 1 de la distinction 30 [2].

Pour comprendre pourquoi Ockham estime qu'il est évident que le principe de vérifaction, restreint ou non, est associé à une ontologie de choses relatives et non pas absolues, il faut revenir sur la manière dont Scot défend l'usage de ce principe pour le cas des relations de la catégorie de relation. Cela nous permettra, par la même occasion, de préciser la nature de ce respect transcendantal extrinsèque d'union entre la matière et la forme.

1. Pour l'énoncé du principe, voir ExpPraed. 16, OPh II, p. 300 : « Et si dicatur quod impossibile est transire de contradictorio in contradictorium sine omni mutatione, sed per omnem mutationem aliquid adquiritur, et quando aliquis primo sedet et postea non sedet transit de contradictorio in contradictorium, igitur tunc sibi aliquid adquiritur, dicendum quod omnia talia verificantur per motum localem, et ideo possibile est frequenter quod locus adquiritur. »

2. Ord. d. 30, q. 1, OTh IV, p. 282 : « Primo sic : impossibile est transire de contradictorio in contradictorium sine omni mutatione, quae scilicet sit corruptio vel productio alicuius ; sed mobile quando mutatur localiter transit de contradictorio in contradictorium ; igitur est aliquid novum productum vel aliquid corruptum. Sed certum est quod nullum absolutum corrumpitur vel producitur de novo ; igitur aliquid aliud, et illud vocatur respectum, et habetur propositum. »

Une nouvelle interprétation de l'argument par la séparation

Portée de l'argument

Revenons sur l'argument par la séparation de Duns Scot qui est, d'après Ockham, l'argument le plus important qu'il utilise en faveur de sa position anti-réductionniste de la relation réelle. Cette position anti-réductionniste consiste à dire qu'une relation réelle, comme la ressemblance, est une chose relative réellement distincte de son fondement. D'après Ockham, cet argument, de structure complexe, ne vaut que pour les relations appartenant à la catégorie de relation [1]. Il se décline en deux sous-arguments, que l'on peut nommer l'argument par les corrélatifs et l'argument par la succession. En voici une présentation :

1) L'argument par les corrélatifs

Rien de ce sans quoi une entité *a* peut être sans contradiction n'est réellement identique à *a* [2]. Or certaines relations peuvent ne pas exister lorsque leur fondement existe. Donc certaines relations ne sont pas réellement identiques à leur fondement.

Scot, d'après Ockham, prend pour exemple les relations dites d'équiparance, comme la ressemblance et l'égalité. Ainsi, quelque chose peut être blanc sans être semblable à quelque chose d'autre de blanc, donc la relation de ressemblance entre deux choses blanches n'est réductible à aucune d'elles.

Dans un second temps, Scot, d'après Ockham, renforce son argument par les corrélatifs avec un argument d'indispensabilité, qui s'énonce ainsi : si l'on n'accepte pas l'argument, alors on ne peut pas rendre compte de la composition substantielle et de la causalité des causes secondes. Dans le premier cas, on ne peut pas rendre compte que *a* et *b* composent l'entité *ab* à un instant *t* alors qu'ils ne composent pas cette entité à un certain instant t'. Dans le second cas, on ne peut pas rendre compte du fait qu'une cause doit être proche de son effet pour exercer son pouvoir d'agir. La proximité spatiale est une relation qui doit être une chose réellement distincte de son fondement pour qu'une cause exerce son pouvoir d'agir sur ce qui est l'effet de cette cause [3].

2) L'argument par la succession

Scot, d'après Ockham, avance un deuxième sous-argument par la séparation : les relations qui sont opposées formellement, comme la ressemblance et la

1. Ord. d. 30, q. 1, OTh V, p. 306 : « [...] facilius teneret negando omnem talem relationem de genere relationis esse aliam rem – modo exposito prius – quam eius oppositum. »

2. Ord. d. 30, q. 1, OTh V, p. 283 : « Pro ista opinione argitur multipliciter. Primo sic : "Nihil est idem realiter a sine quo a potest esse realiter sine contradictione, sed multae relationes sunt sine quibus fundamenta possunt esse sine contradictione ; igitur etc." »

3. Ord. d. 30, q. 1, OTh V, p. 282-283.

dissemblance, peuvent avoir le même fondement, non pas en même temps, mais successivement. Elles sont donc réellement distinctes de leur fondement [1].

Dans un second temps, Scot, d'après Ockham, renforce son argument par la succession avec un argument d'indispensabilité : si certaines relations ne sont pas distinctes de leur fondement, alors l'on détruit l'ordre de l'univers, toute composition substantielle et accidentelle, toute causalité des causes secondes et la réalité des sciences mathématiques [2].

Autrement dit, les deux arguments anti-réductionnistes de Scot ont tous deux la même structure : dans un premier temps, on montre la nécessité d'une distinction réelle entre une relation et son fondement et, dans un deuxième temps, on la défend par un argument d'indispensabilité, selon lequel, sans cette hypothèse anti-réductionniste, on ne pourrait pas rendre compte des relations les plus importantes à la bonne marche de l'univers.

Pour réfuter Scot, Ockham avance un argumentaire bien mieux organisé que dans la *Reportatio*. Il procède en deux temps.

1) La critique des deux arguments anti-réductionnistes

Dans une première partie, il développe un argumentaire qu'il nomme « général », destiné à montrer que Scot, pour être cohérent avec lui-même, ne doit pas accepter les deux arguments par la séparation [3]. Dans une deuxième partie, Ockham montre plus spécifiquement que les deux arguments par la séparation ne peuvent pas être utilisés pour montrer que certaines relations sont réellement distinctes de leur fondement [4]. Il le montre d'abord pour les relations du premier mode qui sont quantitatives [5], ensuite pour les relations du second mode qui sont des relations de causalité [6], enfin pour les relations du troisième mode, comme la relation de la science à ce qui est su [7].

2) Une nouvelle interprétation des arguments par la séparation

Ensuite, Ockham s'attaque à l'interprétation que Scot donne de l'argument par la séparation. Il procède en deux temps.

1. Ord. d. 30, q. 1, OTh V, p. 285.

2. Ord. d. 30, q. 1, OTh V, p. 285-286.

3. Ord. d. 30, q. 1, OTh IV, p. 287 : « Quamvis illae rationes videantur difficiles et apparentes ad probandum relationem esse aliam rem ab absolutis, tamen videtur mihi quod ad partem oppositam sunt rationes difficiliores et evidentiores. Et ideo contra istam opinionem primo arguam in generali, secundo magis in speciali de diversis relationibus quae ponuntur. »

4. Ord. d. 30, q. 1, OTh V, p. 298 : « Secundo arguo in speciali contra diversos modos relativorum. »

5. Ord. d. 30, q. 1, OTh V, p. 298-300.

6. Ord. d. 30, q. 1, OTh V, p. 300-303.

7. Ord. d. 30, q. 1, OTh V, p. 303.

2.1) *Non sequitur* (1) : les arguments anti-réductionnistes :

Ockham montre dans un premier temps que l'on peut défendre la validité des arguments par la séparation sans avoir à tirer la conséquence que Scot en tire, c'est-à-dire sans avoir à postuler que certaines relations sont des choses relatives réellement distinctes de leur fondement.

Dire que les relations sont des concepts n'est pas dire qu'une relation est seulement dans l'intellect, au sens où elle existe en raison d'une activité de l'intellect [1]. Si, en effet, l'on soutient que les relations sont des concepts, puisque les concepts sont réellement distincts des choses extra-mentales, alors les relations sont réellement distinctes de leur fondement sans pour autant être des choses. On peut également dire qu'une relation est plusieurs choses absolues. Une relation est donc une collection de choses absolues [2].

C'est ce que nous avons vu dans la *Petite somme* avec l'exemple de l'union entre la matière et la forme : leur union n'est rien de plus que la matière et la forme prises ensemble, qui sont dans le même lieu. Une relation est en cela comparable à un agrégat comme un peuple. Dans ce cas également une relation est réellement distincte de son fondement : une collection est ses parties prises collectivement, mais aucune d'entre elles prises au sens divisé.

Ainsi, Ockham montre que sa théorie de la relation n'est pas réductionniste au sens où toute relation serait reconduite à des êtres ou à des faits non relatifs. La théorie ockhamiste de la relation est réductionniste seulement dans le sens où il n'est pas requis de faire de la relation réelle de la catégorie de relation une chose réellement distincte des choses absolues.

2.2) *Non sequitur* (2) : les arguments d'indispensabilité

Dans un dernier temps de son argumentaire en faveur de la cohérence de sa position réductionniste sur la relation réelle, Ockham réfute la validité des arguments d'indispensabilité de Scot [3]. Scot, rappelons-le, estime qu'il est nécessaire que certaines relations soient réellement distinctes de leur fondement, si l'on veut rendre compte de la composition dans les choses, de la causalité des causes secondes, de l'ordre de l'univers et de la réalité des sciences mathématiques, qui étudient des rapports d'égalité et d'inégalité.

1. Ord. d. 30, q. 1, OTh IV, p. 316 : « Immo ex hoc ipso quod Sortes est albus et Plato est albus, Sortes est similis Platoni, omni alio imaginabili circumscripto. Et ita Sortes est similis Platoni propter sola absoluta, omni alio vel in re vel in intellectu circumscripto. Et ita in re nihil est praeter absoluta. »

2. Ord. d. 30, q. 1, OTh IV, p. 314 : « Et ideo non pono quod relatio est idem realiter cum fundamento, sed dico quod vel relatio non est fundamentum sed tantum intentio et conceptus in anima importans plura absoluta vel est plura absoluta, sicut populus est plures homines et nullus homo est populus. »

3. Ord. d. 30, q. 1, OTh V, p. 312-314 pour le premier argument par la séparation (composition et causalité).

Ockham neutralise la portée de certains contre-exemples, en l'occurrence celui de l'ordre de l'univers [1] et celui de la réalité des sciences mathématiques [2]. Il reste à rendre compte de l'exercice d'un pouvoir causal suite à une proximité spatiale entre la cause et l'effet et de la composition des parties du continu. Pour répondre à Duns Scot, Ockham s'appuie sur un principe simple et efficace. Il recourt à un argument d'économie selon lequel il n'est pas nécessaire de postuler l'existence d'une chose là où une explication par l'absence d'un intermédaire est suffisante.

En résumé, Ockham a pour objectif de montrer que l'argument par la séparation de Scot n'a pas pour conséquence logique que la vérification successive des contradictoires « non est relatio », « est relatio » implique qu'une chose soit nécessairement produite ou détruite. M. McCord Adams et M. Henninger n'ont pas mis en évidence ce point qui nous paraît essentiel dans la réfutation ockhamiste de la théorie scotiste de la relation réelle.

Ce point peut en effet prendre une valeur stratégique si l'on veut montrer qu'Ockham peut soutenir sans se contredire qu'il existe des respects réels non réductibles aux choses absolues, comme le respect d'union entre la matière et la forme.

Pour défendre cette interprétation, il convient d'examiner les arguments qu'Ockham oppose à l'argument par la séparation, avant de discuter l'interprétation que M. McCord Adams et M. Henninger en ont donné. Enfin, nous exposerons les raisons qui nous font penser que cette évaluation peut être révisée.

Les quatre arguments généraux contre l'argument par la séparation

Ockham oppose quatre arguments conceptuels aux deux variantes de l'argument par la séparation que Duns Scot a proposées. On peut les nommer l'argument par la conception distincte, l'argument par le corrélatif, l'argument par la postériorité de nature et l'argument par la régression à l'infini.

1) *L'argument par la conception distincte.* Si une relation est une chose relative réellement distincte de son fondement, alors elle peut être conçue distinctement, c'est-à-dire séparément de son fondement, ce qui est impossible [3].

Cet argument est d'ordre épistémologique. Il s'appuie sur le critère de reconnaissance des relatifs qu'Aristote avance, dans le chapitre VII des *Catégories*, afin de montrer pourquoi les parties anhoméomères d'une substance, qui sont des substances, ne peuvent pas être considérées comme étant des relatifs

1. Ord. d. 30, q. 1, OTh V, p. 317.

2. Ord. d. 30, q. 1, OTh V, p. 318-319.

3. Ord. d. 30, q. 1, OTh IV, p. 287 : « Primo igitur arguo sic : omnis res realiter distincta ab alia re potest intelligi illa alia non intellecta, et maxime si neutra illarum rerum sit pars alterius ; sed impossibile est aliquam rem, quae sit relatio, intelligi sine omni alia re ; igitur etc. »

au sens strict, alors qu'elles satisfont à la première définition des relatifs donnée au début du chapitre.

Ce critère peut être compris comme étant le propre des relatifs. Ce critère énonce qu'il est impossible de connaître un relatif sans connaître distinctement son corrélatif [1]. Le relatif et le corrélatif sont à comprendre ici comme les choses absolues qui sont respectivement le fondement et le terme de deux relations mutuelles.

La formulation d'Aristote est ambiguë car l'adverbe « distinctement » peut être interprété de façon différente en fonction de la portée qu'on lui attribue. Ockham, contre ses adversaires, choisit une interprétation forte de ce critère. Ockham choisit donc l'interprétation *de re*, pour reprendre les termes de M. McCord Adams [2]. Connaître distinctement le corrélatif d'un relatif, c'est connaître quel individu est le corrélatif d'un relatif. Ainsi, connaître la ressemblance de Socrate à Platon, c'est connaître Socrate et l'individu auquel il ressemble, Platon. À partir de là, Ockham postule que connaître un relatif, c'est connaître distinctement le fondement et le terme de la relation, et c'est connaître la relation.

Il est donc impossible de connaître une relation sans connaître son fondement et son terme. C'est ce qui devrait pourtant être le cas si une relation était une chose réellement distincte de son fondement et de son terme [3]. Les adversaires sont donc dans l'incapacité de rendre compte de l'épistémologie de la relation réelle [4].

2) *L'argument par le corrélatif.* Il est possible qu'une chose soit produite dans un relatif sans qu'aucune autre chose ne soit produite dans un corrélatif. C'est le cas lorsque le relatif et le corrélatif sont maximalement distants. Donc, si une relation est une chose relative réellement distincte de son fondement, une relation peut advenir dans un fondement sans advenir dans son corrélatif, ce qui est impossible [5].

1. ExpPraed. 13, OPh II, p. 264-265 : « [...] sed ista debet esse descriptio quod "relativa sunt illa quae hoc ipsum quod sunt, ad aliquid sunt." Et ex isto sequitur hoc corollarium quod impossibile est scire definite, hoc est distincte et in particulari, aliquod relativum verificari de aliquo nisi sciatur distincte et in particulari respectu cuius dicitur. »

2. M. McCord Adams, *William Ockham*, *op. cit.*, vol. 1, p. 222.

3. Ord. d. 30, q. 1, OTh IV, p. 287 : « [...] si similitudo vel aliqua talis relatio sit alia res ab absolutis et a relatione correspondente, non repugnat sibi intelligi nullo intellecto absoluto et etiam nulla relatione alia intellecta. Minorem probo, quia si aliquis intelligat similitudinem Sortis et Sortem sine similitudine correspondente, poterit sciri Sortem esse similem et tamen dubitare an sit alicui alteri similis. »

4. Pour cet argument, voir aussi Rep. II, q. 2, OTh V, p. 37-38.

5. Ord. d. 30, q. 1, OTh IV, p. 290 : « Secundo arguo sic : in omni modo relativorum et in omni praedicamento relativo aliqua extrema possunt summe distare : igitur potest aliqua res fieri in uno extremo, nulla re positiva facta in alio ; igitur si relatio sit alia res, potest uni extremo advenire aliqua relatio, nulla facta in alio extremo. »

Reprenons l'exemple qu'Ockham propose pour clarifier la portée de l'argument. Supposons deux choses *a* et *b* maximalement distantes, l'une blanche et l'autre noire. Dieu peut rendre blanche *b* qui était noire, sans rien causer dans *a* puisque *a* est distant de *b* de telle sorte qu'il est impossible que les causes naturelles exercent leur pouvoir d'agir sur *a*. Donc *a* et *b* sont maintenant semblables par leur blancheur. Pourtant rien n'a été causé dans *a*. Donc il est impossible que la ressemblance de *a* envers *b* et celle de *b* envers *a* soient des choses [1].

3) *L'argument par la postériorité de nature*. Soient *a* et *b* deux choses semblables par leur blancheur. Si la relation de ressemblance est une chose relative postérieure à *a* et à *b*, alors *a* et *b* peuvent être semblables par leur blancheur sans cette relation. Il est donc inutile de postuler qu'une relation de ressemblance est une chose relative [2].

4) L'argument par la régression à l'infini

4.1) L'infinité en acte

Soit *a* et *b* deux choses réellement distinctes l'une de l'autre. Elles sont distinctes par une relation de distinction D1, chose relative réellement distincte d'elles. D1 est donc distincte de *a* ou de *b* par une relation de distinction D2, réellement distincte de son terme D1. Donc D2 est distincte de *a* et D1 par une relation de distinction D3, réellement distincte de son terme D2. Et ainsi de suite à l'infini, de telle sorte qu'on postule une infinité de choses en acte, ce qui est impossible [3].

4.2) Discussion avec Scot

Scot objecte que la relation de distinction D2 n'est pas réellement distincte de son terme D1. Elle est réellement identique à D1 et formellement distincte de D1. La raison en est que D2 ne peut pas exister sans son fondement *a* et inhère en son fondement *a*. Donc, par définition, D2 et D1 sont réellement identiques et formellement distinctes [4].

1. Pour cet argument, voir aussi Rep. II, q. 2, OTh V, p. 38-39.

2. Ord. d. 30, q. 1, OTh IV, p.291-292 : « Tertio sic : secundum istos Deus potest facere omne absolutum sine omni posteriori, igitur eadem ratione poterit Deus facere duo absoluta alba sine omni posteriori, igitur eadem ratione poterit Deus facere duo absoluta alba sine omni posteriori, igitur sine omni tali relatione. Et tamen erunt similia ; igitur similitudo non est talis alia res. » Pour cet argument, voir aussi Rep. II, q. 2, OTh V, p. 35. Pour un résumé des trois premiers arguments, voir Quodl. VI, q. 8, OTh IX, p. 613-615.

3. Ord. d. 30, q. 1, OTh IV, p. 292.

4. Ord. d. 30, q. 1, OTh IV, p. 292-293.

Premier contre-argument :

C'est impossible, répond Ockham. En effet, D1 et D2 ont des termes réellement distincts, ce sont donc des relations réllement distinctes selon les principes de Duns Scot [1].

Scot répond que ces relations sont distinctes puisqu'elles ont des termes distincts, mais qu'elles sont seulement formellement distinctes [2].

Deuxième contre-argument :

Soit des relations d'identité I1 et I2. Par I1 Socrate est identique à Platon, et par I2 Jean est identique à Paul. Soit D1 la relation de distinction par laquelle I1 et I2 se distinguent. Or I1 et I2 ont nécessairement chacune une converse I3 et I4. Par I3 Platon est identique à Socrate et par I4 Paul est identique à Jean. Donc il existe nécessairement une relation de distinction D2 par laquelle I3 et I4 se distinguent. Or nécessairement D1 et D2 sont réellement distinctes et non pas réellement identiques, comme il le faudrait pour que l'argument de Scot soit concluant. Il n'y a donc pas d'arrêt à la deuxième relation D1 [3].

Troisième contre-argument :

Prenons l'exemple de l'identité entre Socrate et Platon. Socrate est identique à Platon par une relation I1, réellement distincte de son fondement. Platon est identique à Socrate par une relation I2, réellement distincte de son fondement. Il est impossible que I1 existe sans I2 et, inversement, il est impossible que I2 existe sans I1. Donc I1 et I2 sont réellement identiques [4].

Si l'on objecte que I1 et I2 sont simultanées par nature et ne sont pas identiques, on répond qu'aucune des acceptions de « simultané par nature » ne convient à la relation entre I2 et I1 [5].

1. Ord. d. 30, q. 1, OTh IV, p. 293 : « Contra istam responsionem arguo primo sic : ubicumque sunt distincti termini aliquarum relationum, ibi sunt distinctae relationes. Quia relatio, secundum istos, est "ad aliud", igitur ad distinctum est distincta quia unius relationis est primo unus terminus tantum. Sed istius similitudinis in Sorte, vel etiam istius paternitatis in Sorte, terminus est filius vel aliud album. Terminus autem istius alietatis qua ista relatio est alia a suo fundamento est ipsum fundamentum. Igitur ista relatio et ista alieatas realiter distinguuntur. »

2. Ord. d. 30, q. 1, OTh IV, p. 293-294.

3. Ord. d. 30, q. 1, OTh IV, p. 294-295.

4. Ord. d. 30, q. 1, OTh IV, p. 297 : « Ex hoc arguo sic : similitudo Sortis ad Platonem non potest esse sine similitudine Platonis ad Sortem nec e converso absque contradictione, secundum istos ; igitur ista similitudo est realiter illa. Sed similitudo Sortis ad Platonem non est subiective in Platone nec est in Sortes, manifestum est. Igitur nullubi est subiective. Et non est substantia, secundum istos, igitur nec est substantia nec accidens, et ita non est talis res sicut isti imaginantur. » Pour un résumé de cet argument, voir Rep. II, d. 2, OTh V, p. 40.

5. Ord. d. 30, q. 1, OTh IV, p. 298, l. 1-13.

Discussion

M. McCord Adams et M. Henninger proposent un bilan mitigé dans leur évaluation critique de ces quatre arguments. M. McCord Adams estime que l'argument par l'intellection distincte est mal formé[1]. L'argument par la régression à l'infini est valide seulement si l'on refuse, comme Ockham, la distinction formelle scotiste. L'argument par la postériorité de nature est valide. Enfin, l'argument par les corrélatifs est également valide[2].

M. Henninger, quant à lui, ne prend pas en considération l'argument par l'intellection distincte ni l'argument par le corrélatif et développe davantage l'argument par la régression à l'infini. Cela s'explique en raison de l'importance historique de ce type d'argument, qui est au cœur de la critique russellienne de Bradley. D'après M. Henninger, Ockham parvient à montrer que la théorie scotiste est inconsistante uniquement avec l'argument par la postériorité de nature[3]. Dans tous les autres cas, l'argumentaire d'Ockham repose sur le refus de la théorie scotiste de la distinction formelle.

En dépit de quelques différences d'interprétation, il y a un accord de fond entre M. Henninger et M. McCord Adams sur la portée des arguments d'Ockham. M. Henninger et M. McCord Adams divergent cependant sur un point essentiel pour qui s'interroge sur le statut des respects extrinsèques d'union. M. McCord Adams estime que les arguments d'Ockham sont dirigés contre la théorie scotiste de la relation réelle en général[4]. M. Henninger estime que ces arguments sont dirigés contre la théorie scotiste des relations de la seule catégorie de relation[5]. La raison en est vraisemblablement qu'il cherche à préserver la possibilité que la théorie ockhamiste des respects extrinsèques d'union soit cohérente, bien qu'il

1. M. McCord Adams, *William Ockham*, *op. cit.*, p. 222 : « Another of the general argument rests on two tenets of epistemology : viz., that every thing (*res*) really distinct from and no part of another thing (*res*) can be really thought of when the other is not thought of ; and that it is impossible for any thing (*res*) that is a relation to be thought of without another thing being thought of. This argument does have some force *ad hominem*, since Ockham argues plausibly for the first premise and Scotus follows Aristotle in accepting the second. I think that the argument fails because the second premise is false when the intentional contexts in it are construed *de re* as Ockham requires them to be. »

2. M. McCord Adams, *William Ockham*, *op. cit.*, p. 247-250.

3. M. Henninger, *Relations*, *op. cit.*, p. 127 et p. 146 : « His argument against Scotus' separation argument is strong, while his attacks regarding an infinite regress are less successful. His most fundamental criticism is to reject the formal distinction. »

4. Adams, *William Ockham*, *op. cit.*, p. 250 : « Ockham thinks that his arguments against Scotus's theory provide substantial grounds that any real relations are things really distinct from their relata. »

5. H. Henninger, *Relations*, *op. cit.*, p. 120 : « But throughout his writing he consistently criticizes and rejects Scotus' doctrine as applied to categorical real relations, the subject of this section. »

reconnaisse faire face à des difficultés lorsqu'il s'agit de rendre compte de la nature et du statut des respects d'union [1].

M. McCord Adams estime que l'argumentaire d'Ockham est dirigé contre la théorie scotiste de la relation réelle en général, parce qu'elle pense que la partie positive de l'argumentaire d'Ockham, celle dans laquelle Ockham expose sa propre position, dérive du principe de vérifaction restreint [2].

Or, nous l'avons vu, l'argument par la vérification successive des contradictoires de Duns Scot est la conséquence de l'argument par la séparation seulement si l'argument par la séparation implique qu'une relation est réellement distincte de son fondement. Or Ockham a montré, nous l'avons vu, qu'il était possible d'admettre l'argument par la séparation sans admettre la conclusion que Scot en tire.

En outre, nous avons vu que l'argument scotiste par la séparation contient deux parties. Dans la première partie, il est montré que certaines relations peuvent ne pas exister lorsque leur fondement ou lorsque leur terme existe. Dans une seconde partie, il est montré par un argument d'indispensabilité que, si l'on n'accepte pas que certaines relations soient réellement distinctes de leur fondement, alors on ne peut pas rendre compte des relations les plus importantes pour la bonne marche de l'univers, en l'occurrence l'ordre de l'univers, la composition de la matière et de la forme et la proximité spatiale requise pour qu'une cause puisse exercer son pouvoir causal. Or Ockham a montré que ces arguments d'indispensabilité étaient mal conçus : on peut très bien rendre compte de ces relations, en particulier du respect d'union entre la matière et la forme, sans avoir à accepter l'argument par la séparation au sens où le comprend Scot.

Ockham déduit de sa réfutation qu'il n'existe aucune relation réelle de la catégorie de relation qui soit une chose relative. Il pense en outre pouvoir affirmer qu'il n'existe que des choses absolues, ce qui n'implique pas que des entités relatives d'un autre genre soient inconcevables.

Par conséquent, M. McCord Adams et M. Henninger n'ont pas de raisons suffisantes pour affirmer qu'il est difficilement compréhensible qu'Ockham admette des exceptions à sa théorie générale de la relation [3]. Les respects extrinsèques d'union ne constituent pas une exception pour laquelle Ockham admettrait l'argument scotiste par la séparation.

Répétons-le, Ockham n'admet pas cet argument dans l'interprétation qu'en donne Scot. Il admet une interprétation de cet argument qui n'implique pas qu'une relation soit une chose réellement distincte de son fondement. En outre, le

1. M. Henninger, *Relations*, *op. cit.*, p. 146 : « I find surprising, however, the extent to which Ockham is forced to assume the reality of relative things really distinct from absolute things, as in the special cases mentioned in Section Four. »

2. M. McCord Adams, *William Ockham*, *op. cit.*, p. 251.

3. M. McCord Adams, *William Ockham*, *op. cit.*, vol. 1, p. 274-276 ; M Henninger, *Relations*, *op. cit.*, p. 142-145.

cas de l'union de la matière et de la forme fait partie d'un argument d'indispensabilité, selon lequel si l'on n'admet pas que cette union soit une chose relative réellement distincte de la matière ou de la forme, alors on ne peut pas rendre compte du cas où Dieu sépare la matière de la forme sans mouvement local. Cet argument d'indispensabilité est avancé par Scot pour renforcer l'argument par la séparation. Or Ockham montre un *non sequitur*, nous l'avons vu.

Suite à cette clarification, il est possible de revenir au principe de vérifaction restreint énoncé dans les questions 2 et 4 de la distinction 30, afin de répondre à la question que nous posions au début de notre enquête : si l'union entre la matière et la forme doit être quelque chose d'autre que la matière et la forme prises collectivement, sans être une chose relative, qu'est-ce ?

Un mode d'être

Nous pouvons remarquer que ce n'est certainement pas un hasard si Ockham parle de la « production ou de la destruction de quelque chose » (*aliquid*), plutôt que de la production ou de la destruction d'une chose (*res*), dans l'énoncé de son principe. Autrement dit, nous pouvons penser qu'Ockham ne reconnaît pas que l'inhérence et la composition substantielle contraignent à postuler l'existence de choses respectives, à entendre au sens scotiste où la chose relative est réellement distincte de son fondement.

Certes, un texte, qui représente un état antérieur de sa réflexion sur le sujet, semble aller dans ce sens [1]. Mais, dans l'*Ordinatio* il n'existe pas un seul passage où Ockham reconnaîtrait que ces rapports transcendantaux extrinsèques sont réellement distincts de leur fondement.

S'il faut donc reconnaître que l'union entre la matière et la forme n'est pas réductible à son fondement, la matière ou la forme, il n'est pas nécessaire de reconnaître la thèse plus forte selon laquelle l'union est réellement distincte de son fondement. La relation d'union entre la matière et la forme pourrait être un mode d'être, c'est-à-dire une entité relative qui n'est pas réductible à son fondement, tout en en dépendant ontologiquement.

En effet, nous avons vu qu'Ockham n'admet pas l'argument scotiste par la séparation. Plus exactement, il l'admet dans une interprétation qui neutralise la possibilité qu'une relation réelle soit séparable de son fondement. Donc, si le respect d'union entre la matière et la forme n'est pas réductible à son fondement, cela n'implique en aucun cas qu'il en soit séparable.

1. Rep. III, q. 1, OTh VI p. 35-36 : « Ad aliud dico quod quando respectus distinguitur realiter a fundamento, tunc potest terminare mutationem. Patet de "ubi" secundum aliquos [Scotus], quod terminat motum locale et nihil absolutum novum. Patet etiam de materia et forma, substantia et accidente, si essent primo separata et post unita per potentiam divinam, quod tunc habent solum respectum unionis quem prius non habebant, quia omnia absoluta manent aequaliter nunc sicut prius, et per consequens illa mutatio terminatur solum ad respectum unionis. »

Par conséquent, l'ensemble des thèses ockhamistes étant compatibles avec la description du respect d'union comme un mode d'être, c'est-à-dire une entité relationnelle qui n'est pas une chose séparable de son fondement, sans pour autant y être réductible, il nous semble que cette interprétation est la meilleure possible. Elle n'a, du moins, pas pour conséquence de faire du respect d'union une exception dans une théorie réductionniste de la relation. Ce n'est pas une exception car, nous l'avons vu, rien dans cette théorie ne s'oppose à ce que certaines relations réelles soient des modes d'être.

D'ailleurs, un texte de la *Reportatio* semble conforter cette interprétation :

> Au premier de ces arguments [selon lequel il semble qu'un habitus ne soit pas une chose mais un mode de la chose], je réponds que cette distinction entre la chose et le mode de la chose me demeure inintelligible, si l'on parle en général [et non de cas particuliers]. En effet, quand il existe une certaine chose qui contient plusieurs parties distinctes mais de même raison, cette distinction peut être sauvée. Par exemple, si Dieu faisait être sans aucune matière une forme substantielle qui est étendue dans une matière, alors ici on pourrait distinguer la chose du mode de la chose, parce que ces parties ont des modes différents quand elles sont étendues et quand elles ne sont pas étendues [1].

Dans ce texte, Ockham reconnaît que la distinction entre chose et mode de la chose lui paraît inintelligible en général. Mais certains cas particuliers sont envisageables. La notion de mode d'être peut être employée pour décrire la modalité spécifique d'existence d'une forme qui, ordinairement inséparable de la matière comme l'âme sensitive, est séparée de sa matière par la puissance divine, tout en restant dans le même lieu. Dans ce cas, en effet, ses parties n'existent pas de la même manière : elles sont quantifiées quand elles existent dans la matière et elles sont seulement numériquement distinctes les unes des autres quand elles n'existent pas dans la matière, comme les degrés d'une forme accidentelle dans leur sujet. Le cas est semblable à celui que nous souhaitons expliquer : Dieu sépare la matière de la forme sans les déplacer.

Ce texte montre qu'il faut au minimum nuancer l'idée, acceptée couramment depuis l'article de M. McCord Adams « Things Versus Hows », selon laquelle l'ontologie d'Ockham ne pourrait pas admettre des modes d'être [2].

1. Rep. III, q. 7, OTh VI, p. 203 : « Ad primum istorum [primo videtur quod habitus non sit res sed modus rei] dico quod non intelligo istam distinctionem inter rem et modum rei generaliter loquendo. Quando enim est aliqua res continens plures partes eiusdem rationis distinctas potest illa distinctio salvari. Exemplum : si Deus faceret formam substantialem quae extenditur in aliqua materia, si faceret eam sine omni materia, ibi potest distingui inter rem et modum rei quia istae partes alio modo habent esse quando extenduntur quam quando non extenduntur. »

2. M. McCord Adams, « Things Versus Hows or Ockham on Predication and Ontology », *in* J. Bogen et J. E. McGuire (eds.), *How Things Are*, Dordrecht/Boston/Lancaster, Reidel Publishing Compagny, 1985, p. 175-188. Certains interprètes ont défendu l'idée que Buridan accepte des modes dans son ontologie. Voir C. Normore, « Buridan's Ontology », *in* J. Bogen et J. E. McGuire (eds.), *How Things Are*, *op. cit.*, p. 189-203 et G. Klima, « Buridan's Logic and the Ontology of Modes », *in*

Ceci étant, on peut concevoir un mode d'être de deux manières, l'une étant plus ontologiquement chargée que l'autre. D'une première façon, l'union entre la matière et la forme peut être une troisième entité relationnelle. Dans ce cas, le mode d'être est celui d'une relation. D'une seconde façon, l'union entre la matière et la forme n'est pas une troisième entité. Le mode d'être est celui de la forme et celui de la matière, et c'est un mode d'être distinct de celui qu'elles ont en temps ordinaire. On peut donc dire que cette deuxième manière de concevoir le mode d'être est plus économe que la première ; on peut l'appeler « adverbialiste ». Ockham ne semble pas trancher entre les deux [1].

En résumé, Ockham accepte que les rapports d'inhérence et de composition n'entrent pas dans l'ontologie aristotélicienne telle qu'il la comprend. Ces rapports ne sont ni des substances ni des accidents, si par « accident » l'on entend une chose réellement distincte de toute autre. Ces rapports peuvent être des modes d'être, c'est-à-dire des entités non réductibles à leur fondement, quoiqu'elles n'en soient pas réellement distinctes. Ockham ne le reconnaît pas explicitement. Comme nous l'avons vu, il ne reconnaît pas davantage que l'union entre la matière et la forme soit une chose relative réellement distincte de son fondement. Dans notre reconstruction de l'argumentaire d'Ockham en faveur de sa position réductionniste sur le statut ontologique de la relation, les propos qu'il tient sur le respect extrinsèque d'union deviennent intelligibles. Quoi qu'il en soit, Ockham revient sur le sujet dans l'article 2 de la *Question variée* VI, que les éditeurs d'Ockham ont eu du mal à dater, car Scot a un argument redoutable qu'Ockham n'a pas encore pris en considération.

S. Ebbesen and R. Friedman (eds.), *Medieval Analyses in Language and Cognition*, Copenhagen, C. A. Reitzels Forlag, 1999, p. 473-496.

1. Ces deux interprétations du statut ontologique du mode d'être semblent coexister au XIVe siècle, comme le précise R. Pasnau *dans Metaphysical Themes, 1274-1671*, Oxford, Clarendon Press, 2011, p. 252. À ce sujet, voir notamment A. Maier, « Bewegung ohne Ursache », in *Zwischen Philosophie und Mechanik*, Roma, Edizioni di Storia e Letteratura, 1958, p. 286-339 ; C. Normore, « Accidents and Modes », *in* R. Pasnau (ed.), *The Cambridge History of Later Medieval Philosophy*, Cambridge, Cambridge University Press, 2011, p. 674-686. Pour les origines de cette notion, voir J. Biard, « Les controverses sur l'objet du savoir et les *complexe significabilia* à Paris au XIVe siècle », *in* S. Caroti (éd.), *Quia inter doctores est magna dissensio. Les débats de philosophie naturelle à Paris au XIVe siècle*, Firenze, Olschki, 2004, p. 1-31.

UNE RÉPONSE MINIMALISTE ?

La recherche d'une solution « plus rationnelle »

Une aporie gênante

Dans la *Question variée* VI, vraisemblablement postérieure à l'*Ordinatio* [1], Ockham se demande ce que le tout ajoute aux parties [2]. Ockham expose, dans cet article, les inconséquences théoriques qui s'ensuivent de la doctrine qu'il a soutenue dans son commentaire des *Sentences* au sujet du respect d'union entre la matière et la forme d'un composé substantiel. L'auteur fait part à son lecteur qu'il est en quête d'une position « plus rationnelle » [3] que celle qu'il a défendue antérieurement. L'article 2 de la *Question variée VI* se présente ainsi comme une rétractation.

Dans la position qu'Ockham a mise en place dans l'*Ordinatio* et dont il rappelle les éléments principaux au début de la *Question variée*, le tout substantiel dépend essentiellement d'un respect d'union entre la matière et la forme [4]. La dépendance essentielle du tout envers le respect d'union est à comprendre comme l'impossibilité métaphysique qu'un composé existe sans cette union. Cela se traduit, sur le plan noétique, par l'impossibilité de concevoir un tout si l'union n'est pas conçue [5]. Le respect d'union est une cause intrinsèque du composé au même titre que la matière et la forme. Dans cette doctrine, un composé substantiel comprend donc comme partie essentielle un respect d'union au même titre que la matière et la forme.

Or, si la raison formelle du tout inclut un respect d'union, alors elle comprend un accident, et le tout n'est rien de plus qu'un agrégat accidentel et non pas quelque chose qui forme une unité. Il n'y aurait aucun composé qui appartienne à la catégorie de substance [6].

1. Les éditeurs des *Quaestiones Variae* laissent l'article 2 de *Quaest. Var.* VI sans datation déterminée (*Introductio*, OTh VIII, p. 16*). L'article n'a pas été imprimé dans la première édition du *Commentaire des Sentences*. R. Cross argumente en faveur d'une datation postérieure à la *Reportatio* et à l'*Ordinatio* dans « Ockham on part and Whole », *Vivarium* 37/2, 1999, p. 143-167.

2. Quaest. var. VI, art. 2, OTh VIII, p. 207-219. Ce texte a été commenté par R. Cross, art. cit. et C. Normore, « Ockham's Metaphysics of Parts », *The Journal of Philosophy* 103, 2006, p. 737-754.

3. Quaest. var. VI, art. 2, OTh VIII, p. 207 : « Ideo est una alia via quae videtur magis rationabilis quod unio praedicta ».

4. Quaest. var. VI, art. 2, OTh VIII, p. 207 : « Sed totum dependet essentialiter ab unione ».

5. Quaest. var. VI, art. 2, OTh VIII, p. 207 : « Et secundum istam viam esset dicendum quod totum nihil addit super partes nisi tantum unum respectum realem, ita quod ille respectus est de ratione formali et de primo intellectu tamquam causa intrinseca ipsius compositi quia per propositionem frequenter acceptam, quilibet effectus sufficienter dependet ex causis suis essentialibus et dispositionibus et approximationibus earum. »

6. Quaest. var. VI, art. 2, OTh VIII, p. 209, l. 49-57.

L'objection se trouve déjà dans les questions sur la *Métaphysique* de Duns Scot. Dans les termes de Scot, si le composé substantiel est la matière et la forme unies, alors le composé est une relation, la relation d'union entre la matière et la forme. Le composé n'est aucune des deux prises au sens composé, sans la relation qu'elles entretiennent l'une avec l'autre [1]. Par conséquent, le composé est essentiellement relatif [2]. Or ce qui est relatif n'est pas substantiel mais accidentel.

La difficulté provient du fait que l'hypothèse défendue par Ockham dans l'*Ordinatio* ne permet pas de rendre compte de la possibilité qu'a Dieu de séparer la matière de la forme tout en les gardant dans le même lieu : la matière et la forme, dans cette hypothèse, ne peuvent pas exister dans le même lieu sans former un composé [3].

Ockham estime qu'il est impossible de sortir de cette aporie en adoptant la position anti-réductionniste de Duns Scot sur la forme du tout [4]. En effet, celui qui, comme Duns Scot, reconnaît qu'une forme du tout appartient à la raison formelle du tout, doit *a fortiori* reconnaître qu'un respect d'union entre la matière et la forme appartient à la raison formelle du tout [5].

Un partisan scotiste objecte que c'est conférer une valeur explicative trop grande à l'union entre la matière et la forme dans la quiddité d'une substance naturelle. Le respect d'union rend compte de la proximité spatiale entre la matière et la forme et non de la génération du composé. Il n'est donc pas une cause intrinsèque du composé au même titre que la matière et la forme. Il n'appartient pas à la raison formelle du tout [6].

1. Jean Duns Scot, Quaest. Met. VIII, q. 4, éd. R. Andrews *et alii*, *Opera Philosophica* IV, p. 496 : « Aliter dicitur quod unitas compositi non est ex ratione materiae et formae absolute sumptarum, sed secundum quod sunt unitae. Et sic non manent sine composito. »

2. Jean Duns Scot, Quaest. Met. VIII, q. 4, éd. R. Andrews *et alii*, *Opera Philosophica* IV, p. 496 : « Et ita quodlibet compositum essentialiter erit relativum, quia illud est de essentia cuiuscumque quo completive ipsum est unum essentialiter, quia eodem est ens et unum. »

3. Quast. var. VI, art. 2, OTh VIII, p. 207 : « Sed totum dependet essentialiter ab unione, ita quod Deus non posset facere quo totum esset compositum nisi esset unio partium propter contradictionem inclusam, etiam secundum opinionem Ioannis qui ponit formam totius. »

4. On pourra remarquer que Jean Duns Scot n'utilise le terme « forma totius » dans les *Questions sur la Métaphysique* qu'une seule fois, pour décrire une position qu'il rejette (QMet VIII, q. 4, n. 17, p. 495). Il est donc peu probable qu'Ockham se réfère à ce texte quand il critique Scot. Nous n'avons pas trouvé d'autre texte de Scot qui soit plus proche de la position qu'Ockham critique dans les Quaest. Var.

5. Quast. var. VI, art. 2, OTh VIII, p. 207 : « Quia, secundum eum, quantumcumque totum adderet aliquid absolutum super partes, tamen illud numquam causatur nisi ex unione partium per informationem unius partis ab alia. Nec est possibile intelligere totum perfecte et distincte nisi intelligendo unionem. Et per consequens illa unio, etiam secundum opinionem Ioannis, esset de formali ratione totius. »

6. Quaest. var. VI, art. 2, OTh VIII, p. 208, l. 24-29.

Ockham répond qu'à supposer que la proximité spatiale soit un respect réel, ce respect n'est pas le respect d'union entre la matière et la forme, car ces deux respects n'ont pas la même fonction [1]. En effet, il est métaphysiquement possible que la matière et la forme soient dans le même lieu et que la forme n'informe pas la matière. Dans ce cas, le respect de proximité spatiale, qui rend compte du fait que la matière et la forme sont dans le même lieu, ne permet pas de rendre compte du fait que la matière et la forme ne sont pas unies [2]. L'union entre la matière et la forme appartient bien à la raison formelle du composé. Elle est une condition nécessaire de la génération du composé, autrement dit une « vraie cause intrinsèque du composé » [3]. Elle appartient à l'essence, à la quiddité ou à la raison formelle du composé [4].

Comment, dès lors, concevoir la composition de la matière et de la forme, s'il est possible à Dieu de les séparer tout en les maintenant dans le même lieu et s'il est impossible de faire du respect d'union une partie essentielle de la quiddité d'une substance naturelle ?

Une nouvelle forme de distinction réelle

Il faut concevoir différemment le respect d'union, de façon à ne pas affirmer que le tout entretient une relation de dépendance existentielle envers lui. Le terme « union » ne doit pas signifier une entité positive mais la négation d'un respect réel et actuel [5]. Ockham propose de renverser la perspective et suggère qu'il faut expliquer une séparation et non pas une union entre la matière et la forme. Or, être séparé, c'est être nécessairement distinct. Ockham va donc travailler sur la notion de distinction pour parvenir à ses fins.

« Être distinct » en un premier sens – le sens le mieux connu des lecteurs de la distinction 2 de l'*Ordinatio* – est une propriété relationnelle modale. Si deux choses sont distinctes, alors elles le sont nécessairement [6]. Cette propriété

1. Quaest. var. VI, art. 2, OTh VIII, p. 208 : « Respondeo, ponendo quod approximatio sit respectus realis, cuius oppositum alibi tenetur, adhuc unio est causa ».

2. Quaest. var. VI, art. 2, OTh VIII, p. 208-209 : « Igitur unio non est talis respectus approximationis ex quo ista possunt omnino approximari et non uniri. »

3. Quaest. var. VI, art. 2, OTh VIII, p. 209 : « Igitur erit vera causa compositi intrinseca. »

4. Quaest. var. VI, art. 2, OTh VIII, p. 209 : « [...] tamen hoc non vitat quin sit de essentia compositi, quia impossibile est intelligere essentiam compositi distincte in se intuitive vel abstractive nisi intelligendo illam unionem. »

5. Quaest. var. VI, art. 2, OTh VIII, p. 209 : « Et ideo est una alia via quae videtur magis rationabilis quod unio praedicta, licet non videatur ex institutione vocabuli significare nisi aliquid positivum, tamen realiter significat negationem quandam respectus realis et actualis. »

6. Quaest. var. VI, art. 2, OTh VIII, p. 209 : « Ubi sciendum quod duplex est distinctio aliquorum. Una qua una res sic distinguitur ab alia quia haec non est illa. Quae sic sunt distincta, numquam possunt fieri indistincta, sic videlicet quod haec sit illa per quamcumque potentiam. »

relationnelle modale est une relation réelle qui n'ajoute rien aux choses absolues [1].

L'analyse modale d'Ockham trouve une justification dans un argument avancé, dans la distinction 36 de l'*Ordinatio*, pour défendre l'idée qu'il est impossible que deux choses distinctes ne le soient pas toujours. L'argument consiste à dire qu'il est impossible qu'une chose ne soit pas identique à elle-même [2]. Autrement dit, il est impossible à aucun moment que deux choses distinctes soient indistinctes. Même la transubstantiation n'est pas un contre-exemple à cette impossibilité. Au moment où une chose *a* s'est convertie en une chose *b*, *a* est *b* et *a* n'est pas *a*, donc *a* et *b* restent nécessairement distinctes [3].

La thèse d'Ockham selon laquelle, si deux choses sont distinctes, alors elles sont nécessairement distinctes, implique la thèse selon laquelle, si deux choses sont identiques, alors elles sont nécessairement identiques. Il faut cependant pour cela admettre que l'impossibilité, pour une chose, de ne pas être distincte d'elle-même implique la nécessité, pour une chose, d'être identique à elle-même. Ockham semble l'admettre.

On peut donc lui prêter le principe de la nécessité de l'identité, thèse qui a été établie pour la première fois par Ruth Barcan Marcus avant d'être reprise par Saul Kripke [4]. Cette thèse est la conséquence logique, d'après S. Kripke, de deux prémisses, en l'occurrence le principe d'indiscernabilité des identiques et la nécessité de la réflexivité de l'identité. Comme cela est communément admis depuis N. Salmon, cette thèse a probablement des conséquences essentialistes, au sens où elle garantit au moins la possibilité d'essences individuelles [5].

Or, s'il est possible à Dieu de séparer la matière et la forme tout en les maintenant dans le même lieu, alors l'identité du composé substantiel devient contingente, contrairement à ce que requiert la théorie ockhamiste de l'identité et de la distinction.

1. Quaest. var. VI, art. 2, OTh VIII, p. 209 : « Et haec distinctio non est respectus realis, sicut alibi probatur sufficienter. » À la note 7, p. 210, les éditeurs renvoient aux pages de la q. 5 de la dist. 30 de l'Ord. consacrées à la définition de la relation de raison (OTh IV, p. 383-388). R. Cross, dans « Ockham on part and whole », art. cit., p. 32, les suit. Il y a une erreur car l'identité est une relation réelle, non une relation de raison, comme le rappelle Ockham en Quodl. VI, q. 27, OTh IX, p. 687.

2. Ord. d. 36, q. un., OTh IV, p. 537 : « [...] illud quod potest non esse idem realiter cum aliquo, numquam est idem realiter cum eodem, quia impossibile est quod aliquid fiat aliud a se. »

3. Quaest. var. VI, art. 2, OTh VIII, p. 209 : « Quia quantumcumque per potentiam divinam una res potest converti in aliam, sicut est in Eucharistia, tamen numquam una res sit alia ita quod sit verum dicere, utraque manente, "haec res est illa". »

4. R. Barcan Marcus, « Modalities and Intensional Languages », *Synthese* 13 (1961), p. 303-322. Pour Kripke, voir *Naming and Necessity*, Basill, Blackwell, 1980, troisième conférence, n. 56 et 47, p. 114.

5. N. Salmon, « How not to Derive Essentialism From the Theory of Reference », *Journal of Philosophy* 76, 1979, p. 703-725.

C'est pourquoi Ockham suggère de reconnaître une seconde acception du terme « distinct ». Dans un second sens du terme « distinction », ce qui était distinct peut devenir indistinct [1]. Par exemple, la matière et la forme peuvent être séparées puis former une unité par soi, c'est-à-dire être une substance composée [2].

Dans le premier sens du terme « distinct », il est impossible que ce qui est distinct devienne indistinct, ce qui est possible dans le second sens du terme. Il ne s'agit donc pas du même type de distinction et d'indistinction dans les deux acceptions du terme. Dans le premier sens du terme, l'antonyme de « distinct » est « identique » (réellement). Dans le second sens du terme, l'antonyme de « distinct » est « uni ». Le contradictoire de l'un est donc théoriquement compatible avec l'autre.

Par conséquent, Ockham ne remet aucunement en question la validité universelle de sa théorie de l'identité et de la distinction. En proposant une acception du terme « distinction » qui n'est pas réductible au sens premier du terme, Ockham reconnaît que les conditions d'identité des composés substantiels ne sont pas réductibles à celles des choses non composées, mais il ne remet pas en question l'indiscernabilité des identiques ni le principe de nécessité de l'identité.

La distinction au second sens du terme ne concerne que les choses destinées par nature à être unies, comme la matière et la forme [3]. Il faut, semble-t-il, comprendre la suggestion d'Ockham ainsi. Matière et forme sont naturellement unies et cette union ne requiert pas d'explication : elle est inscrite dans la nature de la matière et dans celle de la forme. La nécessité de leur union est naturelle. Il est possible à Dieu de séparer la matière et la forme. La nécessité naturelle de l'union entre la matière et la forme n'est pas une nécessité logique ou métaphysique. Lorsque matière et forme coïncident spatialement sans être unies, il faut qu'existe une relation de distinction entre la matière et la forme.

La distinction entre deux types de nécessité

En distinguant deux acceptions du terme « distinction », Ockham reconnaît l'irréductibilité entre deux types de nécessité, une nécessité naturelle et une nécessité logique ou métaphysique. Pour éclairer ce point, on peut discuter la

1. Quaest. var. VI, art. 2, OTh VIII, p. 210 : « Et illa quae sic sunt distincta possunt facere indistincta et unum unitate opposita illi distinctioni. »

2. Quaest. var. VI, art. 2, OTh VIII, p. 210 : « Et isto modo forma, quando informat materiam, facit aliquid indistinctum et unum unitate opposita tali distinctioni. Sed non obstante quod illa sint distincta, distinctione opposita praedictae distinctioni, tamen semper remanet prima distinctio inter illa qua unum non est aliud, quia licet unum informet aliud, tamen unum non est aliud. »

3. Quaest. var. VI, art. 2, OTh VIII, p. 210 : « Alia est distinctio rerum qua una dicitur non informare aliud nec inhaerere alteri nec uniri sibi, quod tamen natum esset informare et aliud informari ab ipso. »

distinction entre deux types de nécessité qu'A. Goddu expose lorsqu'il commente les textes d'Ockham relevant de la sémantique des modalités [1].

A. Goddu prête une sémantique des mondes possibles à Ockham, c'est-à-dire une sémantique qui repose sur une définition du nécessaire comme vrai dans tous les mondes possibles. Il estime par ailleurs qu'Ockham reconnaîtrait une distinction entre nécessité logique (ce qui est vrai dans tous les mondes possibles) et nécessité naturelle (ce qui est vrai d'un monde). Pour étayer son idée, il s'appuie sur la définition du propre, en SL I, 24, comme capacité d'un sujet qu'il est impossible à Dieu de supprimer, si le sujet de cette capacité existe [2]. D'après A. Goddu, le propre délimite le domaine des propriétés essentielles, par opposition aux propriétés naturelles nécessaires en un sens restreint, comme le fait que toutes les chaleurs chauffent.

Bien que l'interprétation d'A. Goddu ait pu être contestée [3], nous ne voyons rien à redire à cette distinction, sous condition de faire quelques aménagements qui nous semblent mineurs, en l'occurrence en travaillant davantage l'idée de régularité naturelle, et en précisant la distinction faite entre « vrai dans tous les mondes possibles » et « vrai d'un monde possible ». Il faut, il est vrai, préciser, à la suite de M. Kusch puis de P. Alféri que quelques développements auraient été utiles en ce qui concerne la distinction entre le propre et l'accident inséparable [4].

Le propre est une capacité d'une substance qu'il est impossible à Dieu de supprimer si cette substance existe. L'accident inséparable est un accident qu'il est impossible à Dieu de supprimer de son sujet, mais qui n'est pas un propre. L'accident inséparable n'est pas un propre, pour deux raisons. D'une part, une occurrence d'un accident inséparable peut inhérer dans une substance d'espèce différente de celle dont il est inséparable, à la différence du propre qui ne convient qu'à un seul sujet. D'autre part, une occurrence d'un accident inséparable dans un sujet d'une autre espèce est tout simplement un accident séparable de la substance dans laquelle il inhère, puisque Dieu peut la supprimer sans changement de son sujet [5].

1. A. Goddu, *The Physics of William of Ockham*, *op. cit.*, p. 68.

2. SL I, 24, OPh I, p. 80 : « Sed tales propositiones "omnis homo est susceptibilis disciplinae", "omnis corpus est mobile", "omnis homo est risibilis" necessariae sunt, sic quod non possunt esse falsae cum veritate propositionis in qua enuntiatur esse de subiecto, et aequivalent propositionibus de possibili. » Voir aussi ExpPorph 1, § 7, OPh II, p. 27-28.

3. Voir notamment M. Kusch, « Natural Necessity in William of Ockham », *in* S. Knuuttila, S. Ebbesen et R. Työrinoja (eds.), *Knowledge and the Sciences in Medieval Philosophy. Proceedings of the 8th International Congress of Medieval Philosophy*, Helsinki, Luther-Agricola Society, 1990, vol. 2, p. 231-239.

4. P. Alféri, *Guillaume d'Ockham. Le singulier*, Paris, Édition de Minuit, 1989, p. 109.

5. SL I, 25, OPh I, p. 83 : « [...] accidens autem inseparabile est illud quod per naturam auferri non potest sine corruptione subiecti, quamvis per divinam potentiam possit auferri. »

Par exemple, pour montrer que la noirceur est un accident du corbeau, il suffit de montrer qu'il existe un sujet d'espèce différente qui possède une occurrence de cet accident. L'on peut montrer si l'on veut que Dieu peut supprimer la noirceur de cet arbre sans changement de l'arbre, ce qui a pour conséquence que la noirceur est un accident séparable de l'arbre.

À notre avis, cependant, le fameux cas de l'accident inséparable a été peut-être surévalué. De fait, pour distinguer l'accident inséparable du propre, il suffit de s'appuyer sur la première des deux caractéristiques du propre, en l'occurrence qu'il convient à un unique type de sujet. L'accident inséparable ne convient pas à un seul type de sujet. Par exemple, la capacité de rire est un propre de l'homme : elle ne se trouve que chez les hommes. La noirceur est un accident inséparable du corbeau mais pas un propre du corbeau : on la trouve dans bien d'autres substances, comme l'éthiopien aux dents blanches, pour reprendre un exemple médiéval.

En ce sens, le propre, compris comme capacité que le sujet possède nécessairement, s'il existe, n'est en aucun sens un accident, selon la définition porphyrienne de l'accident comme ce qui s'en va et revient dans son sujet. Par conséquent, que l'accident inséparable satisfasse ou non cette définition ne change rien à la distinction à établir entre le propre et l'accident inséparable. La description qu'Ockham donne de l'accident inséparable, qui a conduit P. Alféri à parler de dissolution de l'ontologie dans la logique, devient alors secondaire. En effet, Ockham doit d'abord pouvoir montrer qu'un propre est un accident, ce qu'il ne fait pas. L'idée d'A. Goddu de s'appuyer sur le propre pour délimiter le domaine des propriétés essentielles n'est donc pas totalement dénuée de fondement et, en absence de preuve textuelle en sens contraire, nous ne voyons pas pourquoi nous ne le suivrions pas.

Ceci dit, en dépit des mérites que nous y voyons, la distinction de Goddu entre deux types de nécessité ne nous est pas utile pour comprendre la distinction à laquelle Ockham procède dans la *Question variée* VI, article 2. Cette distinction ne permet pas de rendre compte de la possibilité qu'a Dieu de modifier, dans une mesure restreinte, la structure métaphysique d'une substance, comme Il le fait quand Il sépare la matière de la forme d'une substance sans les déplacer. La capacité qu'a Dieu d'agir sur l'essence d'une substance – c'est-à-dire sur sa structure métaphysique – n'est pas arbitraire et elle est limitée : Dieu se contente de défaire ce qui a été fait par la nature lors de la génération de la substance.

En effet, nous avons vu que la matière et la forme (du moins intellective), en tant que parties essentielles, sont créées par Dieu et non pas produites naturellement par un agent efficient. L'action de l'agent, lors de la génération, consiste à unir des parties essentiellement destinées à l'être. Ce processus de génération est naturel, il n'est pas une création mais une production. Par conséquent, il n'est pas impossible à Dieu de désunir ce que la nature a uni, même s'il a créé ces parties de telle sorte qu'elles soient destinées à l'être.

La défense de la nouvelle théorie

Un mode d'être privatif

La possibilité d'une coïncidence spatiale sans union doit être inscrite dans la quiddité du composé substantiel. C'est pourquoi Ockham propose une analyse sémantique du terme « tout » qui prend en compte cette possibilité. Le terme « tout » signifie les parties et connote la négation de la distinction entre ces parties au second sens du terme de « distinction » [1]. Dans cette proposition, l'adjectif « distinct » signifie un respect réel et actuel d'information qui a pour terme quelque chose qui peut être informé [2].

Le respect de distinction ou de séparation doit être conçu de la même manière, sur le plan ontologique, que le respect d'union de l'*Ordinatio*. Il ne doit pas être conçu comme une chose relative réellement distincte de la matière et de la forme.

C'est un mode d'être, dans l'interprétation que nous proposons. Ceci trouve confirmation dans la manière dont Ockham recourt au principe de vérifaction restreint dont il s'est servi, dans l'*Ordinatio*, pour concevoir le respect d'union entre la matière et la forme. Quelque chose est produit quand Dieu sépare la matière et la forme sans les déplacer et quelque chose est détruit quand il les unit [3]. Faut-il concevoir ce quelque chose comme une troisième entité qui serait privative, ou bien comme une modalité d'existence de la matière et de la forme quand Dieu les prive d'une partie de leur nature ?

Il semble que la deuxième interprétation soit confortée par l'idée que le terme de « composé substantiel » est un terme connotatif et non pas absolu, comme l'a noté C. Normore [4]. Ce terme suppose pour les parties essentielles du composé prises collectivement (la matière et la forme) et connote qu'elles sont indistinctes [5]. Le terme ne se réfère pas à une troisième entité, qui serait une privation, mais bien à la matière et à la forme prises ensemble.

1. Quaest. var. VI, art. 2, OTh VIII, p. 210 : « Et secundum istam viam totum nihil dicit nisi ipsas partes inter quas est negatio illius respectus realis illius distinctionis secundae, ita quod totum significat ipsas partes et connotat negationem illius distinctionis praedictae. »

2. Quaest. var. VI, art. 2, OTh VIII, p. 210 : « Et illa distinctio secunda videtur importare et significare respectum realem et actualem informativi ad informabile. » Voir aussi Quaest. var. VI, art. 2, OTh VIII, p. 216 : « Ad secundum dubium dico quod illud dictum commune de transitu debet salvari per corruptionem vel productionem unius respectus realis. »

3. Quaest. var. VI, art. 2, OTh VIII, p. 216 : « Et ideo necesse est quod quando de non composito fit compositum vel econtra quod aliquid positivum producatur vel destruatur. Et hoc est verum quia, quando de non composito fit compositum, corrumpitur respectus realis distinctionis quo una pars prius non fuit informans nec alia informata. »

4. C. Normore, « Ockham's Metaphysics of Parts », art. cit., p. 746.

5. Quaest. var. VI, art. 2, OTh VIII, p. 210 : « Totum significat ipsas partes et connotat negationem illius distinctionis praedictae. »

Le terme de « composé substantiel » est donc un terme substantiel qui est connotatif et non pas absolu, comme les termes concrets de différence [1]. Dans ces conditions, est-il encore possible de distinguer la génération de la production et de la création ?

Génération, création, résurrection

D'après Ockham, il est compatible d'affirmer que seules la matière et la forme sont de l'essence du tout et que c'est le tout, et non les parties, qui est le terme de la génération du tout [2]. Pour le montrer, il s'appuie sur une analyse sémantique des deux syncatégorèmes « chaque » et « les deux » (*utraque* et *ambae*). Le syncatégorème « chaque » est un quantificateur distributif qui rend le terme qu'il détermine distributif, tandis que le syncatégorème « les deux » admet deux interprétations. Soit il est un quantificateur qui rend le terme qu'il détermine collectif, soit il est un quantificateur qui rend le terme qu'il détermine distributif. Autrement dit, la proposition « les deux parties (du composé) ne sont pas le terme par soi de la génération » a deux interprétations.

Dans la première interprétation, cette proposition implique la proposition « chaque partie (du composé) est le terme par soi de la génération ». Dans la seconde interprétation, cette proposition n'implique pas la proposition « chaque partie (du composé) est le terme par soi de la génération ». La seconde interprétation permet d'affirmer que le terme de la génération est le tout et non pas une partie ou les deux parties en un sens distributif [3].

Cette analyse de la quantification collective est insuffisante pour distinguer la génération de la résurrection. Il faut ajouter une clause restrictive : il est nécessaire qu'au moins une des parties du tout vienne à être après n'avoir pas été au terme de la génération (la matière perdure lors du changement substantiel). De la sorte, on distingue la génération de la résurrection. Celle-ci consiste en la réunion de parties préexistantes [4]

Il reste à déterminer la fonction causale des parties du tout lors de la génération. Les parties du tout, en l'occurrence la matière et la forme, ont une causalité essentielle, ce qui signifie qu'il est inscrit dans leur nature de pouvoir former un tout substantiel. Conférer un autre type de causalité aux parties essentielles du

1. Voir chap. II, p. 88.

2. Quaest. var. VI, art. 2, OTh VIII, p. 214 : « Ad aliud dico quod per se terminus generationis est compositum ex materia et forma. Et concedo quod altera pars non est per se terminus totalis generationis, licet possit esse terminus generationis formalis et partialis. »

3. Quaest. var. VI, art. 2, OTh VIII, p. 214, l. 164-191.

4. Quaest. var. VI, art. 2, OTh VIII, p. 215 : « Et quando probatur quod ambae non possunt terminare in sensu dato per illud de resurrectione, dico quod si utraque praeexsisteret et de novo unirentur, non esset ibi generatio alicuius compositi, sed solum esset ibi unio partium praeexsistentium quae non est generatio, quia generatio vel productio compositi proprie est quando aliquid absolutum in composito de novo producitur, et aliter non. »

tout est inenvisageable. En particulier, il est inenvisageable de soutenir, comme Scot, que les parties essentielles du tout causent autre chose qu'elles-mêmes (comme une forme du tout)[1]. Ce ne sont pas, en d'autres termes, des causes efficientes du tout[2].

Ainsi, Ockham réussit à montrer que la position réductionniste selon laquelle un tout n'est rien de plus que ses parties essentielles est compatible avec une explication satisfaisante de la génération et de la corruption du tout substantiel. Autrement dit, il parvient à distinguer le tout substantiel du tout accidentel par leur genèse, comme dans la *Petite somme*.

Un réductionnisme des propriétés

Ockham va encore plus loin. Il cherche à défendre une conception des propriétés du composé substantiel que l'on pourrait qualifier de réductionniste mais non d'éliminativiste. Les propriétés de la substance composée sont les propriétés de ses parties prises collectivement, ce qui n'est pas dire que le tout ne possède que les propriétés de ses parties prises distributivement.

En effet, il n'est pas nécessaire de soutenir qu'un tout substantiel aurait des passions propres, c'est-à-dire des passions qui ne soient pas attribuables aux parties prises collectivement. Les passions et opérations du tout sont les passions et opérations des parties prises collectivement ou de l'une d'entre elles[3].

Ockham justifie sa thèse en recourant au principe métaphysique selon lequel il est toujours le cas qu'un accident est aussi simple ou aussi complexe que le sujet dans lequel il inhère. Ainsi, sentir, vouloir et intelliger sont des passions de l'homme tout entier parce que ce sont des passions de l'âme intellective ; rire et marcher sont des passions de l'homme tout entier parce que ce sont des passions du corps[4].

1. Lectura III, d. 2, q. 2, n. 83, éd. Vat., vol. XX, p. 103 : « Item, si non esset alia entitas totius quam est entitas partium, non esset compositum causatum, quia partes non sunt causatae ex causis intrinsecis ; si igitur compositum nihil aliud esset quam partes, sequeretur quod compositum non esset causatum ex causis intrinsecis. »

2. Quaest. var. VI, art. 2, OTh VIII, p. 216 : « Ad aliud dico quod causae intrinsecae non causant aliquid absolutum nec respectivum quocumque modo distinctum ab eis, quia si sic respectu illius haberent efficientiam et sic essent causae extrinsecae. Sed causalitas earum non est aliud nisi esse partes essentiales alicuius compositi. »

3. Quaest. var. VI, art. 2, OTh VIII, p. 216 : « Ad aliud dico quod accipiendo passionem ut importat aliquam rem distinctam a subiecto et formaliter inhaerentem sibi, sic dico quod compositum non habet aliquam propriam operationem nec propriam passionem quae non conveniat prius partibus. »

4. Quaest. var. VI, art. 2, OTh VIII, p. 216 : « Et causa est ista, quia sicut alibi patet in Ockham, subiectum semper est ita simplex sicut accidens receptum in eo. Et ideo nullum accidens habens partes eiusdem rationis potest esse primo respectu totius, sed omnes operationes et passiones reales quae conveniunt composito sibi conveniunt per partes quibus primo conveniunt, puta intelligere, velle, sentire per animam ; ridere, descendere et talia per corpus. »

Conclusion

Dans ce dernier chapitre, notre enquête était centrée sur la question de savoir ce qu'est une quiddité. Ockham défend la thèse selon laquelle il n'y a pas de distinction à poser entre une substance composée et sa quiddité. Plus encore, une substance naturelle est identique à ses parties essentielles. Autrement dit, la composition substantielle est une relation d'identité entre les parties essentielles et le tout qu'elles composent.

Ockham se heurte à une difficulté dont il prend connaissance lorsqu'il cherche à réfuter la théorie réaliste de la relation de Duns Scot. Il est possible que les parties d'une substance soient spatialement coïncidentes sans être unies. Ockham commence par penser qu'il faut reconnaître une réalité à cette union.

Nous avons cherché à montrer que cela est compatible avec une thèse, caractéristique de la théorie ockhamiste de la relation, selon laquelle il n'existe que des choses absolues. En effet, il n'est pas nécessaire de postuler que le respect d'union est réellement distinct de son fondement pour rendre compte de sa fonction dans la composition substantielle. Il n'est donc pas nécessaire de postuler qu'il est une chose relative. Sa teneur ontologique se rapproche davantage de celle du mode d'être, si l'on entend par là une entité relationnelle non réductible à ce dont elle dépend, en l'occurrence une matière et une forme. Ockham affirme que cette entité relationnelle est une partie essentielle du composé substantiel, au même titre que la matière et la forme. En ce sens, il croit pouvoir maintenir la thèse réductionniste selon laquelle une substance naturelle n'est ontologiquement rien de plus que ses parties essentielles.

Ockham n'est pourtant pas au bout de ses peines. En effet, Scot a montré qu'il est impossible de postuler qu'une entité relationnelle de ce genre soit une partie essentielle du composé. Cette entité est un accident, parce qu'elle appartient à une catégorie accidentelle, celle de relation. Si un accident fait partie de la quiddité d'un composé substantiel, alors rien ne distingue ce composé d'un agrégat accidentel. Le respect d'union n'est pas un lien ontologiquement assez fort pour rendre compte de l'unité du composé substantiel.

Ockham comprend que, pour maintenir une position réductionniste sur la composition substantielle, il faut attaquer cette fois-ci le problème à sa racine. Il faut donc élaborer une théorie de l'identité et de la distinction qui neutralise cette conséquence inacceptable, sans remettre en question le principe d'indiscernabilité des identiques ni le principe de nécessité de l'identité. Pour ce faire, il suffit de reconnaître que deux manières de décrire la distinction entre la matière et la forme sont compatibles. Il en résulte que, sur le plan sémantique, le terme de « composé substantiel », qui appartient à la catégorie de substance, est un terme connotatif qui suppose pour la matière et la forme prises collectivement et qui connote que ces parties ne sont pas séparées. Le respect de distinction entre la matière et la forme est à concevoir sur le modèle du respect d'union de l'*Ordinatio* : ce respect n'est pas ontologiquement réductible à son fondement, sans pour autant en être réellement distinct. Il s'agit vraisemblablement d'un mode d'être, bien qu'Ockham ne le reconnaisse pas explicitement [1].

1. La question de savoir si la relation de composition substantielle, qui est une relation dite transcendantale, est un mode d'être est récurrente dans la Seconde Scolastique. Voir notamment S. Menn, « Suarez, Nominalism and Modes », *in* K. White (ed.), *Hispanic Philosophy in the Age of Discovery*, Washington D.C., The Catholic University of America Press, 1997, p. 287-321.

CONCLUSION

Pour conclure, nous souhaiterions répondre à la question que nous posions dans l'introduction de cet ouvrage. Peut-on qualifier d'essentialiste la théorie ockhamiste de la définition réelle ?

Il est indéniable que l'on peut déceler dans les propos d'Ockham sur les modalités aléthiques une tendance prononcée à partir de l'actuel pour penser le possible par extension. En ce sens, il serait tentant de prêter à Ockham l'idée quinienne que la métaphysique s'intéresse à ce qui est, à l'existant. Cependant, cette tendance ne préjuge en rien de la réponse à notre question. On peut tout à fait admettre des modalités *de re*, par exemple affirmer que la proposition « Socrate est nécessairement un homme » est vraie si Socrate existe, et être actualiste, c'est-à-dire ne pas accepter dans l'ontologie ni possibles ni purs possibles, ces possibles qui ne se réaliseront jamais. D'ailleurs, nous l'avons vu dans l'introduction, certains interprètes, comme Paul Thom, pensent que la logique modale d'Ockham est à la fois essentialiste et actualiste.

Ockham met en place sa sémantique de la définition réelle pour compléter une défaillance de sa théorie du concept. Celle-ci ne peut pas rendre compte de la fonction classificatoire qui doit être attribuée aux termes génériques comme « animal », car elle ne garantit pas qu'il ne soit pas possible de former plus de concepts génériques que de concepts spécifiques. Elle ne permet pas de garantir que des genres soient subalternés les uns aux autres, comme dans un arbre de Porphyre. Ockham découvre, dans la distinction 8 de l'*Ordinatio*, qu'une définition du genre comme terme qui, adjoint à une différence essentielle, forme une définition réelle convertible avec le défini permet de sortir de l'aporie. Si Ockham explore les propriétés sémantiques des définitions réelles, ce n'est pas pour leur beauté formelle ou leur puissance expressive, mais pour des raisons épistémologiques. Il faut sauver Aristote sans avoir à admettre les natures communes de Scot et sa théorie du concept. C'est ce que nous avons vu dans le premier chapitre de cet ouvrage, consacré à la sémantique ockhamiste de la définition réelle.

Une fois reconnue la viabilité de la notion de définition réelle, qu'en faire ? Quelle fonction reconnaître aux définitions réelles ? On peut leur donner une fonction descriptive, celle de manifester la structure intime des choses et l'espèce naturelle à laquelle elles appartiennent. On peut garantir cette fonction descriptive en montrant qu'il est possible que les définitions réelles soient connues avec évidence de leur défini, car n'est connu de cette manière que ce qui existe. Or on peut parvenir à la connaissance évidente de quelque chose de différentes manières. Laquelle choisir ? Ockham refuse de concéder qu'une définition réelle puisse être la conclusion d'une démonstration au sens strict parce qu'il veut garantir la possibilité que les définitions réelles soient connues sans raisonnement de leur défini. Les définitions sont découvertes, elles ne sont ni stipulées ni démontrées. Ockham est résolument un empiriste anglais [1]. C'est ce que nous avons vu dans le deuxième chapitre, consacré à l'épistémologie ockhamiste de la définition réelle.

Si notre enquête s'était arrêtée là, nous aurions pu conclure que la sémantique et l'épistémologie ockhamistes de la définition réelle ne satisfont pas la définition quinienne de l'essentialisme aristotélicien. D'après W. O. Quine, rappelons-le, l'essentialisme aristotélicien est la thèse selon laquelle certaines nécessités existent indépendamment de la manière dont elles sont nommées ou conçues par l'esprit. Une définition réelle est, d'après Ockham, un concept composé propre qui se réfère à une classe d'individus de même espèce ou de même genre. Il est patent que cette description de ce qu'est une définition réelle stipule la fiabilité des capacités cognitives. Cependant, pour Ockham, une définition réelle n'en reste pas moins une réalité mentale composée. Les termes qui la composent sont eux-mêmes des réalités mentales qui ne se réfèrent qu'à des individus, en l'occurrence à des substances matérielles. Ce sont des termes généraux qui peuvent, certes, faire partie de propositions vraies. Mais ces termes ne sont pas indépendants de la manière dont l'esprit classe les choses. Dans ces conditions, il est difficile de prêter à Ockham la thèse selon laquelle il existe des propriétés essentielles ou nécessaires indépendamment de la manière dont on les nomme ou dont on les conçoit.

Ceci dit, Ockham affirme que tous les individus co-spécifiques ont la même définition réelle, ce qui implique, rappelons-le, que les définitions réelles plus ou moins complètes d'un même terme sont synonymes. La définition réelle, au sens propre, est une réalité mentale qui possède une signification naturelle et non pas arbitraire. Cette thèse est loin d'être anodine. L'enjeu consiste à savoir si une essence ou quiddité, exprimée par une définition réelle, a des conditions d'identité indépendantes de la manière dont notre esprit classe les individus dans des espèces naturelles.

La question avait été directement abordée par Aristote au livre VII de la *Métaphysique*. Aristote répondait qu'une essence est identique à la substance de

1. En ce sens, nous rejoignons l'interprétation d'E. Moody, *in* « Empiricism and Metaphysics in Medieval Philosophy », *The Philosophical Review* 67, 1958, p. 145-163.

la chose dont elle est l'essence[1]. Ockham, nous l'avons vu dans le dernier chapitre, est tout à fait d'accord avec Aristote, à la condition d'affirmer que cette essence identique à la substance de la chose n'est rien d'autre que le composé substantiel, le composé substantiel étant lui-même ses parties essentielles, en l'occurrence sa matière et sa forme, du moins quand elles sont comprésentes et unies.

La question est donc celle-ci : la sémantique ockhamiste de la définition réelle a-t-elle des implications essentialistes ? Il s'est agi jusqu'ici de réalités mentales, les définitions réelles. Il est question à présent des conditions d'identité de ce qui est définissable. Une enquête sur les quiddités est donc requise. C'est ce à quoi nous avons procédé dans le dernier chapitre.

Il faut passer des mots aux choses. Ce passage est d'autant plus nécessaire que les quiddités ont été revêtues de fonctions diverses dans la métaphysique des modalités développée par les prédécesseurs d'Ockham. Les quiddités rendent compte, dans l'interprétation qu'Ockham propose d'Henri de Gand et de Duns Scot, du fait que Dieu puisse ne pas créer tout ce qu'il pense. Plus généralement, elles contribuent à expliquer ce que peut vouloir dire le terme « intelligibilité ». Pour Ockham, ces développements sont des extrapolations qui conduisent à une ontologie luxuriante et sans valeur explicative. Il n'est pas possible de réfuter par la raison naturelle qu'Averroès a tort de soutenir que Dieu ne pense rien d'autre que Lui-même. Dans ces conditions, poser un ordre essentiel dans l'essence divine, lui prêter des objets d'intellection dotés d'êtres possibles, intelligibles ou nécessaires, c'est plaquer sur des questions théologiques des thèses philosophiques dont la cohérence est plus que douteuse, et l'intérêt incertain.

Ainsi, nous pouvons d'ores et déjà conclure qu'Ockham ne défend pas une sémantique de la définition réelle essentialiste dans le premier sens que nous avons présenté au premier chapitre, celui qui est associé à la thèse avicennienne de l'indifférence de l'essence. D'après Ockham, il n'existe pas de natures communes indifférentes à l'essence et à l'existence, encore moins d'essences au sens où l'entendent les théologiens qui, comme Henri de Gand ou Scot, affirment que Dieu pense les choses dans leur être possible, dans des idées, ayant pour objet la quiddité des choses et non les choses elles-mêmes.

Mieux vaut partir d'hypothèses minimales et voir s'il est possible de les tenir sans incohérence jusqu'au bout. Posons qu'une quiddité qui n'existe pas n'est pas une quiddité mais bien du rien. Et posons que Dieu est créateur et qu'à ce titre Il contribue à la génération des substances naturelles, mais de façon limitée. Stipulons donc que les parties des quiddités sont créées par Dieu, mais pas le composé : la génération du composé substantiel dont elles sont des parties est le fait de causes naturelles efficientes actives, avec l'aide de Dieu. Aristote le disait : la génération est un phénomène naturel, et non le fruit d'une création continue miraculeuse.

1. Aristote, *Met.* Z, 6, 1032a10-31.

Encore faut-il savoir ce que sont les parties des quiddités, les parties essentielles. Après avoir écarté l'hypothèse scotiste d'une forme du tout distincte de la forme substantielle, voyons s'il est possible de soutenir que les parties essentielles d'une substance naturelle sont sa matière et sa forme. Par conséquent, admettons qu'une quiddité d'une substance naturelle est cette substance elle-même, et que celle-ci est ses parties essentielles. Supposons donc que la composition substantielle n'est rien d'autre qu'une relation d'identité entre un tout et ses parties prises ensemble.

Dans cette hypothèse, il est manifeste qu'il est possible de prêter à Ockham une forme d'essentialisme aristotélicien au sens de Quine, c'est-à-dire si l'on entend par là la thèse selon laquelle il existe des propriétés nécessaires indépendamment de la manière dont elles sont conçues ou énoncées. Ce qui rend vraie la proposition « un homme est un animal rationnel mortel », sous couvert qu'un homme existe, est une substance naturelle déterminée par son origine, car on ne peut pas mettre n'importe quelle forme dans n'importe quelle matière. La substance naturelle ne peut pas être autre que ce qu'elle est, si elle est. La fonction des essences individuelles est précisément de garantir une telle thèse. Un nominalisme qui ne reconnaît que l'existence d'individus est donc compatible avec un essentialisme de type aristotélicien au sens de Quine.

Les choses, cependant, ne pouvaient pas s'arrêter là. Scot a avancé un argument, fort embarrassant pour Ockham, afin de défendre la thèse réaliste selon laquelle, à part exception, une relation réelle est une chose relative, réellement distincte de son fondement. D'après Scot, si l'on n'admet pas cette thèse, on ne peut pas rendre compte de l'union des parties essentielles dans le composé substantiel. Il faut poser que cette union est une relation réelle, réellement distincte de son fondement, parce qu'il est possible que les parties de la substance coïncident spatialement sans être unies. En effet, il est possible à Dieu de séparer la matière et la forme d'une substance tout en les maintenant dans le même lieu, comme Il l'a fait lors du *triduum*.

Faut-il dès lors se ranger à la théorie scotiste de la relation, selon laquelle la plupart des relations réelles sont des choses relatives réellement distinctes de leur fondement ? Dans notre interprétation, qui diffère de celles, classiques, de M. McCord Adams et de M. Henninger, Ockham s'attache à bloquer cette conséquence. Pour ce faire, il propose une nouvelle version de l'argument par la séparation utilisé par Scot pour défendre sa position anti-réductionniste sur le statut ontologique de la relation. En outre, il propose de restreindre la portée du principe de vérifaction scotiste.

Ockham montre, en effet, que l'argument scotiste par la séparation n'implique pas nécessairement que toute relation réelle soit une chose (extra-mentale) réellement distincte de son fondement. Il implique seulement que certaines formes d'union, comme l'union entre la matière et la forme, ne soient pas réductibles à leurs fondements, la matière et la forme. Bien qu'Ockham ne le dise pas explicitement dans l'*Ordinatio*, l'union entre la matière et la forme, qui est un rapport extrinsèque transcendantal, peut être conçue comme un mode d'être, c'est-à-dire une entité qui n'est pas réductible à son fondement, bien qu'elle n'en soit pas séparable.

L'idée est d'autant plus intéressante qu'elle permet à Ockham de maintenir qu'une substance naturelle est ses parties essentielles. Pour cela, il suffit de dire que le respect d'union entre la matière et la forme est une partie essentielle de la substance, au même titre que cette matière et cette forme. Il n'est donc pas contingent que, à supposer qu'une substance existe, elle soit cette matière et cette forme comprésentes et unies. En ce sens, Ockham reconnaît bien l'existence d'essences individuelles, qui sont les substances composées elles-mêmes, disposées d'une certaine façon. Ainsi, on pourrait prêter à Ockham un essentialisme de type kripkeen, qui reconnaît au minimum des essences individuelles.

Cependant, une objection scotiste ébranle à nouveau ce bel ensemble. Reconnaître au respect d'union le statut de partie essentielle, c'est reconnaître qu'un accident fait partie de la quiddité de la substance, et c'est donc accepter qu'il soit impossible de distinguer l'agrégat du composé substantiel.

Ockham prend l'objection très au sérieux. Il décide cette fois-ci d'aller au cœur du problème. Il s'attaque à la notion même d'identité et à celle, corrélative, de distinction. Il n'est pas question de renoncer à l'indiscernabilité des identiques ni à la thèse selon laquelle si *a* et *b* sont identiques, alors ils sont nécessairement identiques. En effet, ces thèses ont pour portée les choses simples, non les choses composées comme les substances matérielles. On cherche pour celles-ci un principe d'unification ou d'unité davantage qu'un principe d'identité. En distinguant, donc, la problématique de l'identité de celle de l'unité, on peut sauver l'intuition que ce qui est naturellement uni peut ne pas l'être. Il faut distinguer une nécessité naturelle des parties à s'unir de la nécessité métaphysique ou logique avec laquelle n'importe quelle chose singulière est identique à elle-même.

Grâce à cette distinction, il est possible de soutenir qu'une substance est ses parties essentielles comprésentes, sous couvert qu'il peut exister un respect de séparation entre ces parties. L'hypothèse est parfaitement compatible avec les analyses proposées par Ockham avant qu'il n'envisage l'hypothèse que Dieu sépare la matière de la forme sans les déplacer. En effet, ces analyses reposaient sur l'idée que Dieu ne crée pas les substances ou leurs quiddités, mais seulement leurs parties essentielles. Il suffit de préciser, grâce à la distinction entre nécessité naturelle et nécessité logique, qu'il est inscrit dans la nature de la matière et dans celle de la forme d'être unies. Par conséquent, il est tout à fait possible à Dieu de défaire ce qui a été fait par la nature avec Sa coopération.

Cette distinction révèle une analogie structurelle importante entre la position d'Ockham et celle de Kripke. Tous deux admettent un argument (chez Kripke souvent nommé « argument par l'origine ») qui implique l'existence de modalités *de re* : si Socrate est un homme, il est nécessairement telle matière et telle forme de telle espèce. On soulignera que cette analogie structurelle est renforcée par la thèse centrale que nous avons rencontrée dans notre analyse de l'épistémologie ockhamiste de la définition réelle, à savoir la thèse selon laquelle les essences sont découvertes par expérience et non par raisonnement. En effet, l'un des objectifs principaux de Kripke, dans *Naming and Necessity*, est de montrer que certaines vérités nécessaires, comme « l'eau est H2O », ne peuvent être connues qu'*a posteriori*. Si nous en restions là, nous pourrions donc défendre l'idée que la sémantique ockhamiste de la définition réelle a des implications essentialistes au sens quinéen, car elle repose sur l'existence de modalités *de re*, selon lesquelles, si Socrate est un homme, alors il est nécessairement un homme.

Ceci dit, Ockham ne serait-il pas davantage proche de Fine que de Kripke ? Pour répondre à cette question, il faut se demander si l'on peut rapprocher la distinction ockhamiste entre deux types de nécessité, logique et naturelle, et la distinction finéenne entre l'essentiel et le nécessaire. Rappelons que la distinction que l'on trouve dans les *Questions Variées* est différente de celle à laquelle A. Goddu procède dans son analyse de la sémantique ockhamiste des modalités. Goddu distingue deux types de nécessité, la première correspondant à l'essentiel, et la seconde, moins forte que la première, correspondant à la régularité naturelle. Son objectif est de montrer qu'Ockham défend une sémantique des mondes possibles proche de celle de Kripke.

Ces deux types de distinction se distinguent par leur portée et par leur objectif. En effet, la distinction ockhamiste porte sur une substance et non sur l'ensemble des régularités naturelles et des nécessités métaphysiques. En outre, la distinction d'Ockham vise à séparer deux problématiques antérieurement confondues, celle de l'identité et celle de l'unité ou de l'union. La distinction faite par Goddu vise à distinguer l'essentiel de ce qui ne l'est pas.

Dans ces conditions, faudrait-il donc penser que cette distinction entre deux types de nécessité rapproche Ockham de Kit Fine plutôt que de Saul Kripke ? Nous en doutons fortement, pour deux raisons principales.

Premièrement, Ockham et Fine se séparent au sujet des termes d'espèce naturelle. Certes, K. Fine introduit un ordre de priorité dans les propriétés essentielles en distinguant les propriétés essentielles constitutives des propriétés essentielles dérivées. Mais ceci n'est bien entendu pas suffisant pour lui prêter la thèse, centrale dans la sémantique ockhamiste de la définition réelle et plus généralement dans son nominalime de la ressemblance, selon laquelle les substances naturelles sont signifiées par des termes d'espèce naturelle, ceux-ci étant classés et distingués en fonction d'une relation de ressemblance maximale. Ceci sert tout au plus à distinguer l'essentiel du propre. De fait, K. Fine ne reconnaît jamais explicitement l'existence d'espèces naturelles, à la différence de S. Kripke et d'Ockham.

Deuxièmement, on ne voit pas pourquoi un essentialiste kripkeen ne pourrait pas reconnaître l'existence de définitions réelles. Pour K. Fine, *grosso modo*, l'essence d'une chose tient à la constitution interne de la chose, et non pas à des propriétés qu'elle aurait nécessairement dans tous les mondes possibles (à supposer qu'elle existe). Assurément, en reprenant la thèse aristotélicienne selon laquelle l'essence d'une substance naturelle est exprimée par sa définition réelle, Ockham défend l'idée que l'essence d'une chose tient à la constitution interne de la chose. Mais cela n'implique pas qu'il ne défende pas l'idée que cette essence tient à des propriétés qu'elle aurait nécessairement dans tous les mondes possibles. Nous aurions même tendance à penser que c'est le cas, bien que nous ne puissions pas défendre cette idée ici. Pour cela, il faudrait examiner les rapports à poser entre causalité et modalités contrefactuelles, afin de préciser en quel sens Ockham entend l'idée, métaphorique pour Kripke, de monde possible.

On ne saurait objecter qu'Ockham distingue bien les propriétés nécessaires (d'une nécessité conditionnelle) comme le propre des propriétés essentielles (d'une nécessité conditionnelle). Nous doutons fortement de la portée de cette objection. D'abord, Ockham propose tout au plus une sémantique du propre. À notre connaissance, la métaphysique du propre n'a pas éveillé son intérêt, à la différence de la notion de possibilité alternative. Ensuite, et plus fondamentalement, peu de choses distinguent la sémantique du propre de celle de la différence essentielle : les deux types de terme supposent pour la même chose, ils sont co-extensifs. La seule différence qu'Ockham reconnaît entre eux consiste dans l'idée que dans un cas ce qui est connoté est intrinsèque à la chose, dans un autre extrinsèque à la chose.

Tant qu'il ne nous sera pas possible d'expliquer comment Ockham distingue l'intrinsèque de l'extrinsèque de façon non circulaire, c'est-à-dire autrement qu'en faisant appel à la notion de différence essentielle, elle-même définie par la notion d'intrinsèque, nous ne voyons pas pourquoi nous renoncerions à faire d'Ockham un partisan d'un essentialisme de type kripkeen.

Cela ne revient pas à dire que les définitions réelles n'ont aucune utilité, si elles ne servent pas à distinguer l'essentiel du nécessaire. Leur utilité est immense : elles garantissent la fonction classificatoire de la notion de genre et, donc, elles permettent d'augmenter la puissance classificatoire de nos concepts.

Nous l'avons dit, la vraie question, à notre avis, concerne la notion de possibilité contrefactuelle, c'est-à-dire, en termes métaphoriques, la notion de monde possible. Ockham serait-il plus proche de David Lewis ou de Saul Kripke ? Formulons autrement : le concept de possibilité alternative présuppose-t-il le concept d'identité, comme le pense Kripke, ou bien l'inverse est-il vrai, comme le pense Lewis ? Mais ceci est un autre problème, qui commence avec une question d'origine théologique : est-il naturellement possible qu'un procès causal singulier revienne à l'identique ? Bref, l'homme resurgit-il identique à lui-même après sa mort ? L'enjeu consiste à mettre en rapport la métaphysique de la causalité et la métaphysique des modalités pour penser en même temps la possibilité alternative, la nécessité des procès causaux, l'identité dans le temps et l'ontologie de la personne. Sur ces sujets, Ockham est fort disert.

BIBLIOGRAPHIE

TEXTES ANCIENS ET MÉDIÉVAUX

ARISTOTE, *Catégories*, introd., trad. et comm. F. Ildefonse et J. Lallot, Paris, Seuil, 2002.

– *Catégories, Sur l'interprétation*, trad. fr. M. Crubelier, C. Dalimier, P. Pellegrin, introd. P. Pellegrin, Paris, GF-Flammarion, 2007.

– *Métaphysique*, trad. fr. M.-P. Duminil et A. Jaulin, Paris, GF-Flammarion, 2008.

– *Physique*, trad. fr. P. Pellegrin, Paris, GF-Flammarion, 2000.

– *Seconds Analytiques*, trad. fr. P. Pellegrin, Paris, GF-Flammarion, 2005.

– *Topiques*, éd., trad., introd. et notes J. Brunschwig, Paris, Les Belles Lettres, 1967/2000.

GUILLAUME CRATHORN, *Quästionen zum ersten Sentenzenbuch*, éd. F. Hoffmann, Münster, Aschendorff, 1988.

GILLES DE ROME, *Theoremata de esse et essentia*, éd. E. Hocedez, Louvain, Museum Lessianum, 1930.

GUILLAUME D'OCKHAM, *Guillelmi de Ockham Opera philosophica et theologica ad fidem codicum manuscriptorum edita cura Instituti Franciscani St. Bonaventurae*, éd. général G. Gàl, St. Bonaventure (N.Y.), Franciscan Institute, 1967-1988.

– *Traité sur la quantité et traité sur le corps du Christ*, introd. et trad. fr. M. Roques, Paris, Les Belles Lettres, 2014.

JEAN BURIDAN, *Quaestiones in Metaphysicam*, Paris, Minerva, 1588 (réimpr. Frankfurt a. M., 1964.

JEAN DUNS SCOT, *B. Ioannis Duns Scoti Opera omnia*. éd. Wadding, 26 vol., Paris, 1891-1895.

– *B. Ioannis Duns Scoti Opera omnia*, éd. Commissio Scotistica, praeside P.C. Nalic (éd. Vaticana), Civitas Vaticana, 1950.

– *Beati Iohannis Duns Scoti Opera Philosophica I-IV*, St. Bonaventure (N.Y.), Franciscan Institute Publications, 1999-2006.

– *Sur la connaissance de Dieu et l'univocité de l'étant* (*Ord. I, d. 3, p. 1 et d. 8, p. 1*), introd., trad. et comm. O. Boulnois, Paris, P.U.F., 1988.

PLATO, *Complete Works*, éd. J. Cooper, Indianapolis, Hackett, 1997.

THOMAS D'AQUIN, *De ente et essentia*, trad. fr. M. D. Roland-Gosselin, Kain, Le Saulchoir, 1926.

– *In duodecim libros Metaphysicorum Aristotelis expositio*, éd. M. R. Cathala et R. M. Spiazzi Taurini-Romae, Marietti, 1964.

– *Sancti Thomae Aquinatis doctoris angelici opera omnia iussu Leonis XIII* (éd. Léonine), Roma, 1882.

COMMENTAIRES

ALANEN L., « Descartes, Duns Scotus and Ockham on Omnipotence and Possibility », *Franciscan Studies* 45, 1985, p. 157-188.

ALFERI P., *Guillaume d'Ockham. Le singulier*, Paris, Éditions de Minuit, 1989.

AMERINI F., « Il problema dell'essenza delle sostanze e degli accidenti nel Commento alla *Metafisica* di Tommaso d'Aquino », *Documenti e Studi* 12, 2001, p. 367-425.

– « Il problema dell'identità tra una cosa e la sua essenza. Note sull'esegesi medievale di *Metafisica* Zeta 6 », *Documenti e studi* 13, 2002, p. 435-505.

– « Aristotle, Averroes, and Thomas Aquinas on the Nature of Essence », *Documenti e Studi* 14, 2003, p. 79-122.

– « *Utrum inhaerentia sit de essentia accidentis*. Francis of Marchia and the Debate on the Nature of Accidents », *Vivarium* 44, 2006, p. 96-150.

– « William of Ockham and Mental Synonymy. The Case of *Nugatio* », *Franciscan Studies* 67, 2009, p. 375-403.

ARCHAMBAULT J., « Aquinas, the *a priori-a posteriori* distinction, and the Kantian Dependency Thesis », *Religious Studies* 50, 2013, p. 175-192.

ASHWORTH E. J., « *Can I Speak More Clearly Than I Understand* ? A Problem of Religious Language in Henry of Ghent, Duns Scotus and Ockham », *Historiographia linguistic* 7, 1980, p. 29-38.

– « Equivocation and Analogy in Fourteenth Century Logic : Ockham, Burley and Buridan », *in* B. Mojsisch et O. Pluta (eds.), *Historia Medii Aevii*, vol. 1, Amsterdam, Grüner, 1991, p. 23-43.

AYERS M., « Locke Versus Aristotle on Natural Kinds », *The Journal of Philosophy* 78, 1981, p. 247-272.

BIARD J., *Guillaume d'Ockham. Logique et philosophie*, Paris, P.U.F., 1997.

– *Guillaume d'Ockham et la théologie*, Paris, Cerf, 1999.

– « Les controverses sur l'objet du savoir et les *complexe significabilia* à Paris au XIVe siècle », *in* S. Caroti (éd.), *Quia inter doctores est magna dissensio. Les débats de philosophie naturelle à Paris au XIVe siècle*, Firenze, Olschki, 2004, p. 1-31.

– « Quante tipologie di demonstrazione ? Origini incrociate nelle tradizione degli Analitici Secondi », *Schede Medievali* 52, 2014, p. 71-78.

BOEHNER P., « The Metaphysics of William Ockham », *The Review of Metaphysics* 1, 1947-1948, p. 59-86, rééd. *in* BOEHNER, P., *Collected Papers on Ockham*, Saint Bonaventure (New York), The Franciscan Institute, 1992, p. 375-399.

BOH I., « Epistemic Logic and Ockham's Theory of Demonstration », *in* W. Vossenkühl Wilhelm et R. Schönberger (eds.), *Die Gegenwart Ockhams*, Weinheim, VCH-Verlagsgesellschaft, 1990, p. 241-255.

BOLTON R., « Essentialism and Semantic Theory in Aristotle, *Posterior Analytics* II, 7-10 », *The Philosophical Review* 85, 1976, p. 514-544.

BOS E. P., « William of Ockham and the "Predication of a Thing" », *in* E. P. Bos & H. A. Krop (eds.), *Ockham and Ockhamism. Acts of the Symposium organized by the Dutch Society for Medieval Philosophy*, Nijmegen, Ingenium Publishers, 1987, p. 71-79.

– « A Scotistic Discussion of *Deus est* as a *propositio per se nota* », *Vivarium* 23, 1995, p. 197-234.

BOLYARD C., « Knowing *Naturaliter* : Auriol's Propositional Foundations », *Vivarium* 38, 2000, p. 162-176.
BOULNOIS O., « Représentation et noms divins selon Duns Scot », *Documenti e studi* 6, 1995, p. 255-280.
– « Une métaphysique nominaliste est-elle possible ? Le cas d'Occam », *Cahiers de Philosophie de l'université de Caen* 38-39, 2002, p. 187-228.
BOULTER S., « The Medieval Origins of Conceivability Arguments », *Metaphilosophy* 42, 2011, p. 617-641.
BRAMPTON C. K., « Ockham and His Authorship of The *Summulae in libros Physicorum* », *Isis* 55, 1954, p. 416-426.
BROWER-TOLAND S., « Intuition, Externalism and Direct Reference in Ockham », *History of Philosophy Quarterly* 24, 2007, p. 317-336.
BROWN D., « Analycity : An Ockhamist Approach », *American Philosophical Quartely* 34/4, 1997, p. 441-455.
CASSIN B. (dir.), *Vocabulaire européen des philosophies : dictionnaire des intraduisibles*, Paris, Seuil-Robert, 2004.
CHALMERS D., « Is There Synonymy in Ockham's Mental Language ? », *in* P. Spade (ed.), *The Cambridge Companion to Ockham*, Cambridge, Cambridge University Press, p. 76-99.
CHARLES D. (éd.), *Definition in Greek Philosophy*, Oxford, Oxford University Press, 2010.
COPENHAVER B. et SCHMITT C., *Renaissance Philosophy*, Oxford, Oxford University Press, 1992.
CROSS R., « Duns Scotus's Anti-Reductionistic Account of Material Substance », *Vivarium* 33 / 2, 1995, p. 137-170.
– *The Physics of Duns Scotus. The Scientific Context of a Theological Vision*, Oxford, Clarendon Press, 1998.
– « Ockham on part and Whole », *Vivarium* 37/2, 1999, p. 143-167.
DEMANGE D., *Jean Duns Scot. La théorie du savoir*, Paris, Vrin, 2007.
DESLAURIERS M., *Aristotle on Definition*, Leiden/Boston, Brill, 2007.
DE RIJK L. M., « Der Streit über das *medium demonstrationis* : die Frucht eines Misverständnisses ? », *in* K. Jacobi (ed.), *Argumentationstheorie. Scholastische Forschungen zu den logischen und semantischen Regeln korrekten Folgerns*, Leiden, Brill, 1993, p. 451-463.
DIXSAUT M., *Les métamorphoses de la dialectique dans les dialogues de Platon*, Paris, Vrin, 2001.
DOYLE J., « Another God, Chimerae, Goat-Stags, and Man-Lions », *Review of Metaphysics* 48/4, 1995, p. 771-808.
DUMONT S., « The *Propositio Famosa Scoti* : Duns Scotus and Ockham on the Possibility of a Science of Theology », *Dialogue* 33/1, 1992, p. 415-429.
– « The Origin of Scotus's Theory of Synchronic Contingency », *The Modern Schoolman* 72, 1995, p. 149-167.
EL-BIZRI N., « Avicenna and Essentialism », *The Review of Metaphysics* 54, 2001, p. 753-778.
FREDE M. et Patzig G., *Aristoteles. Metaphysik Z*, introd., trad. et comm., 2 vol., Munich, C.h. Beck, 1988.

GALLUZZO G., « Il problema dell'oggetto della definizione nel commento di Tommaso d'Aquino a *Metafisica* Z 10-11 », *Documenti e Studi* 12, 2001, p. 417-465.
– « Aristotele et Tommaso d'Aquino sul probleme dell'unita della definizione », *Documenti e Studi* 13, 2002, p. 137-191.
– « Aquinas on the Genus and Differentia of Separate Substances », *Documenti e Studi* 18, 2007, p. 343-361.
– « Aquinas's Interpretation of Aristotle's *Metaphysics*, Book Z », *Rercherches de théologie et de philosophie médiévales* 74, 2007, p. 423-481.
– « Scotus on the Essence and Definition of Sensible Substances », *Franciscan Studies* 66, 2008, p. 213-232.
– « To Grasp Something of the Thing Itself. Aquinas on Nominal and Real Definition », *Documenti e Studi* 20, 2009, p. 265-291.
GILL M. L., « Aristotle's Metaphysics Reconsidered », *Journal of the History of Philosophy* 43, 2005, p. 223-241.
GILSON É., *L'être et l'essence*, Paris, Vrin, 1948.
GODDU A., *The Physics of William of Ockham*, Leiden-Köln, Brill, 1984.
GUERIZOLI R., « Hilemorfismo, essência e definiçao : Acordos e desacordos do debate medieval », *Analytica* 16, 2012, p. 67-84.
HACKING I., « A Tradition of Natural Kinds », *Philosophical Studies* 61, 1991, p. 109-126.
HENNINGER M.G., *Relations: Medieval Theories 1250-1325*, Oxford, Clarendon Press, 1989.
KARGER E. « Would Ockham Have Shared Wyman's Beard ? », *Franciscan Studies* 40, 1980, p. 244-264.
– « Sémantique et nominalisme », *Philosophiques* 21, 1994, p. 563-576.
– « Théories de la pensée, de ses objets et de son discours chez Guillaume d'Ockham », *Dialogue* XXIII, 1994, p. 437-456.
KING P. « Duns Scotus on Singular Essences », *Medioevo* 30, 2005, p. 11-137.
KLIMA G. « Buridan's Logic And The Ontology of Modes », *in* S. Ebbesen et R. Friedman (eds.), *Medieval Analyses in Language and Cognition*, Copenhagen, C. A. Reitzels Forlag, 1999, p. 473-496.
– « Contemporary Essentialism vs. Aristotelian Essentialism », *in* J. Haldane, (ed.), *Mind, Metaphysics and Value in the Thomistic and Analytic Traditions*, Notre Dame, University of Notre Dame Press, 2002, p. 175-194.
– « The Essentialist Nominalism of John Buridan », *Review of Metaphysics* 58, 2005, p. 301-331.
– « John Buridan on the Acquisition of Simple Substantial Concepts », *in* S. Ebbesen & R. Friedman (eds.), *John Buridan and Beyond*, Copenhague, Reitzel, 2004, p. 17-32.
KLOCKER H., « Two Quodlibets on Essence – Existence », *The Thomist* 46, 1982, p. 267-282.
– « Ockham and the Divine Ideas », *The Modern Schoolman* 57, 1980, p. 348-360.
KNUUTTILA S., *Modalities in Medieval Philosophy*, Londres-New York, Routledge, 1993.
KRETZMANN N., « Infaillibility, Error and Ignorance », *in* J. Marenbon (ed.), *Aristotle and His Medieval Interpreters, Canadian Journal of Philosophy*, suppl. vol. 17, 1991, p. 159-194.
KUSCH M., « Natural Necessity in William of Ockham », *in* S. Knuuttila, S. Ebbesen & R. Työrinoja (eds.), *Knowledge and the Sciences in Medieval Philosophy.*

Proceedings of the 8th International Congress of Medieval Philosophy, Helsinki, Luther-Agricola Society, 1990, vol. 2, p. 231-239.

LAGERLUND H., *Modal Syllogistics in the Middle Ages*, Leiden, Brill, 2000.

– « What is Singular Thought ? Ockham and Buridan on Singular Terms in the Language of Thought », *in* V. Hirvonen, T. J. Holopainen & M. Tuominen (eds.), *Mind and Modality : Studies in the History of Philosophy in Honour of Simo Knuuttila*, Leiden, Brill, 2006, p. 217-237.

– « The Changing Face of Aristotelian Empiricism in the Fourteenth Century », *Quaestio* 10, 2011, p. 315-327.

LANDOR B., « Definitions and Hypotheses in *Posterior Analytics* 72a19-25 and 76b35-77a4 », *Phronesis* 26, 1981, p. 308-318.

LIBERA A. DE, MICHON C., *L'être et l'essence. Le vocabulaire médiéval de l'ontologie. Deux traités De ente et essentia de Thomas d'Aquin et Dietrich de Freiberg*, présentation et trad. A. de Libera et C. Michon, Paris, Seuil, 1996.

LONGEWAY J., « Aegidius Romanus and Albertus Magnus vs. Thomas Aquinas on the highest sort of demonstration (*demonstratio potissima*) », *Documenti e studi* 13, 2002, p. 373-434.

– *Demonstration and Scientific Knowledge in William of Ockham. A Translation of Summa Logicae III-II ; De Syllogismo Demonstrativo, and Selections from the Prologue to the Ordinatio*, Notre Dame (Indiana), University of Notre Dame Press, 2007.

MCCORD ADAMS M., « Ockham on Identity and Distinction », *Franciscan Studies* 36, 1976, p. 59-74.

– « Ockham's Nominalism And Unreal Entities », *Philosophical Review* 86, 1977, p. 144-176.

– « Inherence and Subsistance : or, Was Ockham a Nestorian in Christology ? », *Nous* 14, 1982, p. 62-75.

– « Things versus "hows" or Ockham on Predication and Ontology », *in* J. Bogen and J. E. McGuire (eds.), *How things are*, Dordrecht/Boston/Lancaster, Reidel Publishing Compagny, 1985, p. 175-188.

– *William Ockham*, Notre Dame, Notre Dame University Press, 1987.

MCGRADE A. S., « Plenty of Nothing. Ockham's Commitment to Real Possibles », *Franciscan Studies* 45, 1985, p. 145-156.

MAIER A. « Bewegung ohne Ursache », *Zwischen Philosophie und Mechanik*, Roma, Edizioni di Storia e Letteratura, 1958, p. 286-339.

MAURER A., « The Role of Divine Ideas in the Theology of William Ockham », *Being and Knowing. Studies in Thomas Aquinas and Later Medieval Philosophers*, Toronto, Pontifical Institute of Medieval Studies, 1990, p. 363-381.

MENN S. « Suarez, Nominalism and Modes », *in* K. White (ed.), *Hispanic Philosophy in the Age of Discovery*, Washington D.C., The Catholic University of America Press, 1997, p. 287-321.

MICHON C., *Nominalisme. La théorie de la signification d'Occam*, Paris, Vrin, 1994.

MIETHKE J., « Ocham's *Summulae in libros Physicorum* : eine nicht-authentische Schrift ? », *Archivum Franciscanum Historicum* 60, 1967, p. 55-78.

MINARDI S., « On Some Aspects of Platonic Division », *Mind* 92, 1983, p. 417-423.

MOODY E., « Empiricism and Metaphysics in Medieval Philosophy », *The Philosophical Review* 67, 1958, p. 145-163.

– *The Logic of William of Ockham* (1935), Russell and Russell, 1955.

MOSER S., *Grundbegriffe der Naturphilosophie bei Wilhelm von Ockham. Kritischer Vergleich der Summulae in libros Physicorum mit der Philosophie des Aristoteles*, Innsbruck, Felizian Rauch, 1932.

NORMORE C., « Buridan's Ontology », *in* J. Bogen & J. E. McGuire (eds.), *How Things Are*, Dordrecht/Boston/Lancaster, Reidel Publishing Compagny, 1985, p. 189-203.

– « Ockham on Mental Language », *in* J. Smith (ed.), *Historical Foundations of Cognitive Science*, Dordrecht, Kluwer, 1990, p. 53-70.

– « Material Supposition and the Mental Language of Ockham's *Summa Logicae* », *Topoi* 16, 1997, p. 27-33.

– « Some Aspects of Ockham's Logic », *in* P. Spade (ed.), *The Cambridge Companion to Ockham*, Cambridge, Cambridge University Press, 1999, p. 30-52.

– « Ockham's Metaphysics of Parts », *The Journal of Philosophy* 103, 2006, p. 737-754.

– « Ockham on Being », *in* L. Haaparanta & H. Koskinen (eds.), *Categories of Being. Essays on Metaphysics and Logic*, Cambridge, Cambridge University Press, 2012, p. 78-98.

– « The Invention of Singular Thought », *in* H. Lagerlund and O. Pluta (eds.), *Forming the Mind: Conceptions of Body and Soul in Medieval and Early Modern Thought*, Springer, Dordrecht, 2007, p. 109-128.

– « Accidents and Modes », *in* R. Pasnau (ed.), *The Cambridge History of Later Medieval Philosophy*, Cambridge, Cambridge University Press, 2011, p. 674-686.

PAASCH J. T., *Divine Production in Late Medieval Theology. Henry of Ghent, Scotus, Ockham*, Oxford, Oxford University Press, 2012.

PANACCIO C., *Les mots, les concepts et les choses. La sémantique de Guillaume d'Occam et le nominalisme d'aujourd'hui*, Montréal/Paris, Bellarmin/Vrin, 1992.

– « Guillaume d'Ockham, les connotatifs et le langage mental », *Documenti e studi* 11, 2000, p. 297-316.

– *Ockham on Concepts*, Hampshire, Ashgate, 2004.

– « Le savoir selon Guillaume d'Ockham », *in* R. Nadeau (éd.), *Philosophies de la connaissance*, Québec, PUL, 2009, p. 91-109.

– « William Ockham », *Stanford Enclyclopedia of Philosophy Online*, 2011, http://plato.stanford.edu/entries/ockham/.

– « Intuition and Causality: Ockham's Externalism Revisited », *Quaestio* 10, numéro spécial sur l'intentionalité, dir. F. Amerini, 2010 (publication en 2011).

– « Ockham's Externalism », *in* G. Klima (ed.), *Intentionality, Cognition and Mental Representation in Medieval Philosophy*, New York, Fordham University Press, 2014.

– « Ockham on Nominal Definition, Synonymy and Mental Language », à paraître.

— et PICHÉ D., « Ockham's Reliabilism and the Intuition of Non-Existents », *in* H. Lagerlund (dir.), *Rethinking the History of Skepticism. The Missing Medieval Background*, Leiden, Brill, 2010, p. 97-118.

PASNAU R., *Metaphysical Themes, 1274-1671*, Oxford, Clarendon Press, 2011.

PELLETIER J., *William Ockham on Metaphysics. The Science of Being and God*, Leiden, Brill, 2012.

PÉREZ-ILZARBE P., « Definition and Demonstration: Aristotle, Averroes, Grosseteste », *in* A. Storck (ed.), *In Aristotelis Analytica Posteriora: estudos acerca da recepção medieval dos Segundos Analíticos*, Linus Editories, Porto Alegre, 2009, p. 71-110.

PERINI-SANTOS E., *La théorie ockhamienne de la connaissance évidente*, Paris, Vrin, 2006.

– « L'extension de la liste des modalités dans les commentaires du *Perihermeneias* et des *Sophistici Elenchi* de Guillaume d'Ockham », *Vivarium* 40, 2002, p. 174-188.

– « La structure de la proposition modale ockhamienne », *in* A. Maierù et L. Valente (éd.), *Medieval Theories on Assertive and Non-Assertive Language*, Firenze, Leo S. Olschki, 2004, p. 355-375.

PERLER D., « Essentialism and Direct Realism : Some Later Medieval Perspectives », *Topoi* 19, 2000, p. 111-122.

PICKAVE M., « La notion d'*a priori* chez Descartes et les philosophes médiévaux », *Les études philosophiques* 4, 2005, p. 433-454.

PINI G., « Scotus's Essentialism. A Critique of Thomas Aquinas's Doctrine of Essence in the Questions on the Metaphysics », *Documenti e studi* 14, 2003, p. 227-263.

– « Substance, Accident, and Inherence : Scotus and the Paris Debate on the Metaphysics of the Eucharist », *in* O. Boulnois, E. Karger, J.-L. Solère, G. Sondag (éd.), *Duns Scot à Paris 1302-2002. Actes du colloque de Paris, 2-4 septembre 2002*, Turnhout, Brepols, 2004, p. 273-311.

– « Scotus on Knowing and Naming Natural Kinds », *History of Philosophy Quartely* 26, 2009, p. 255-272.

RANDALL J. H., *The School of Padua and the Emergence of Modern Science*, Padua, Editrice Antenore, 1961.

RASMUSSEN D., « Quine and Aristotelian Essentialism », *The New Scholasticism* 58, 1984, p. 318-335.

ROBERT A., « Idées humaines, idées divines : Ockham lecteur d'Augustin », *Revue thomiste* 3, 2003, p. 479-493.

– « Les propositions singulières chez Guillaume d'Ockham », in A. Maierù et L. Valente (eds.), *Medieval Theories on Assertive and Non-assertive Language*, Florence, Leo S. Olschki, 2004, p. 377-399.

– « William Crathorn on Predication and Mental Language », *Analytica* 14/2, 2010, p. 227-258.

ROBINSON R., *Definition*, Oxford, Clarendon Press, 1954, p. 189-192.

ROQUES M., « La sémantique ockhamiste des catégories. Essai de reconstruction », *Vivarium* 52, 2014, p. 49-71.

– « The Identity Conditions of Prime Matter According to William Ockham », *Epekeina* 3, 2016, à paraître.

– « Must the Relation of Substantial Composition Be a Mode ? », à paraître.

– « Définition et démonstration d'après Guillaume d'Ockham », *in* J. Biard (éd.), *Raison et démonstration. Les commentaires médiévaux sur les Seconds Analytiques*, Turnhout, Brepols, 2015, p. 113-130.

– « Contingence et déterminisme dans le commentaire de Guillaume d'Ockham au *Peri Hermeneias* », *Medioevo*, 2015, p. 143-167.

– « Le Principe d'économie d'après Guillaume d'Ockham », *Franciscan Studies* 72, 2014, p. 169-197.

– « Quantification and Measurement at the Beginning of the Fourteenth Century. The Case of William of Ockham », *Documenti e studi*, 2016, à paraître.

SCHIERBAUM S., « Knowing Lions and Understanding "Lion" : Two Jobs for Ockham », *Vivarium* 48, 2010, p. 327-348.

SCHMIDT R., *The Domain of Logic According to Saint Thomas Aquinas*, The Haghe, Nijhoff, 1966.

SCHMUTZ J., « *Verificativum* », *in* D. Calma *et al.* (éd.), *Mots médiévaux offerts à Ruedi Imbach*, Turnhout, Brepols, 2011, p. 739-748.

SCOTT T. K., « Ockham on Evidence, Necessity and Intuition », *Journal of the History of Philosophy* 7, 1969, p. 27-49.

SONDAG G., « Boèce et Duns Scot sur la transposition des prédicaments aristotéliciens dans la prédication divine », *Revista Portuguesa de Filosofia* 64/1, 2008, p. 177-193.

SPADE P. « Ockham's Distinction Between Absolute and Connotative Terms », *Vivarium* 13, 1975, p. 55-76.

– « Synonymy and Equivocation in Ockham's Mental Language », *Journal of the History of Philosophy* 18, 1980, p. 9-22.

– « Les modalités aléthiques selon Ockham », *Histoire, Epistémologie, Langage* 3, 1981, p. 29-34.

– « Ockham on Terms of First and Second Imposition and Intention, with Remarks on the Liar Paradox », *Vivarium* 19, 1981, p. 47-55.

SWEENEY E., « Three Notions of Resolutio and the Structure of Reasoning in Aquinas », *The Thomist* 58, 1994, p. 197-243.

SYLLA E., « The *A Posteriori* Foundations of Natural Science. Some Medieval Commentaries on Aristotle's *Physics*, Book I, chapter 1 and 2 », *Synthese* 40, 1979, p. 147-187.

TABARRONI A., « *Utrum Deus sit in praedicamento*: Ontological Simplicity and Categorical Inclusion », *in* J. Biard et I. Rosier-Catach (éd.), *La tradition médiévale des catégories* (XIIe-XVe *siècles*). *Actes du XIIIe Symposium européen de logique et de sémantique médiévales* (*Avignon, 6-10 juin 2000*), Louvain-la Neuve/Paris, Éditions de l'Institut Supérieur de Philosophie/Peeters, 2003, p. 271-287.

THOM P., *Medieval Modal Systems : Problems and Concepts*, Aldershot, Ashgate, 2003.

TRENTMAN J., « Ockham on Mental », *Mind* 79, 1970, p. 576-590.

TUNINETTI L., *Per se notum. Die logische Beschaffenheit des Selbstverstandlichen im Denken des Thomas von Aquin*, Leiden, Brill, 1996.

UCKELMAN S., *Modalities in Medieval Logic*, PhD Thesis, Institute for Logic, Language and Computation, Amsterdam, 2009.

VITTORINI M., « The Last Difference in Definition : Burley and the Tradition of the *Posterior Analytic* Commentaries », *Documenti e studi* 20, 2009, p. 329-373.

WITT C., *Substance and Essence in Aristotle. An Interpretation of Metaphysics VII-IX*, Ithaca-London, Cornell University Press, 1989.

WEBERING D., *The Theory of Demonstration according to William Ockham*, St. Bonaventure (N.Y.), The Franciscan Institute, 1953.

WEINBERG J., *Abstraction, Relation and Induction*, Madison, University of Wisconsin Press, 1965.

– « Ockham's Theory of Scientific Method », *Ockham, Descartes and Hume : Self-knowledge, Substance and Causality*, Madison, the University of Wisconsin Press, 1977, p. 22-32.

WHITE G., « Ockham's Real Distinction between Form and Matter », *Franciscan Studies* 44, 1984, p. 211-225.

WHITE BECK L., « Kant's Theory of Definition », *The Philosophical Review* 65, 1956, p. 179-191.

WOLFF F., « Les principes de la science chez Aristote et Euclide », *Revue de Métaphysique et de Morale* 3, 2000, p. 329-362.
WOLTER A. B., « The Ockhamist Critique » *in* E. McMullin (ed.), *The Concept of Matter in Greek and Medieval Philosophy*, Notre Dame, University of Notre Dame Press, 1965, p. 124-146.
– « Ockham and the Textbooks : On the Origin of Possibility », *Franziskanische Studien* 32, 1950, p. 70-96.
ZAVALLONI R., *Richard de Médiavilla et la controverse sur la pluralité des formes*, Louvain, Éditions de l'Institut Supérieur de Philosophie, 1951.

TEXTES MODERNES ET CONTEMPORAINS

AYER A., Language, *Truth and Logic*, Londres, Gollancz, ²1946.
BARCAN MARCUS R., « Modalities and Intensional Languages », *Synthese* 13, 1961, p. 303-322.
BEANEY M., « Analysis », *Stanford Encyclopedia Online*, 2009, http ://plato.stanford.edu/entries/analysis/s3.html.
BEEBEE H., and DODD, J., *Truthmakers : The Contemporary Debate*, New York, Oxford University Press, 2005.
BIRD A., *Nature's Metaphysics*, Oxford, Oxford University Press, 2007.
– « *A Posteriori* Knowledge of Natural Kind Essences », *Philosophical Topics* 35, 2007, p. 293-312.
CARNAP R., *Meaning and Necessity*, Chicago, University of Chicago Press, 1947.
CORY J., LOOMIS E., *Analyticity*, Londres-New York, Routlege, 2009.
DELLA ROCCA M., « Essentialism : Part 1 and 2 », *Philosophical Books* 37, 1996, p. 1-13 et p. 81-89.
ELLIS B., *Scientific Essentialism*, Cambridge, Cambridge University Press, 2001.
FINE K., « Essence and Modality », *in* J. E. Tomberlin (ed.), *Philosophical Perspectives*, 8, *Logic and Language*, Califomia, Ridgeview Publishing Company, Atascadero, 1994, p. 1-15.
– « Senses of Essence », *in* W. Sinnott-Armstrong, D. Raffman & N. Asher (eds.), *Modality, Morality and Belief*, Cambridge, Cambridge University Press, 1995, p. 53-73.
– « Ontological Dependence », *Proceedings of the Aristotelian Society* 43, 1995, p. 269-290.
– « The Logic of Essence », *Journal of Philosophical Logic* 24, 1995, p. 241-273.
– « Things and Their Parts », *in* P. A. French & K. H. Wettstein (eds.), *Midwest Studies in Philosophy* 23, 1999, p. 61-74.
– « Semantics for the Logic of Essence », *Journal of Philosophical Logic* 29, 2000, p. 543-584.
– « The Variety of Necessity », *in* T. Szabo Gendler & J. Hawthorne (eds.), *Conceivability and Possibility*, Oxford, Oxford University Press, 2002, p. 253-281.
FOLLESDAL D., « Quine on Modality », *in* D. Follesdal (éd.), *The Cambridge Companion to Quine*, Cambridge, Cambridge University Press, 2004, p. 200-212.
FREGE G., *Fondements de l'arithmétique*, introd. et trad. C. Imbert, Paris, Seuil, 1969.

GOLDMAN A., « What is Justified Belief ? », *in* G. S. Pappas (ed.), *Justification and Knowledge*, Dordrecht, Reidel, 1979, p. 1-23.

GORMAN M., « The Essential and the Accidental », *Ratio* 18, 2005, p. 276-289.

GUPTA A., « Definition », Stanford Encyclopedia Online, 2012, http ://plato.stanford.-edu/entries/definitions/.

HINTIKKA J., « Are Logical Truths Analytic ? », *Knowledge and the Known. Historical Perspectives in Epistemology*, Dordrecht-Boston, Reidel, 1974, p. 135-159.

HORTY J., *Frege on Definitions : A Case Study of Semantic Content*, New York, Oxford University Press, 2007.

HUGHES C., *Kripke : Names, Necessity and Identity*, Oxford, Clarendon, 2004.

KANT E., *Critique de la raison pure*, trad. fr. J. Barni, revue par P. Archambault, Paris, Garnier Flammarion, 1976 (2e éd. : 1787).

– *Logique*, trad. fr. L. Guillermit, Paris, Vrin, 21997.

KOSLICKI K. *The Structure of Objects*, Oxford, Oxford University Press, 2008.

KRIPKE S., « Identity and Necessity », *in* M. K. Munitz (ed.), *Identity and Individuation*, New York, New York University Press, 1971, p. 134-164.

– *Naming and Necessity*, Basil, Blackwell, 1980.

LEWIS D., *Parts of Classes*, Cambridge, Blackwell, 1991.

LOCKE J., *Essai sur l'entendement humain*, livres III et IV, trad. fr. J. M. Vienne, Paris, Vrin, 2006.

LOWE E. J., « Two Notions of Being : Entity and Essence », *Philosophy* 83, 2008, p. 23-48.

MULLIGAN M., SIMONS P., SMITH B., « Truth-Makers », *Philosophy and Phenomenological Research* 44, 1984, p. 287-321.

MILL J. S., *Système de logique ratiocinative et inductive*, Bruxelles, Mardaga, 1988

NIETZSCHE F., *Considérations inactuelles III, Schopenhauer éducateur* (1874), dans *Œuvres philosophiques complètes* II, trad. fr. Baatsch, David, Heim, Lacoue-Labarthe, Nancy, Paris, NRF/Gallimard, 1988.

ODERBERG D., *Real Essentialism*, New York, Routledge, 2007.

ORENSTEIN A., *Quine*, Princeton, NJ, Princeton University Press, 2002.

PLANTINGA A., « *De re* and *de dicto* », *Nous* 3, 1969, p. 235-258.

PUTNAM H., « The Meaning of Meaning », *Language, Mind and Reality. Philosophical Papers*, vol. 2, Cambridge, Cambridge University Press, p. 215-271.

QUINE W. O., *From a Logical Point of View*, New York, Harper and Row, 21963 ; *Du point de vue logique*, trad. fr. C. Alsaleh *et alii*, Paris, Vrin, 2003.

– *The Ways of Paradox*, New York, Random House, 1966 ; *Les voies du paradoxe et autres essais*, trad. fr. S. Bozon et S. Plaud (dir.), Paris, Vrin, 2011.

– *Word and Object*, Cambridge (Mass.), The MIT Press, 1969.

– *Theories and Things*, Cambridge (Mass.), Harvard University Press, 1981.

– « Intensions Revisited », *Midwest Studies in Philosophy* 2, 1997, p. 5-11.

ROBERSON T., « Essential versus Accidental Properties », *Stanford Encyclopedia of Philosophy Online*, 2008, http ://plato.stanford.edu/entries/essential-accidental/.

ROCA-ROYES S., « Essential Properties and Individual Essences », *Philosophy Compass* 6, 2011, p. 65-71.

– « Essentialism vis-à-vis *Possibilia*, Modal Logic and Necessitism », *Philosophy Compass* 6, 2011, p. 54-64.

RODRIGUEZ-PEREIRA G., « Truthmakers », *Philosophy Compass* 1/2, 2006, p. 186-200.

SALMON N., « How Not to Derive Essentialism from the Theory of Reference », *Journal of Philosophy* 76, 1979, p. 703-725.

SIMONS P., *Parts. A Study in Ontology*, Oxford, Clarendon, 1987.

SOAMES S., *Beyond Rigidity : The Unfinished Semantic Agenda of Naming and Necessity*, New York, Oxford University Press, 2002.

VAN INWAGEN P., *Material Beings*, Ithaca, New York, Cornell University Press, 1990.

VETTER B., « Recent Work : Modality without Possible Worlds », *Analysis Reviews* 71, 2011, p. 742-754.

VICKERS J., « The Problem of Induction », *Stanford Encyclopedia of Philosophy Online*, 2014, http ://plato.stanford.edu/entries/induction-problem/

WILKERSON T. E., « Recent Work on Natural Kinds », *Philosophical Books* 39, 1998, p. 225-233.

WITTGENSTEIN L., *Tractatus Logico-Philosophicus*, trad. fr. G.-G. Granger, Paris, Gallimard, 1993.

– *Recherches Philosophiques*, trad. fr. F. Dastur, M. Elie, J.-L. Gautero, D. Janicaud et E. Rigal, Paris, Gallimard, 2005.

INDEX NOMINUM

INDEX RERUM

TABLE DES MATIÈRES

Achevé d'imprimer par Corlet Numérique - 14110 Condé-sur-Noireau
N° d'Imprimeur : 126219 - Dépôt légal : février 2016 - *Imprimé en France*